어느 심리학자와
사기꾼의 대화

**어느 심리학자와
사기꾼의 대화**

초판 1쇄 발행일 2024년 9월 6일
초판 2쇄 발행일 2024년 10월 18일

지은이 임철웅
펴낸이 박희연
대표 박창흠

펴낸곳 트로이목마
출판신고 2015년 6월 29일 제315-2015-000044호
주소 서울시 강서구 화곡로 68길 82, 강서 IT 밸리 1106-2호
전화번호 070-8724-0701
팩스번호 02-6005-9488
이메일 trojanhorsebook@gmail.com
페이스북 https://www.facebook.com/trojanhorsebook
네이버포스트 http://post.naver.com/spacy24
인쇄 · 제작 ㈜미래상상

ⓒ 임철웅, 저자와 맺은 특약에 따라 검인을 생략합니다.

ISBN 979-11-92959-38-2 (13190)

이 책은 저작권법에 따라 보호받는 저작물이므로 무단전재와 복제를 금지하며, 이 책 내용의 전부 또는 일부를 이용하려면 반드시 저작권자와 트로이목마의 서면동의를 받아야 합니다.

* 책값은 뒤표지에 있습니다.
* 잘못된 책은 구입하신 곳에서 바꾸어 드립니다.

| 일러두기 |
이 책에 소개한 사례 및 상담 사례는, 저자가 겪은 일상적 경험뿐 아니라 실제로 상담을 진행했던 내용을 각색한 것임을 밝힙니다.

**현혹과 압박의 기술에 당하지 않고
타인의 진짜 속마음을 꿰뚫어 본다!**

어느 심리학자와 사기꾼의 대화

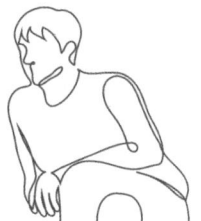

| 임철웅 지음 |

프롤로그

심리학자도 사기꾼에게 속을까요?

　답은 '그럴 수 있다.'입니다. 아무리 훈련된 전문가라도 무력해질 수 있습니다. 사기꾼들은 사람의 심리를 읽고 조작하는 기술을 잘 알고 있기 때문입니다.

　사기 사건 전문 심리학자인 스테이시 우드(Stacey Wood, PhD.) 박사에 따르면, 최근 미국에서 심리학자들을 대상으로 한 전화 사기가 발생했습니다. 사기꾼들은 타인을 돕고 문제를 해결하려는 성향과 수치심 때문에 신고하지 않을 가능성이 큰 심리학자들을 표적으로 삼았습니다. 심리 전문가임에도 피해자들은 그 상황에서 마치 최면에 걸린 듯 무기력했다고 진술했습니다. 이는 심리 조작의 위험성을 확실히 보여주는 사례입니다. 심리를 아는 것만으로는 충분하지 않습니다. 어떤 기술을 실제로 사용하고 어떻게 대응해야 하는지 아는 것이 중요하죠.

여러분이 매일 마주하고 관계를 맺는 사람들은 어떤가요? 모두 진실할 리는 없죠. 사람은 선의든 악의든 자기 마음을 쉽사리 드러내지 않습니다. 그렇게 속내를 숨긴 채 자기 이익을 위해 남을 속이려는 이들도 있죠. 안타깝게도 잘 속는 사람들은 그런 사기꾼들의 쉬운 먹잇감이 되고 눈치 없는 사람들은 그들의 심리 조작으로 중요한 순간에 실수를 저지릅니다. 이런 상황을 예방하고 대처하려면 어떻게 해야 할까요?

〈잘 속는 사람〉

"내가 틀린 걸까? 아니면 정말 내가 문제인 걸까?"
"내가 너무 부정적인 건 아닐까? 내가 너무 예민해서 과민 반응한 것은 아닐까?"
"내가 또 문제를 일으켰네. 나는 왜 이렇게 항상 잘못된 선택을 하는 것일까?"
"그 사람이 말한 대로 되었네. 그 말을 듣는 건데 그랬어. 난 항상 틀리네."

이러한 질문을 스스로에게 던져본 적이 있다면, 당신은 가스라이팅의 희생자일지도 모릅니다. 가스라이팅은 상대의 판단과 기억을 조작하여 자존감을 무너뜨리는 심리적 학대죠. 최근 몇 년간 강력범죄부터 연예가 스캔들에 이르기까지 다양한 사건을 통해 더 주목받고 있습니다. 예를 들어, 2019년 일명 '계곡 살인 사건'에서 가해자들은 피해자를 심리적으로 조작하여 잘못된 판단을 하도록 유도했습니다. 이러한 범죄는 피해자가 자신을 의심하게 만들고, 가해자의 통제로 빠져들어 가는 과정을 적나라하게 보여주었습니다. 그 외에도 많은 사건과 뉴스들로 인해 이제는 그 심각성을 모르는 사람이 없죠.

가스라이팅의 주된 목표는 세 가지입니다. 첫째, 피해자가 스스로 생각하고 선택하지 못하게 만들어 가해자에게 의존하게 하는 것입니다. 예를 들어, 가해자가 반복적으로 "너는 항상 틀려!"라고 말하며 피해자의 자신감을 약화시킵니다. 둘째, 가해자가 옳다는 생각을 주입해서 피해자의 행동을 통제하고 원하는 것을 하도록 만드는 것입니다. "너는 날 위해 이렇게 하는 것이 당연해."라고 주장하며 특정 행동을 강요합니다. 셋째, 피해자에게 책임을 전가하고 혼란하게 만들어 책임을 회피하려는 것입니다. "네가 그렇게 행동했기 때문에 내가 이렇게 할 수밖에 없었어."라고 말함으로써 잘못을 피해자에게 돌립니다. 가해자는 행동에 대한 책임을 회피하고, 피해자는 혼란에 빠지게 됩니다.

현대 사회에서 가스라이팅은 단순히 개인 간의 문제가 아닙니다. 연인, 가족, 직장 동료, 사회 시스템에 이르기까지 다양한 관계에서 발생할 수 있습니다. 특히 가해자가 권력을 가지는 상황에서 더욱 빈번하게 일어납니다. 이러한 상황에서 피해자들은 자신의 경험이 과장되거나 잘못되었다고 믿게 되며, 진정한 문제를 직면하지 못하게 됩니다.

그렇다면 왜 가스라이팅이 이렇게 강력하게 작용할 수 있을까요? 그것은 바로 인간의 심리를 이용한 교묘한 조작 기술에 있습니다. 사람은 자기 생각과 감정이 옳다고 확신하기 어려운 상황에서, 자신을 확신 있게 이끌어주는 사람을 신뢰하게 될 수밖에 없죠. 이 신뢰는 가해자의 강력한 무기가 됩니다.

가스라이팅을 단계별로 좀 더 구체적으로 볼까요?

① 애정 공세 : 처음에는 누구도 주지 못했던 넘치는 관심과 사랑을 퍼주며 의존하도록 만듭니다. 이때 피해자를 조종하기 위해 가짜 칭찬 같은 기술들을 함께 사용하기도 합니다. 피해자는 자신을 실제보다 더 높게 평가하며 조종당하기 쉬운 상태가 되거나 의존도가 더 높아집니다. 피해자의 방어기제가 낮아집니다. 라포(신뢰)를 형성해 마음의 성벽을 허무는 과정입니다.

② 고립시키기 : 피해자가 더 의존하도록 만들기 위해 주변에 도움 받을 사람들이 사라지도록 만듭니다. 점점 가해자의 통제력이 강화됩니다. 이 과정에서 가해자가 오히려 피해자인 척 연기하며, 피해자의 죄책감을 불러일으키기도 합니다. 피해자가 자신만을 믿고 의지하게 하려는 거죠. 상대의 시야를 좁히고, 가해자에게 집중하고 더 몰입하게 만듭니다. 믿음이 더 강화됩니다.

③ 혼란 일으키기 : 가해자가 극단적인 감정 변화를 보이며 예측에서 벗어나는 행동으로 피해자를 혼란스럽게 만듭니다. 앞의 애정 공세와는 정반대의 냉담한 태도를 보이거나 침묵, 투명 인간 취급 등의 수동공격을 하며 피해자를 불안하게 만듭니다. 불안한 피해자는 스스로 생각하기가 더더욱 힘들게 됩니다. 패턴을 붕괴시켜 관계의 형태를 결정적으로 전환하는 단계입니다.

④ 거짓으로 조종 : 거짓말로 피해자의 현실 인식을 왜곡하고, 지시에 따르게 만듭니다. 예를 들어, "내가 그런 말을 한 적이 없어."라고 주장하며 피해자가 잘못 기억한 것처럼 몰아가거나, 피해자의 기억과 생각이 다 틀렸다고 느끼게 만들죠. 이로 인해 피해자는 스스로를 의심하게 되고, 자존감이 낮아집니다. 가해자는 이를 통해 피해자를 조종하고, 자신의 목적을 달성합니다.

이것은 가스라이팅의 4단계이지만, 앞으로 배울 기술들의 4단계와도 유사한 구조와 프로세스입니다. 그래서 각 기술을 익히면 자연스럽게 가스라이팅에 대비할 수 있습니다.

보통 스스로 잘 속는다고 생각하는 사람들은, 주변을 많이 경계하고 신경을 곤두세웁니다. 하지만 오히려 그럴수록 점점 더 고립되어 갑니다. 공격받을 것이 두려워 먼저 공격하거나 사소한 일에도 과도하게 방어적인 태도를 보이기 때문이죠. 쓰더라도 옳은 소리를 해줄 수 있는 사람들이 먼저 떠나고 점점 평범한 관계도 맺기 힘들어지게 됩니다. 아이러니하게도 결국 속일 목적이 있는 사람들만 곁에 남게 되죠. 목적이 있으니 듣고 싶은 말만 들려주기 때문입니다. 잘 속는 자신에서 벗어나려다 더 잘 속을 수밖에 없는 상황에 놓이게 됩니다.

이들은 사이비나 종말론처럼 말도 안 되는 이야기도 쉽게 믿곤 합니다. 자신은 잘 속기 때문에 권위 있는 타인이 대신 선택해주길 바라는 거죠. 자신이 잘못된 믿음을 가지고 있다는 사실을 인지하지도 못한 채 점점 고립되어 갑니다.

〈눈치 없는 사람〉

"왜 나만 몰랐지? 난 진짜 주변 눈치 많이 보고 있는데……."

"나 때문에 분위기가 또 싸해졌네. 분위기 파악을 좀 했어야 했는데……."

"왜 사람들이 나를 이상하게 보는 것 같지? 난 안 그러려고 노력하는데……."

"내가 뭘 잘못한 거지? 나에게만 제대로 말해주지 않는 것 같은데……."

난 도대체 왜 이렇게 눈치가 없는 것일까? 이렇게 생각해본 적이 있다면 슬프지만, 눈치가 없는 것이 맞습니다. 상황이나 타인 감정을 파악하는 것이 어려운 이들이죠. 연구에 따르면, 다음과 같은 이유로 발생한다고 합니다.

① 정서적 인식 부족 : 눈치 없는 사람들은 말 이외의 정보를 해석하고 읽어내는 능력이 떨어집니다. 그래서 타인의 감정을 이해하거나 적절하게 반응하는 데 어려움을 겪죠. 이는 타인을 관찰하고 라포 형성을 열심히 하지 않기 때문에 벌어지는 일이기도 합니다.

② 자기중심적 사고 : 눈치가 없는 것은 자기중심적 사고와 관련이 있습니다. 자기 관점에서만 상황을 해석하고, 타인의 감정이

나 생각을 고려하지 않으니 시야가 좁을 수밖에 없죠. 이는 인간관계에서 오해를 불러일으키고, 자기가 불편한 상황을 만들고 있다는 사실조차 모르게 만들어버립니다. 상대에게 집중하고 상대가 생각하는 주제로 좁혀들어가려는 노력이 필요합니다.

③ 대인관계 기술 부족 : 사회적 기술 부족은 눈치 없는 행동의 주요 원인입니다. 상호작용에서 발생하는 여러 단서를 파악하지 못하면, 자기 행동이 주변에 어떤 영향을 미치는지 이해할 수 없겠죠. 원하는 것이 있을 때 어떻게 그것을 얻을 수 있을지 감도 오지 않습니다. 이러한 사람들은 종종 자신이 주의를 기울이고 있다고 생각하지만, 실제로는 중요한 단서를 놓치고 있는 경우가 많습니다.

④ 사회적 고립과 외로움 : 눈치가 없으면 결국 고립되기 쉽지만, 고립된 상태로 지내면 눈치가 없어질 수 있습니다. 고립된 사람들은 상호작용의 기회가 줄어들면서 타인의 감정과 상황을 이해하는 능력이 점점 감소하죠. 이는 외로움과 관련된 뇌 구조의 변화와도 연결되어, 인지 기능과 감정 처리 능력이 저하되어 버립니다.

그러면 이러한 것을 어떻게 극복할 수 있을까요? (이 책에는 그 해답이 담겨 있습니다.)

먼저 눈치가 없는 사람들은 어떻죠? 일단 한 번 눈치 없게 행동하는 순간, 눈치 없음이 만천하에 알려집니다. 그것을 깨보려고 무리하게 행동하다가 더 큰 실수를 저지르고 자신은 틀렸다고 생각하며 좌절합니다. 물론 자신이 눈치 없는 사람이라는 사실조차 모르는 사람도 있기는 하죠. 그런 사람들은 사회생활을 잘하기가 어렵겠죠. 눈치 없는 말과 행동을 일삼는 사람들이 언제 사고를 칠지 모르니 기피 대상이 되는 거죠.

반면, 실수를 통해 자신이 눈치 없다는 사실을 알게 되는 경우에는, 어떻게 하면 눈치가 빨라지고 눈치 있게 행동할 수 있는지 고민하겠죠. 노력해도 잘 극복이 안 되면, 눈치는 다 타고나는 것이라고 생각하며 부족한 자신에 대한 자격지심이 깊어지기도 합니다. 때로는 눈치를 더 많이 보는 것으로 눈치 없음을 극복하려고 해보지만 쉽지 않습니다. 왜냐하면 눈치 없는 자신이 어떻게 보일지 전전긍긍하면서 타인의 생각을 읽으려 하지 않기 때문입니다. 누구보다 타인의 눈치를 보면서 정작 눈치는 없는 상황에 이르게 됩니다. 타인의 의도나 상황의 맥락을 깊이 있게 파악하지 못하고, 겉으로 드러나는 정보에만 의존하죠. 그래서 이들은 그럴듯하지만 거짓인 것에 선동되기 쉽습니다.

〈꿰뚫어 보는 사람〉

하지만 좋은 소식이 있습니다. 이런 것을 꿰뚫어 보는 이들이 있다는 것이죠. 이들은 타인의 마음을 읽어내는 능력이 뛰어납니다. 상황을 정확하게 파악하고, 진짜 의도를 알아차립니다. 이러한 능력은 어떻게 길러질 수 있을까요? 이 책에서는 그 비밀을 풀어보고자 합니다.

이 책은, 다음 네 가지 직업에서 사용하는 특별한 기술들을 통해 독자들이 타인의 마음을 읽는 능력을 기르고 더 나은 인간관계를 형성할 수 있도록 도울 것입니다. 이 기술들은 상대의 마음을 읽는 능력을 통해 눈치가 생기고, 잘 속지 않도록 도와줍니다. 꿰뚫어 보는 자가 되는 길을 안내하는 내비게이션이죠.

상담가 : 상대를 신뢰하게 만들어 진짜 문제를 찾아내고 변화를 이끌어내는 전문가입니다. 상대의 말을 경청하고 공감하며, 심리적 통찰로 내담자가 스스로 해결책을 찾도록 도와줍니다. 라포 형성, 주제 좁히기, 패러다임 전환, 행동 유도 등의 단계별 기술을 사용합니다. 이러한 기술들은 상대에게 '진짜 내편'이라는 느낌을 주어 속내를 드러내게 만듭니다.

프로파일러 : 이성의 힘으로 객관적인 단서를 모아 심리를 분석하는 전문가입니다. 패턴을 분석하고, 숨겨진 진실을 밝혀냅니다. 상대의 거짓을 간파하고 진실을 이끌어내죠. 상대의 진짜 의도를 파악하고, 진실과 거짓을 가려낼 수 있는 이들입니다.

콜드리더 : 상대의 신뢰를 얻고 원하는 방향으로 이끄는 기술을 가진 전문가입니다. 사람들의 비언어적 신호와 미세한 단서를 통해 상대의 마음을 읽어냅니다. 타인에게 강한 믿음을 얻고 더 많은 정보를 얻기 위한 기술입니다.

최면가 : 무의식에 말을 걸어 변화를 유도하는 전문가입니다. 라포 형성, 이완 유도, 암시 주입, 행동 유도 등의 과정을 통해 상대의 무의식을 탐구합니다. 상대 내면 깊숙이 잠재된 문제를 해결할 정도로 강력한 기술입니다. 이를 일상에서 사용하면 상대를 원하는 방향으로 움직이게 하거나 속내를 끌어낼 수 있습니다.

이 기술들은 심리를 이용해 확실하고 유용한 결과를 내도록 고안된 것들입니다. 그래서 가스라이팅처럼 누군가를 현혹하려 할 때 반드시 활용됩니다. 이런 것에 당하지 않으려면 알아야 합니다. 위 네 가지 직업들은 사실 타인을 속이려는 악의를 가진 사람들이 쓰는 기술을 선한 의도로 사용하는 사람들입니다.

기술 자체에는 선악이 없습니다. 원리를 알지 못하면 이 기술들을 적용한 새로운 선동이나 현혹이 닥쳐 왔을 때, 그것이 잘못된 것임을 깨닫지 못하고 당하게 됩니다. 그들은 매번 새로운 옷을 입고 그럴듯한 이유를 대며 다가올 것이기 때문이죠. 원리를 알면 그런 이들의 본질을 꿰뚫어 볼 수 있습니다.

세상에 떠도는 현혹과 압박의 기술들에 당하지 않도록 도울 뿐 아니라, 당신이 선의를 가지고 그런 기술들을 활용해 원하는 것을 얻기를 바라는 마음에 이 책을 썼습니다. 네 가지 직업에서 사용하는 기술들을 익혀 사람의 마음을 읽고 인간관계에서 성공할 수 있도록 돕고자 합니다. 각 직업의 기술은 구체적이고 실질적인 예시를 통해 설명했으며, 독자들이 일상에서 바로 적용할 수 있는 방법들을 제공합니다. 여러분도 이 책을 통해 사람의 마음을 꿰뚫어 보고, 인간관계에서 성공하는 비결을 얻길 바랍니다.

상대의 마음을 읽는 기술은 단순한 트릭이 아닌, 인간에 대한 깊은 이해와 공감에서 비롯된다는 점을 기억해주세요.

이제, 잘 속는 사람이나 눈치 없는 사람이 아닌 꿰뚫어 보는 사람이 되기 위해 사람의 마음을 읽는 여정을 시작해봅시다. 이 책이 여러분의 긍정적인 인간관계에 큰 도움이 되길 바랍니다.

차례

프롤로그 4

**CHAPTER 1. 인간의 생각을 읽어내는 4개의 직업,
그들만의 특별한 기술** 19

**CHAPTER 2. 상담가는 어떻게 상대의 속마음을 읽고
변화하게 할까?**
2-1. 좋은 상담, 나쁜 상담 33
2-2. 단계별 상담 익히기 44
2-3. 상담 사례로 활용 방법 익히기 90

**CHAPTER 3. 프로파일러는 어떻게
상대의 거짓을 간파할까?**
3-1. 프로파일링의 기법들 107
3-2. 단계별 심리 프로파일링 익히기 124
3-3. 심리 프로파일링 기법 활용 사례 170
3-4. 실생활에서 활용하는 방법 181

■── 차례

CHAPTER 4. 콜드리더는 어떻게 상대의 신뢰를 얻어낼까?

4-1. 콜드리딩의 비밀 195
4-2. 단계별 콜드리딩 익히기 212
4-3. 악의적인 콜드리딩에 당하지 않는 법 274
4-4. 일상 활용 사례 289

CHAPTER 5. 최면가는 어떻게 상대의 무의식에 말을 걸까?

5-1. 최면의 심리적 원리 297
5-2. 단계별 최면 익히기 311
5-3. 최면 기술이 적용된 사례 343

CHAPTER 6. 4개의 기술, 어떻게 써야 할까? 349

에필로그 356
참고문헌 360

CHAPTER 1

인간의 생각을 읽어내는 4개의 직업, 그들만의 특별한 기술

4개의 기술들을 소개하기 전에 잠깐 눈치 얘기를 좀 해보겠습니다.

　타인의 속내를 잘 읽는 사람은 눈치가 빠른 사람이라고 하죠. 그리고 그 눈치에 맞게 행동하면 눈치 있게 행동하는 사람으로 좋은 평판을 얻습니다. 나아가 그들은 원하는 대로 타인을 움직이기도 하고요. 참 부러운 능력입니다.

　그럼 타인을 꿰뚫어 보는 것은커녕 눈치가 없는 상태에서도 눈치를 키워 타인의 속내를 읽어내는 것도 가능한 일일까요? 결론부터 말하자면 가능합니다. 개인차가 심해서 타고나는 것으로 착각할 수 있지만, 자신의 어제와 비교하면 계속 능력을 키우는 것이 가능합니다. 근육과 비슷하죠. 보통 눈치가 좋은 사람이 되려면 다음 4개의 단계를 거쳐야 합니다.

■— 타인의 속내를 읽는 힘, 눈치가 발달하는 4단계

첫째는, 눈치 없는 상태입니다.

보통은 스스로 눈치가 없다는 생각도 못 하는 상태죠. 어쩌다 눈치가 없는 이들끼리 어울리게 되면 빠져나올 수 없는 악순환이 시작되기도 합니다. 서로가 뒷담화 같은 대화만 할 뿐 제대로 피드백을 주지 못하는 불운한 상황이 될 수도 있죠. 눈치를 읽는 눈도 행동하는 시도도 없는 상태입니다. 여기서 한 단계 발전하려면 자신이 눈치가 없음을 인정하고 다양한 타인과 어울리려는 노력을 해야 합니다.

이를 위해 서로 친해지고 신뢰를 쌓는 기본적인 시도가 필요하죠. 그러려면 자세나 말투 등 가장 기본적인 것부터 다시 점검하고 인간관계를 늘려 가야 합니다. 간혹 행동부터 하는 사람이 있는데, 그런 사람들은 눈치 없게 행동하는 사람으로 낙인찍혀 돌이키는 데 더 많은 시간과 노력이 필요할 수도 있습니다.

둘째, 눈치를 보는 상태입니다.

자신이 눈치 없음을 알고 느끼고 있습니다. 하지만 아직은 자신이 없기 때문에 섣불리 행동하지 못하는 상태입니다. 항상 망설이는 자신이 답답하게 느껴질 수도 있죠. 그리고 주변에서 느끼는 불편함을 읽기 시작하는 단계이기 때문에 오히려 눈치 없는 단계보다 마음이 더 힘들 수도 있습니다. 그래도 타인에 대해 신경을 쓰면서 외부 정보가 모이기 시작한 상태입니다. 그래서 발전하고 있다고 볼 수 있습니다. 간혹 먼저 눈치를 보기 전에 행동부터 하고 시행착오를 통해 눈치가 빨라지는 이들도 있긴 합니다만 사회적으로 위험합니다. 이 단계에서는 다양한 사람들을 만나는 시도를 해보면 좋습니다.

하지만 그보다 중요한 것은 타인의 기준선을 잡아보는 노력을 기울여야 하는 것입니다. 평소에 어떤 말을 하고 어떤 표정을 주로 보이는지, 어떤 버릇이 있는지 등 모을 수 있는 정보를 다 모아 둬야 합니다. 얼마나 많은 정보를 모을 수 있느냐에 따라 눈치 능력의 질이 달라집니다. 주변인마다 기준이 어느 정도 잡히면 그 기준에서 벗어나는 모습을 보였을 때 상대가 어떤 상황인지 확인해볼 수 있습니다. 뭔가 평소와 다르다는 느낌을 받을 수만 있다면 눈치가 한 단계 올라간 거죠. 상대의 변화나 행동의 단서에 따라 가설 수립을 시도하는 것입니다.

셋째, 눈치가 빨라지는 단계입니다.

눈치를 보다 보면 많은 데이터가 쌓이게 되면서 자연스럽게 눈치가 빨라집니다. 타인의 변화를 느낄 수 있게 되면서 상황을 판단하는 능력도 발달하게 됩니다. 이 과정에서 그룹별로 보편적인 특성 정보들이 저절로 기억됩니다. 그래서 평소 보았던 보편적 패턴에서 벗어나는 부분에 집중해서 상대를 판단하면, 더 빠르고 효율적으로 정확도 높은 예측을 해낼 수 있게 됩니다. 이것이 곧 인간에 대한 통찰이고 직관력이 될 수 있습니다. 단, 너무 과하면 편견이 심한 사람이 될 수 있으니 항상 열린 마음으로 새롭게 생각해야 합니다. 이 단계에서는 적극적 경청을 통해 더 많은 정보를 수집하려는 꾸준한 노력이 필요합니다. 필요하다면 알아도 모르는 척하는 눈치도 써야 합니다.

마지막으로 넷째, 눈치 있게 행동하는 단계입니다.

앞의 단계를 잘 밟아 왔다면 자신을 믿고 과감하게 행동하면 되는 단계입니다. 그런 행동으로 자신의 평판을 관리하거나 타인을 원하는 방향으로 이끄는 것이 수월해지는 단계입니다. 항상 모든 곳에서 완벽한 눈치를 가지고 완벽하게 행동할 수는 없습니다. 그래서 임기응변과 실수를 만회하는 당당한 2차적인 반응에 대해서 훈련되어 있어야 더 능수능란하게 눈치 있게 행동하는 사람이 될 수 있습니다. 눈치가 빠르지 않은 상태에서 행동이 앞서면 첫 번째 단계만 못하게 되니 자기객관화가 필요합니다. 자기 자신을 파악하는 눈치라고 해야 할까요?

자, 그럼 왜 눈치 발달의 4단계를 말씀드렸을까요?

이 단계가 이제부터 들려줄 4개 직업의 비밀스러운 대화 기법과 유사한 프로세스를 가지고 있기 때문입니다.

■― 타인의 생각을 읽어야 하는 4개의 직업과 4단계

이 책에서는 상담가, 프로파일러, 콜드리더, 최면가의 대표적인 기술들을 소개하고, 그 원리에 대해 설명해드릴 것입니다. 그리고 일상에서 활용이 가능하도록 다양한 예시를 통해 습득을 도울 것입니다.

그렇다면 왜 이 4가지 직업일까요? 이 직업들은 드러나지 않는 상대의 내면을 읽어내고 변화를 이끌어낸다는 공통점이 있습니다.

상담가는 내담자가 스스로 외면해 왔던 마음의 진짜 문제를 찾고, 의지를 가지고 변화하도록 도와야 합니다. 프로파일러는 단서를 모아 진실을 숨겼던 범죄자가 진실을 말하도록 유도해야 합니다. 콜드리더는 콜드리딩을 통해 모르는 사실도 아는 것처럼 신뢰를 얻어 상대가 바라는 것을 들려주어야 하죠. 최면가는 비판적 사고를 우회해 잠재의식에 말을 걸어야 하죠. 그런 목적들 때문에 이들에게는 잘 정제된 기술들이 존재합니다.

그렇게 타인을 움직이기 위해서는 특별한 재능보다 잘 습득한 각 기술이 필요합니다. 그 기술들은 눈치 발달 과정과 유사한 4개의 단계로 이루어져 있죠. 이후 직업별로 각 단계에서 쓸 수 있는 자세한 방법들에 대해 알려드릴 예정입니다. 미리 말씀드리지만, 단계별로 필요한 내용과 기술들에 숨어 있는 인간의 심리를 이해하면 얼마든지 그들의 능력을 사용할 수 있습니다.

각 기술들의 단계는 다음과 같습니다.

	눈치의 기술	상담가의 기술	프로파일러의 기술	콜드리더의 기술	최면가의 기술
기	눈치 없음	라포 형성	데이터 수집	라포 형성	라포 형성
승	눈치 보기	주제 좁히기	분석	주제 좁히기	이완
전	빠른 눈치	전환	심리 평가	믿음 얻기	유도
결	눈치 행동	행동 유도	종합적인 판단	밀어붙이기	암시

장별로 더 자세히 다룰 예정이니 간단하게만 설명하겠습니다.

눈치가 없는 단계에서는 일단 누구라도 만나야 합니다. 4개의 기술도 일단 타인을 만나는 것에서 시작하죠. 하지만 이것은 단순히 물리적인 접촉을 의미하는 것은 아닙니다. 친밀감을 높여 두거나 신뢰를 쌓으며 상대의 마음과 만나는 준비를 하는 것입니다. 신뢰를 얻고 데이터를 쌓는 단계죠.

그다음 눈치를 보는 단계에서는 평소 관찰을 통해 기준선을 잡아 두는 일을 합니다. 4개의 기술에서도 기준선을 잡거나 주제를 좁히며 관찰 영역을 정합니다. 기준을 잡는 것은 상대에 대해 더 세밀하게 알아가는 것이죠. 주제를 좁힌다는 것은 상대가 원하는 것에 좀 더 가까이 다가가는 것입니다. 즉, 이 단계는 상대를 좀 더 알아가는 과정입니다.

눈치가 빨라지는 단계에서는 수집된 정보를 바탕으로 예측을 합니다. 4개의 기술에서도 이전 단계에서 수집한 정보로 가설을 세우거나 상대에게 믿음을 얻는 등으로 활용합니다. 아직 결론을 내리고 행동하지는 않지만 상대에 대한 가설들이 맞는지 확인하거나 상대가 나를 확실히 믿도록 만들거나 함으로써 행동의 근거를 확실히 확보해 두는 단계입니다. 상황을 주도적으로 이끌어 가기 시작하는 단계라고 할 수 있습니다.

마지막 눈치 행동 단계에서는 자신이 판단한 대로 행동하는 단계입니다. 4개의 기술에서도 상대가 행동하도록 유도하거나 나의 행동으로 상대를 원하는 방향으로 이끕니다. 이전 단계들에서 판단한 대로 행동하여 상대의 삶에 영향을 미치는 단계입니다. 필요에 따라서는 장기적인 관계를 위해 침묵을 선택할 수도 있겠죠. 그냥 단순히 가만히 있는 것이 아니라 앞의 정보 수집에 따라 가만히 침묵하는 것이 가장 낫다고 판단되면 적극적으로 가만히 있는 것이죠.

눈치가 빠른 사람은 이 기술들을 자신도 모르게 이미 활용하고 있을 수도 있습니다. 반대로 이 기술들을 잘 익히면 눈치가 빨라질 수도 있습니다. 따라서 이 기술들은 사회관계의 센스와 인간관계에서 필요한 적절한 행동요령을 익히는 과정이라고 볼 수도 있습니다. 물론 그 이상을 익히게 될 것입니다.

그리고 이 4개의 기술들은 종합예술이기도 합니다.

예를 들어, 스피치나 발표는 열심히 준비한 것을 무대에서 보여주는 쇼에 가까운 것이죠. 일상의 대화는 적절한 눈치와 순간순간 대응하는 임기응변이 중요한 커뮤니케이션이고요. 그런데 이 4개 기술들은 모두 이 두 가지를 합친 것과 같습니다. 어느 정도의 쇼와 눈치, 임기응변이 모두 필요하죠.

그리고 이를 위해서는 먼저 상대와 친해지거나 신뢰를 얻는 라포가 형성되어야 합니다. 상대가 표현하는 것과 그의 생각이

다를 때는 그의 진짜 생각을 읽어야 할 필요도 있습니다. 그럴 때도 믿을 만한 사람이라는 권위가 유지되어야 하죠. 어떨 때는 상대를 다 파악했어도 모른 척해야 할 필요도 있습니다. 상대가 상처받을 수 있는 상황이거나 상대에게 더 많은 정보를 얻어내야 할 때 등의 상황이죠.

이 과정에는 굉장한 인내심이 필요합니다. 그래서 원하는 것을 얻기 위해 전략적인 사고를 해야 합니다. 당장의 이익만 생각하며 단기적인 관점으로 행동하거나 감정에 치우쳐 충동적으로 판단하면 절대 이 기술들을 쓸 수 없습니다.

그러면 과연 이 4개의 기술은 대체 어떤 것일까요? 각 직업의 기술들을 이제 상세히 펼쳐보겠습니다.

CHAPTER 2

상담가는 어떻게 상대의 속마음을 읽고 변화하게 할까?

2-1
좋은 상담, 나쁜 상담

■― 1,000건의 상담 경험

타인의 속내를 잘 이끌어내는 행동은 아마도 상담일 것입니다. 상담가들은 내담자의 마음을 들여다보고 그의 생각이나 행동을 좋은 방향으로 변화시키기까지 해야 합니다. 아무래도 상담가는 최면가 등 다른 직업들에 비해 좀 더 가깝게 느껴지겠군요. 이미 접해보신 분들도 많을 것이고요. 하지만 그들의 기술이 왜 특별한지 알고 계신가요? 비범한 상담가들의 상담이 왜 특별한지 그들의 숨은 기술을 알려드리도록 하겠습니다.

잠시 제 얘기를 먼저 해보자면, 저는 지금까지 1,000건이 훌쩍 넘는 상담을 해 왔습니다. 2012년에 팟캐스트를 통해 공개 상담을 시작한 후 정말 많은 분들이 상담을 요청해주셔서 공개 상담과 개인 상담을 벌써 13년째 해 오고 있죠. 처음 상담이론과 심리를 공부하고 상담을 시작했을 때는 알 수 없었던 경험들이 점점 쌓여 갔습니다. 그간 상담을 하며 정리한 지식과 경험을 통해 얻은 것들을 지금부터 전달해드릴까 합니다.

상담은 꼭 전문가가 아니어도 일상과 밀접하고 평범한 인간관계에서도 자주 일어나는 것이다 보니 좀 쉽게 느껴지실 수도 있습니다. 하지만 상담을 제대로 하기는 정말 어렵습니다.

상담이 어려운 이유는 상대가 변해야 하기 때문입니다. 그냥 단지 상대의 말을 들어주기만 하는 것은 상담이 아닙니다. 상대가 스스로 답을 찾도록 유도하고 생각이 바뀔 수 있도록 새로운 관점을 보여주고 해결책을 말하며 변화할 첫걸음을 내딛도록 돕는 것이죠. 이를 위해서는 상담가의 머릿속에 있는 솔루션이 내담자의 입에서 나오도록 유도해야 합니다. 결과적으로 내 머릿속에 있는 말을 상대의 입에서 나오게 해야 합니다. 단순히 "내 말 따라해봐요." 이게 아닙니다. 내담자가 스스로 찾았다고 여기도록 자연스럽게 유도해서 결과에 도달해야 하는 것이죠. 상담가의 생각을 어느 순간 자신의 생각이라고 여기게 만드는 겁니다. 이를 통해 얻어지는 상담의 성공적인 결과물은 바로 상대의 변화 의지입니다. 물론 이것이 상대에게 도움되어야겠죠.

■― 상담에 필요한 세 가지 힘

이러한 성공적인 상담의 결과를 얻어내기 위해서는 세 가지 힘이 필요합니다.

첫 번째는, 상대의 생각을 읽으려는 의지입니다. 상대가 현재 어떤 생각을 하고 있는지, 마음속 더 깊은 곳에 자리잡은 욕망과 두려움은 무엇인지, 어떤 감정이 존재하는지 읽어야 상대에게 어떻게 이야기를 풀어나갈지 판단할 수 있습니다. 이 욕망과 두려움에는 그의 니즈가 숨어 있습니다. 겉으로 얘기하고 있는 것 말고 그 말을 하는 본질적인 이유, 포기할 수 없는 어떤 것입니다. 이후 소개할 프로파일러의 기술과 콜드리딩을 활용하면 많은 도움이 될 겁니다.

상대의 생각을 다 안다고 쉽게 판단해버리거나 상대의 표현만 보고 감정적으로 대응하면 안 됩니다. 진짜 생각을 읽기 위해서는 상대의 마음이라는 답을 찾겠다는 의지가 필요합니다.

두 번째로, 상담을 풀어나가는 과정에서 필요한 아주 큰 인내심입니다.

　내가 생각한 솔루션이 상대의 입에서 나오도록 이끄는 과정은 쉽지 않습니다. 상담을 하다 보면 답답한 경우도 많습니다. 물론 상대를 돕고 싶기 때문에 그 답답함이 생기는 것이죠. 예를 들어, 이미 확실한 솔루션이 있고 그대로 하면 바로 문제가 다 해결될 것이 당연한데도, 내담자가 아예 그러려는 생각을 못 하고 있다거나 모르는 척 외면하고 있는 경우가 있습니다. 선택과 후회가 두려워 갈팡질팡하고 있지만 이미 답은 정해져 있는 경우도 많죠. 상담을 하는 입장에서 기다려줘야 하는 상황들입니다. 그냥 "이게 답이야. 이대로 해."라고 알려주면 상대는 그때만 듣고 끝납니다. 아무 일도 일어나지 않지요.

　그리고 상담가가 생각한 답이 정답이 아닐 수도 있습니다. 확실한 솔루션을 찾은 것 같아도 내담자의 입장에서 실제로는 불가능하거나 큰 상처가 되는 등, 피해가 되는 일일 수도 있습니다. 그래서 인내심을 가지고 상대의 생각과 상황을 들어야 합니다. 특히 상대가 그 문제에 대해 경험이 없고 감정이 풍부한 사람일 때는, 스스로 답을 알고 있어도 그 답을 인정하지 못하거나 받아들이지 않으려는 경우가 많습니다. 인내심을 가지고 상대를 돕겠다는 생각으로 유연하게 상담에 임해야 합니다.

　세 번째는 전략적인 마인드입니다. 상담할 때 가장 중요한 요,

소라 할 수 있습니다.

전략이란 작은 손해가 있더라도 결국 전쟁에서 승리하기 위해 장기적인 안목을 가지고 하는 의사결정입니다. 물러설 때와 나아갈 때를 구분하여 목표를 달성하는 것이죠. 당장 작은 전투에서 이기는 데 필요한 전술과는 차이가 있습니다. 인간관계에서는 지는 것이 이기는 경우도 많습니다. 당장 기분에 못 이겨 상대와 싸우거나 감정적인 행동을 하고 나면 상처뿐인 승리로 후회하기도 합니다. 전투에는 이겼지만 전쟁에는 진 것이죠. 전략적인 사고를 하지 못했다고 볼 수 있습니다. 아는 것을 일부러 모르는 척하는 눈치도 이런 것입니다. 당장은 좀 모른다고 평가받을 수도 있겠지만 장기적으로 상대의 정보를 더 많이 얻으며 원하는 것을 이룰 수 있게 됩니다. 주장이 옳음을 인정받는 것이 중요한 것이 아닙니다. 상대의 변화가 중요합니다. 이를 목표로 그에 맞는 행동을 해야 합니다. 이런 전략적인 마인드가 없이 상담할 경우, 목표를 잊는 실수를 하게 됩니다.

■─ 나쁜 상담을 만드는 상담의 4가지 실수들

상담에 실패하지 않기 위해서는, 해서는 안 되는 실수들이 있습니다. 꼭 상담가가 아니더라도 상담하게 되는 상황이 많으니 알아 두면 평소에도 도움이 될 것입니다. 크게 4가지가 있습니다.

첫 번째는, 솔루션을 주려는 욕심입니다. 상대에게 좋은 답을 주려는 선의에서 출발한 것이긴 하죠. 하지만 그래서 더 상대의 이야기를 잘 듣지 못하게 됩니다. 상대는 틀렸고 나는 옳다는 생각과 나의 행동이 좋은 것인데 좋은 것을 받아들이려 하지 않는 상대는 나쁜 행동을 하는 것이라고 생각하기 때문이죠. 어떻게든 일단 답을 주고 싶어 합니다. 상대가 무슨 말을 하든 이렇게 받아칩니다.

"아, 그거 내가 다 해봤는데 이렇게 하면 돼."

상대 의견을 무시하고 무리하게 하는 말이라고 느껴지시죠? 그런데 저 말이 틀렸는가 생각해보면, 높은 확률로 맞는 말일 겁니다. 왜냐하면 제3자 입장에서 객관적으로 판단했을 것이고, 나름 경험이 있어서 한 말일 테니 보통은 유효한 솔루션일 겁니다. 그런데 이런 말을 들으면 내용을 떠나 거부감을 불러오고 비판적 사고가 발동해 가장 좋은 선택지일 수 있었던 그 솔루션을 오히려 배제해버릴 수도 있습니다.('삐뚤어질 테다!' 하면서요.) 상담자 입장에서 솔루션을 주고 싶어서 말했는데, 내담자는 그 솔루션은 일단 제외하고 다른 것부터 생각하게 만드는 최악의 방향으로 흘러가는 겁니다. 아무리 좋은 솔루션이어도 상대가 받아들이지 않으면 의미 없습니다. 그렇게 되면 상담가 혼자 그냥 잘난 척하고 끝나는 것밖에 안 되겠죠. 전략적 사고가 안 되는 경우입니다. 그리고 더 큰 문제는 상대가 솔루션을 듣고자 찾아온 것이 아닐 수도 있다는 거죠. 얘기를 나누거나 하소연을 하거나 다른 더 큰 문제를 이야기하기 위해 예열하려는 등, 내담자의 다양한 목표가 있을 수 있습니다. 솔루션을 주려는 것 자체가 자기중심적인 사고에 갇힌 행위일 수 있음을 기억해야 합니다.

두 번째는, 내담자를 이미 다 간파했고 판단이 끝났다고 착각하는 것이죠. 애초에 누군가를 간파한다는 것은 쉬운 일이 아닙니다. 더구나 상담은 상대를 꼭 간파해야 하는 것도 아닙니다. 만약 간파했더라도 아무 때나 티를 내는 것은 불필요한 행동입니다. 상담은 상대의 이야기를 잘 듣고 공감하면서도 이성적인 대화를 이어 가는 것이 중요합니다. 상대가 편하게 자기를 열어 보이도록 만드는 것이 중요합니다. 그리고 보통 상담을 원하는 것 자체가 신뢰를 얻은 것이기 때문에 간파한 것처럼 보이는 것은 불필요한 일이죠. 괜히 간파한 척했다가 열린 마음을 닫게 만드는 실수를 범할 수도 있습니다. 그러니 오히려 상대가 스스로 답을 찾도록 도우려면 더 많은 이야기를 하게 만들고 더 알려 달라고 부탁하는 것이 훨씬 유용할 수 있습니다. 다 간파했다는 생각은 상대의 입을 닫게 할 수 있습니다.

물론 간혹 상대를 간파한 것처럼 보여야 할 때도 있습니다. 예를 들어, 이후 소개할 콜드리딩에서는 상대를 이미 간파했다는 것을 보여야 하기도 합니다. 그렇게 해서 신뢰를 얻는 경우가 있죠. 하지만 그럴 경우에도 상대를 간파한 것처럼 보이는 것은 마치 파도타기와 같습니다. 실제로는 모든 것을 간파한 것은 아니기 때문에 그 신뢰가 무너지지 않도록 계속 노력해야 하죠. 수면 아래 백조의 다리처럼요. 자칫하면 신뢰가 무너질 수 있는 스릴 넘치는 상황입니다. 상대를 간파한 것처럼 보인 후 신뢰를 유지하는 것은 매우 강력하긴 하지만 위험한 선택이 될 수 있습니다. 한순간에 신뢰가 무너져버릴 수 있기 때문이죠. 하지만 상담가나 일반적인 대화에서 상담을 해주는 상황은 다릅니다. 더 안전하게 상대의 마음 깊은 곳에 다다를 수 있습니다. 방법은 아주 간단합니다. 신뢰를 얻은 후 차분하게 물어보면 됩니다.

세 번째는, 상대에게 답이 없을 것으로 생각하는 오만입니다. 상담을 많이 해보면서 느낀 것이 하나 있습니다. 대부분의 사람들은 자기 문제에 대한 답을 이미 가지고 있다는 것이었습니다. 그 답이 맞는 것인지 의심되거나 어떤 이유로 그 방향으로 가기 싫거나 그 선택을 하는 것이 두려운 그런 상황이 대부분이었죠. 그래서 신뢰가 가는 사람의 말을 듣고 싶거나, 자신의 선택에 공감해주거나, 두려운 선택의 불안감으로 그냥 말을 하고 싶어 하는 그런 의도로 상담을 하려는 사람들도 있었습니다.

그러다 보니 단순히 올바른 답을 줄 수 있는 사람보다는 권위 있는 사람, 아니면 좋은 말을 해줄 수 있는 사람을 찾는 경우가 많다는 것도 알게 되었습니다. 내담자에게 답이 없을 것이라거나 나만이 솔루션을 줄 수 있을 것으로 생각하는 것은 정말 오만함이라는 것을 깨달았죠. 오만함을 버리고 상대가 가진 그 내면의 답을 스스로 마주하도록 도와야 하죠. 내담자의 생각과 그런 생각을 하는 이유를 차분히 묻다 보면 그 내면의 답을 어느 순간 들을 수 있습니다.

네 번째는, 공감이면 다 된다는 안일함입니다. 물론 공감은 중요합니다. 상대에게 이미 답이 있는 경우처럼 공감만으로 충분할 때도 있습니다. 실제로 공감만으로도 아주 많은 것이 해결되는 것도 사실입니다. 하지만 그것만으로 부족합니다. 공감만 있다면 상담이 아닌 그냥 대화가 될 뿐이죠. 대화도 충분히 좋고 상대의 어떤 것을 해소해줄 수도 있지만 상대의 깊은 내면이나 진짜 생각을 듣기 어려울 수도 있고 신뢰를 주는 대상이 못 될 수도 있습니다. 도움을 준다는 인상을 줄 수 없어서 극단적으로는 그냥 감정의 쓰레기통이 될 수도 있습니다.

때로는 공감보다는 제대로 문제를 인식시켜야 하는 순간도 있습니다. 내담자가 생각하는 패러다임이나 전제를 깨줘야 할 때도 있죠. 공감에만 집중하다 보면 상대의 자기연민이 더 강해지는 등, 문제가 더 심각해질 수도 있습니다. 이성이 빠진 공감은 어떤 것도 해결할 수 없습니다. 같이 슬퍼하고 분노하는 식으로 한 편이 되어줄 수는 있겠죠. 하지만 그편이 옳은지 그른지 구분할 수 없어서 함께 옳지 못한 길로 끌려 들어갈 수도 있습니다. 생각 없이 흘러 다니는 말과 과장된 미디어의 정보, 주변의 쓸데없는 참견에 선동되어 인생을 낭비하게 될 수도 있는 것입니다.

| Summary |

◐ 상담에 필요한 세 가지 힘
   (1) 상대의 생각을 읽으려는 의지
   (2) 상담을 풀어 가는 과정에서 필요한 큰 인내심
   (3) 전략적인 마인드 (★가장 중요한 요소)

◐ 나쁜 상담을 만드는 4가지 실수
   (1) 솔루션을 주려는 욕심
   (2) 내담자를 이미 다 간파했고 판단이 끝났다는 착각
   (3) 상대에게 답이 없을 것이라고 생각하는 오만
   (4) 공감이면 다 된다는 안일함

2-2
단계별 상담 익히기

자, 그럼 이제부터 본격적으로 상담의 4단계를 보면서 상담가의 기술을 익혀보도록 하겠습니다. 다음 장(章)에서 배우실 프로파일러의 기술이나 5장의 최면가의 기술과 함께 쓰신다면, 훨씬 더 효과적인 상담 기술로 응용할 수 있습니다.

상담은 크게 네 단계로 이루어집니다.

1단계. 라포 형성 단계 : 라포 형성 + 프레임

2단계. 주제 좁히기 단계 : 주제 합의 (몰입, 정보 수집 + 적극적 경청)

3단계. 전환 단계 : 패러다임 전환 (정보 다각적 활용)

4단계. 행동 유도 단계 : 솔루션 듣기

■— 1단계. 라포 형성 단계

첫 번째 단계는, 라포 형성 단계입니다.

라포는 상호신뢰를 의미합니다. 단지 친해지는 것이 아니죠. 신뢰에 주목해야 합니다. 상담가를 신뢰하려면 상담가의 권위가 인정되어야 합니다. 보통의 상담가는 일단 내담자가 제 발로 찾아왔기 때문에 일정한 권위가 확보되어 있습니다. 때로는 자격증이나 학위가 그 권위를 뒷받침하기도 하죠. 오랜 경험이나 입소문이 그 역할을 하기도 합니다. 일상 대화에서의 상담은 그런 권위가 쉽게 확보되지 않을 수 있겠죠. 그럴 때는 친밀함이 권위의 빈자리를 채워줍니다. 더 친밀하게 느껴지도록 만드는 것으로 신뢰가 확보된 것 같은 효과를 볼 수 있습니다. 예를 들어, 상대의 말을 잘 듣는다거나 친절하고 신뢰가 가는 제스처를 보이는 것 등이죠.

그리고 상대의 생각을 한정 짓는 프레임 안으로 넣어 두는 것이 좋습니다. 좀 더 빨리 라포를 쌓을 수도 있고 원하는 방향으로 이끌 수도 있기 때문입니다. 이 프레임은 평소에도 많이 쓰이고 있습니다. 예를 들어, 어떤 매장에 들어가서 점원에게 이렇게 말했다고 생각해보죠.

"매장 분위기가 정말 밝네요. 일하시는 분들 인상도 정말 좋으시고요."

이 말을 들은 점원은 아무래도 이 말을 한 손님에게 좀 더 친절히 대하게 됩니다. 이 외에도 회사생활이나 연인관계 등 다양한 상황에서도 이런 일은 종종 일어납니다. 특히 가족이나 연인은 대부분 강한 라포가 형성이 된 관계이기 때문에 더 잘 먹힙니다.

"항상 내 말에 귀 기울여줘서 고마워."
→ 앞으로 상대의 말에 더 귀 기울이게 됩니다.

"힘들었을 텐데 너만은 내 부탁을 거절하지 않더라."
→ 앞으로 부탁을 거절하기가 좀 더 어려워집니다.

"너희는 그래도 내가 희생하는 것을 잘 아는 사람들이잖아."
→ 자신이 희생하고 있다는 사실을 기정사실로 합니다.

"나에게 항상 마음을 열어주고 얘기 들려줘서 고마워."
→ 오늘도 마음 열고 얘기하라는 말입니다.

물론 이런 것들이 너무 과하면 안 하느니만 못합니다. 왜냐하면 타인을 억지로 프레임에 가두려는 의도가 보일 수 있기 때문입니다. 그래서 칭찬의 형식으로 하는 것이 안전합니다. 일단 믿을 수 있는 적절한 수준의 칭찬이나 상대가 바라 왔던 칭찬은 의심받지 않습니다.

상담가도 다른 직업과 마찬가지로 라포 형성 과정에서 프레임을 짜고 상대의 생각을 한정 짓는 것이 유용합니다. 내담자가 상담사를 보고 상담을 잘해줄 수 있는 사람이라고 믿도록 유도하는 말을 건네는 것이죠. 예를 들면, 이렇게 말을 시작해볼 수 있습니다.

"저는 상담으로 도움을 드리려는 거죠. 제 말을 듣고 도움이 되셨다는 다른 분들처럼 좀 도움이 되시면 좋겠네요."

이 말을 들은 내담자는 어떤 생각을 하게 될까요? 내담자의 머릿속에 심으려는 생각은 세 가지 정도가 있습니다.

첫째, '나는 도움을 드리려는 마음을 가진 사람이다.' 즉, '너의 편이다.', 이것은 마음의 방어벽을 내리도록 만들려는 의도의 프레임입니다.

둘째, '도움이 되셨다는 다른 분들이 있다.' 즉, 이 상담은 다른 사람들을 통해 검증되었다는 권위를 확보하려는 의도입니다.

셋째, '제 말을 듣고 도움이 되셨다.' 즉, '내 말을 듣는 것이 도움이 되는 일이다.'라며 말을 더 잘 듣게 만들기 위한 프레임입니다. (이런 프레임은 5장 최면가 부분을 보시면 더 고도화된 기술들을 배울 수 있습니다.)

일상적으로 활용할 수 있도록 문장을 수정해볼 수도 있겠죠. 예를 들어볼게요.

"나야 너와 얘기하는 게 좋은 거지. 그러니 편하게 얘기해 봐. 필요하면 객관적인 내 생각을 들려줄게."

어떤 프레임들이 있나요?

첫째, '나는 너와 이야기하는 것이 좋을 뿐이다.' 즉, 나는 '어떤 다른 목적이 있는 사람이 아니다. 그러니 객관적으로 문제를 바라볼 수 있는 사람이다.', 이는 상대 마음의 방어벽을 내리고 객관성을 확보하려는 시도입니다.

둘째, '그러니 편하게 얘기해 봐.' 앞의 문장에서 나는 사심이 없음을 말하고 그래서 너는 편하게 얘기해도 된다고 프레임을 짰습니다. 상대가 누군가에게 말하고 싶지만, 뒤탈이 걱정되거나 자신의 치부가 드러날까 봐 걱정하는 등의 상황이라면 조금이라도 더 얘기를 꺼낼 확률이 높아지겠죠.

셋째, '필요하면 객관적인 내 생각을 들려줄게.' 이 문장은 상대가 필요하다고 느끼게 될 것이라는 암시를 담고 있기도 합니다. 그리고 내담자가 스스로 객관적인 말을 듣고자 말해 달라고 요청을 선택한 것으로 생각하게 만드는 프레임입니다.

이런 식으로 처음에 자신을 설명하거나 상대 마음의 경계심을 허물고 권위를 확보할 수 있습니다. 그런데 자신을 설명하는 데 있어 주의할 점이 있습니다. 자신에게 맞는 스타일로 프레임을 짜야 한다는 것입니다. 신뢰는 예측 가능성이기 때문입니다. 예를 들어, 차가운 인상에 미소도 크게 드러나지 않는 외모라면, 굳이 어색하고 과장된 따뜻한 표정을 지으며 당신 말에 무조건 공감해주는 사람이라고 말하는 것은 효과적이지 않겠죠. 만약 그런 스타일이라면 차라리 나는 분석력이 뛰어나니 원하는 질문을 하면 객관적인 시각을 들려주겠다는 인상을 주는 것이 좋겠죠. 거기에 좋고 나쁨을 판단하지 않으니 편하게 어떤 이야기든 들려주면 좋겠다고 덧붙여도 신뢰가 가겠죠. 아무리 좋은 문장으로 프레임을 짜도 자기 스타일에 맞지 않으면 상대가 신뢰하지 않을 수 있습니다. 자기 스타일에 맞게 믿음이 가도록 자신을 소개하고 상대가 그런 방향으로 선입견이 생기도록 유도하면 좋습니다. 좀 보편적으로 쓸 수 있는 문장들은 다음과 같은 것들이 있습니다.

"고민이 있을 때마다 찾아오는 사람들이 많아요. 그러다 보니 나도 모르게 도움을 준 이들이 많습니다."

"나랑 얘기하다 보면 다들 신기하게 답을 찾더라."

(좀 친한 사이일 때) "왜 이렇게들 얼굴에 상담해 달라고 쓰고 다니는 거야. 내가 필요한 순간인가?"

"내가 해줄 수 있는 건 솔직한 이야기를 들려주는 거야. 네가 원한다면 얼마든지."

"내가 다른 건 몰라도 입은 정말 무겁지. 괜히 대나무숲이 아니라니까."

이런 식으로 자신에게 맞는 문구를 만들고 초반에 상대에게 신뢰의 암시를 걸어 두는 것이죠. 제 발로 찾아와 상담을 시작할 때 이런 말을 들으면, 이에 따라 상담을 해주는 사람에 대한 선입견이 생기게 됩니다. 좋은 의미의 선입견이죠. 반대로 나쁜 선입견을 심어주는 사례도 있습니다. 자신이 너무 부족한 사람이라거나 주변에 안 좋은 영향을 끼친다는 둥 자신감 없는 소리를 하는 것이죠. 이건 겸손해지려다가 신뢰를 잃는 경우입니다. 겸손은 제스처와 말투로도 충분히 표현될 수 있습니다. 이 단계에서 상대에게 충분한 신뢰를 얻어 두는 것이 이후 단계에서 좋은 상담을 할 수 있는 열쇠가 됩니다.

이 단계는 원래 친한 사이이거나 상담을 요청할 정도의 신뢰가 쌓인 경우라면 아주 짧은 시간만 할애해도 됩니다. 가벼운 스몰토크만 하고 바로 다음 단계로 넘어가도 좋아요. 하지만 그런 관계가 아니라면 충분한 시간을 들여 신뢰를 쌓아야 합니다. 상담이 처음이거나 신뢰가 부족한 사이라면 다음 단계로 넘어가지 않고 이 단계에서 대화를 마무리지어야 할 때도 있어요. 서서히 시간이 지나 상대가 더 이야기하고 싶어지는 시점을 기다리는 것이죠. 여기까지가 첫 번째 라포 형성 단계입니다. 이렇게 신뢰가 쌓였다면 다음 단계로 넘어갑니다.

상대가 말하고 싶은 주제를 꺼내면 다음 단계로 넘어가도 됩니다. 하지만 상담을 하다 보면 진짜로 말하고 싶은 주제는 오히려 꺼내지 못하는 일도 있습니다. 진짜 상담하고 싶은 주제는 자신에게 상처이거나 치부여서 의식적으로든 무의식적으로든 입 밖으로 꺼내지 못하죠. 그래서 다른 주제를 상담하는 경우가 있습니다. 만약 내담자가 진짜 주제를 말한 것 같아서 다음 단계로 넘어갔는데 진짜 주제가 아닌 경우가 있을 수 있으니, 상담 기술에 익숙하지 않다면 이 단계에 큰 노력을 기울여야 합니다.

그리고 라포를 강하게 형성하기 위해서는 라포에 가장 큰 영향을 미치는 두 가지 요소인 '권위'와 '친밀함'이 확보되어야 합니다. 이를 위한 가장 기본적인 것들을 알려드리겠습니다. 먼저 권위를 위한 방법들입니다.

첫째, 상대가 직접 자기 발로 오게 하기입니다. 내담자가 자기 의지로 상담사를 선택하면 상담사의 권위가 올라갑니다. 이는 이후 배울 최면의 원리와도 일치합니다. 상담을 해주겠다고 찾아가거나 상담을 원하지 않는 사람에게는 상담을 시도하지 않는 것이 좋습니다. 물건을 살 때나 맛집을 찾아갈 때를 생각해보시면 쉽게 알 수 있습니다. 직접 선택하고 제 발로 걸어 찾아간 곳에 있는 것이 더 가치 있어 보이는 것은 당연한 일이죠. 상담을 배운 사람들이 초반에 많이 하는 실수가 주변 사람들에게 상담을 해주고 싶어 하고 찾아다니는 것처럼 행동한다는 것입니다. 이렇게 진행되는 상담은 친밀함은 몰라도 권위가 확보되지 않기 때문에 상담이 순조롭게 흘러가지 못할 가능성이 큽니다.

둘째, 상대가 받아들일 수 없는 말은 안 하기입니다. 라포 형성 단계에서 받아들일 수 없거나 믿을 수 없는 말, 잘못된 말 등을 해버리면 이후 이어질 상담이 전부 신뢰를 잃을 수도 있습니다다. 반대로 일단 라포 형성 단계에서 믿을 만한 말만 해 두면 뒤에 이어질 상담들에 대해서도 신뢰가 유지될 가능성이 높습니다. 아는 척하려고 검증되지 않은 이야기를 한다거나 재밌게 하려고 호불호가 갈리는 언행을 하면 상담 실패로 이어질 수 있습니다. 이는 보통의 사람들은 타인을 판단할 때 한번 자리잡은 인상을 쉽게 바꾸지 않기 때문입니다. 그래서 이 단계에서는 새로울 것이 없는 말이라 하더라도 상대의 믿음을 얻는 것이 중요합니다. 최선은 믿음도 얻으면서 새로운 시각도 보여주는 것이지만, 이 단계에서는 그렇게까지 욕심내지 않아도 됩니다. 처음에는 안전하게 믿을 만한 내용으로 이 단계를 채우는 것이 좋습니다. 인정할 수밖에 없는 내용으로 과학적인 이론을 언급하거나 유명한 사례를 들려주는 것도 좋습니다. 그래서 이 단계는 어느 정도 미리 준비해 두는 것이 가능합니다. 평소 관련 지식을 쌓아두고 신뢰를 얻을 만한 사례들을 기억해 두면 좋습니다.

다만 준비했다고 해서 무조건 다 말해야 하는 것은 아닙니다. 중요한 것은 듣는 것입니다. 준비한 것이 많다고 좋은 것도 아닙니다. 보통 상담하러 오는 사람들은 말을 하고 싶어 하는 경우가 많습니다. 내담자가 하고 싶었던 만큼 말을 잘할 수 있도록 신뢰를 주는 것이 목적입니다. 내담자의 말이 트이도록 준비했던 말은 필요한 것만 적재적소에 써야 합니다. 시간적 제약만 없다면 내담자의 말이 더 많으면 많을수록 좋다고 생각해도 무방합니다. 다만 보통은 시간의 제약이 있어서 빠르게 내담자의 생각을 좋은 방향으로 유도하고, 유효한 솔루션으로 도달하기 위해서 듣기와 말하기의 적절한 배분이 필요합니다.

셋째, 신뢰를 주는 비언어적 메시지 보내기입니다. 신뢰를 주는 비언어적 메시지는 차분한 태도, 빠르지 않고 가능하면 낮은 어조의 말투, 상담에 맞는 의상 등입니다. 친근함을 위해 밝게만 대하려고 과하게 가벼운 태도와 말투를 보인다면 신뢰는 떨어질 가능성이 있습니다. 다만 이 부분은 자신에게 맞는 스타일을 찾아야 합니다. 예를 들어, 편안하고 친근함이 장점인 사람이 굳이 무게를 잡으며 라포 형성을 할 필요는 없습니다. 오히려 일단 친근함으로 라포를 형성하고 이후 단계에서 차분하게 신뢰를 주는 것을 포인트로 삼을 수도 있습니다.

다음으로, 친밀함을 위해 기본적으로 지켜야 하는 것들은 다음과 같습니다

첫째, 대화의 기본 리액션 3가지를 지키는 것입니다. 이는 고개 끄덕이기, 미소 짓기, 시선 마주치기입니다. 일단 상대가 말을 하고 있을 때에는 항상 이 세 가지를 지킨다고 생각해야 합니다. 기본 중의 기본입니다. 고개를 끄덕이는 것은 너무 빠르지는 않

게 상대 말의 속도에 맞추는 것이 좋습니다. 미소는 크기나 밝기보다 유지가 중요합니다. 괜히 과한 미소를 연출하려다가 중간중간 힘든 표정이 나오면 미소 짓지 않는 것만 못합니다. 대비가 되면서 힘든 표정이 더 두드러져 보이기 때문입니다. 유지할 수 있는 정도의 옅은 미소로도 충분합니다. 시선은 가능하면 많이 맞추되 계속 마주치고 있으면 상대가 부담스러울 수 있으니 중간중간 명분 있게 시선을 옮기는 것이 중요합니다. 예를 들어, 차트를 본다거나 생각에 잠기는 척을 한다거나 뭔가를 떠올리는 것처럼 시선을 돌리는 등의 방법이 있습니다.

둘째, 가능하면 비슷하게 행동하기입니다. 상대와 비슷하게 행동할수록 상대가 더 친밀감을 느낀다는 이론이 있습니다. 호흡까지 맞추기도 합니다. 가능하면 자세와 단어는 맞춰주는 것이 좋습니다. 상대와 비슷한 자세 중에 예의를 지킨 자세를 유지하고 종종 상대 가까이 다가가면서 상대가 따라 움직이는지 확인해보는 것도 요령입니다. 너무 자주 확인하면 안 됩니다. 친밀도가 올라간 상태에서 자세를 맞춰 두면 내가 움직일 때 상대가 따라 움직이게 됩니다. 이를 활용해 상대를 원하는 자세로 유도할 수도 있습니다. 단어를 맞추는 것은 같은 말도 상대가 쓰는 용어로 말하려고 하는 것입니다. 상대가 익숙하게 들을 뿐 아니라 신뢰도도 올라가는 효과가 있습니다.

■— 2단계. 주제 좁히기 단계

어떤 주제로 상담할지, 무엇을 찾고 싶은지 더 세부적인 내용으로 접근하는 단계입니다. 카테고리를 좁히는 것으로 상대의 진심에 가까이 다가갈 수 있겠죠. 좁혀진 주제에 따라 상담하려는 목적도 읽을 수 있을 테고요.

그런데 상담가는 이 단계에서 상대의 생각과 질문에 담긴 혹은 숨어 있는 진짜 마음을 읽어내야 합니다. 상대의 진짜 욕망과 두려움을 찾아야 그가 왜 답을 알았고 그것을 피하려 하는지 이유를 찾을 수 있습니다. 그리고 상대 마음속 모순을 찾아 다음 단계에서 상대를 일깨워 스스로 답을 찾도록 유도할 수도 있죠.

본격적으로 상담하려는 주제로 좁혀지는 과정에서 상대는 마음이 불편하거나 어떤 것이 해소되는 등 변화를 겪을 겁니다. 이때 상대의 변화가 단서가 됩니다. 얘기하고 싶은 주제이지만 두려워하고 있을 수도 있습니다. 문제를 해결하고 싶은 주제이지만 너무 욕망을 드러내야 해서 부끄러울 수도 있죠. 사회적으로 보이고 싶은 자신의 이미지와 달라서 망설이고 있을 수도 있습니다. 그래서 이전 단계가 중요합니다. 친밀하거나 권위가 있는 사람에게는 망설일지언정 스스로 진실을 드러내고 싶어지기 때문입니다. 보통은 그동안 말 못하고 억압해둔 이야기들이기 때문에 한번 시작되면 아주 깊은 내면까지 드러내 보이곤 합니다.

이 단계는 프로파일러의 2단계와도 유사합니다. 다만 프로파일러는 상대의 거짓을 가려내고 진실을 추구하는 것에 집중하지만, 상담가는 상대의 내면을 들여다보는 것 자체에 좀 더 집중하고 상대가 원하는 것을 들어주려 한다는 점이 다릅니다. 이 단계에서 내면을 들여다볼 수 있는 몇 가지 예시를 보겠습니다.

사례①

"요즘 아주 좋아요."

이렇게 말하고 눈을 마주치며 웃었지만 바로 시선을 돌리고 그 웃음의 지속시간도 짧았다면 어떨까요? 그 상대는 현재 좋지 않은 상황이고 그것을 감추고 싶다는 본심이 있을 가능성이 큽니다. 좋다고 말하면서 좋다는 것을 증명하기 위해 웃음짓기와 시선 마주치기를 했습니다. 하지만 그것이 금방 사라졌다는 것은 그것이 만들어낸 표정일 가능성이 큽니다. 그래서 유지하기가 힘들었고 원래 내면의 표정이 드러나버리는 것이죠. 그리고 그런 것을 들키고 싶지 않다는 무의식에 시선을 빠르게 돌려버리는 것입니다.

이럴 때는 상대가 무언가를 왜 감추고 싶은지 찾고, 어떤 부분이 안 좋은지 대화로 서서히 확인해야 할 겁니다.

단, 바로 안 좋은 거 다 안다는 식으로 물어서는 안 됩니다. 이럴 때는 상대의 말을 받아주면서 서서히 질문을 해 가는 것이 좋습니다.

"좋다니 다행이네요. 보통 좋은 일에 고민과 불안이 있다던데. 저도 살아보니 좀 그렇고요. 혹시 그런 부분은 없나요? 사소한 것이라도."

이런 식으로 상대의 말을 먼저 인정해준 뒤 편하게 마음의 이야기를 할 수 있도록 유도해주는 것이 요령입니다.

사례②

"아. 이제 다들 도와준다고 하니 열심히 공부하면 되겠네요."

주변 사람들이 다들 도와주겠다고 하면서 열심히 공부만 하라는 말에 이렇게 대답했다고 생각해보죠. 그런데 만약 이렇게 말하고는 있지만 태도나 말투에 회피하려는 등 스트레스 반응을 보인다면 어떨까요? 한쪽으로만 슬쩍 웃으며 말꼬리를 흐린다거나 눈을 아래로 깔고 한숨이 살짝 묻어난다면요? 다리를 떨거나 팔을 문지르는 등 방어적인 태도가 나올 수도 있겠죠. 이럴 때는 지금 공부하고 싶지 않은 다른 이유가 있을 수 있습니다. 아니면 공부해도 안 된다는 좌절 상태일 수도 있죠. 주변에서 도와준다고 해도 열심히 공부할 수 없는 이유가 있거나 열심히 공부해도 안 된다고 생각하는 것을 의심해봐야 합니다. 더 나아가 현재 전혀 다른 문제가 있을 수도 있다는 가능성을 염두에 둬야 합니다.

이럴 때는 좀 더 쉽게 말하지 못하는 것을 끌어내기 위해 노력해야 합니다. 이전의 라포 형성 단계가 부족했다고 판단하고 다시 이전 단계로 돌아가 라포 형성을 더 해야 합니다. 바로 어떻게 도와줄 건지 묻는 것은 그다지 좋은 판단은 아닙니다. 그렇게 도움을 물으면 막연하게 남들이 듣고 싶은 답을 해버리기 때문입니다. 왜냐하면 애초에 원하는 것이 도움이 아니기 때문이죠. 좀 더 시간을 가지고 편안하게 얘기할 수 있도록 배려해주고 기다려줘야 할 수도 있습니다.

사례 ③

"제가 정말 얼마나 열심히 저를 바꾸려고 애쓰는지 아세요?"

만약 이런 말을 시작으로 자기 노력을 말하고 있다면 어떨까요? 그러면서 단순히 설명하는 것이 아닌 강한 설득의 어조와 태도로 말이 이어지고 있다면요? 이 경우라면 내담자는 현재 변화하는 시도 자체를 안 하고 있을 가능성이 있습니다. 왜냐하면 보통 노력하고 있는 사람들은 자신의 노력을 설명하려 합니다. 노력하고 있지 않기 때문에 설득하려는 태도가 나오는 것입니다. 자신도 믿지 못하기 때문이죠. 그래서 상대가 믿지 않을까 봐 전달이 아닌 설득을 시도하는 것이죠.

그렇다고 해서 상대에게 지금 노력하고 있지 않다는 것 다 안다는 식으로 말하면 안 됩니다. 일단 노력하고 있다고 인정해 주고, 차근차근 객관적인 현재 상황을 물어야 합니다. 진짜 문제를 알면서도 회피한 상태이거나 문제에 직면해보니 실제로 바뀔 자신이 없어서 노력하지 못하는 상태일 것입니다.

이는 다른 어떤 것에 더 신경 쓰며 회피해 있는 경우가 많습니다. 무언가 노력을 기울이고 있기는 한 거죠. 실제 문제 해결에는 도움이 안 되겠지만요. 따라서 상대가 정말 무엇을 원하는지 지향점을 묻는 것으로 좀 더 정확한 문제로 파고들 수 있습니다. 한번 지향점을 합의해 두면 다음 단계에서 모순을 찾게 하는 데 도움이 됩니다. 이렇게 물어볼 수 있겠죠.

"그럼 혹시 어떤 모습으로 바뀌려고 노력하고 계시나요?"

이 말의 대답에 따라 노력이 불필요하거나 지향점에 수정이 필요하다는 것을 깨닫게 해줄 수 있습니다.

사례④

"당연히 그런 나쁜 사람 잊어야죠. 제가 뭐 하러 그 사람을 떠올리려고 하겠어요? 생각도 안 하려고 해요. 정말이라니까요? 그런데 그 사람 생각이 떠나질 않아요. 예전부터 그 사람은 내 생각을 통제하려고 항상 시도했어요."

이렇게 여러 가지 이유를 대며 떠나간 연인에 대해 언급하는 경우는 어떨까요? 이것은 옛 애인을 계속 생각하는 것을 합리화하고 있는 상황입니다. 스스로 벗어날 마음이 없으니 옛 애인 생각이 머릿속에서 떠나질 않겠죠. 나쁜 사람이지만 어떻게 재회할 수 있는지 방법을 찾고 있는 경우일 수도 있습니다. 재회하고 싶지만, 상대가 객관적으로 나쁜 짓을 했기 때문에 용서할 수도 없고 자존심도 상하는 상황일 수 있겠죠. 아니면 이별을 후회하고 있을 수도 있습니다. 후회를 인정하고 싶지 않고 떠난 상대가 원망스러운 상태일 수도 있겠죠. 비슷한 마음을 가진 사람들에게서 다음과 같은 말이 나오기도 합니다.

"그 사람 잊을 거예요. 그런데 마지막으로 한번 제 멋진 모습을 보여주고 끝낼 거예요."

"나만 마음 아픈 게 억울해요. 어떻게 하면 그 사람도 이런 마음을 겪게 할 수 있을까요?"

이런 말들은 상대를 인생에서 지워내지 못하고 있고 떨치지 않으려는 마음 때문에 나오는 것일 가능성이 높습니다. 이럴 때도 먼저 지향점을 확인해 두는 것이 좋습니다. 가정법을 써서 만약 모든 것이 가능하다면 그 상대와 어떻게 하고 싶은지 물어보는 것이죠. 그후에 필요하다면 내담자가 과거에 했던 생각들을 떠올리게 하거나 바라는 것을 강하게 느끼게 할 수도 있습니다. 과거에 헤어진 것은 이유가 있기 마련이니까요.

사례⑤
"용기를 내고 있는 중이죠."

이렇게 말하면서 후퇴 반응이 있다면 어떨까요? 후퇴 반응이라는 것은, 뒤로 좀 물러선다거나 움츠러들거나 목소리가 작아지는 등의 태도를 말합니다. 이 말은 얼핏 들으면 그럴듯합니다. 하지만 결국 현재는 용기가 없지만 언젠가는 하려고 한 다는 식의 애매한 말입니다. 자신을 속이고 있는 말이죠. 이 경우 만약 라포가 강하게 형성되어 있다면, 바로 스스로를 속이지 말라고 할 수도 있습니다. 하지만 마음의 방어벽에 막힐 수 있으니 용기를 낸 상태와 내지 않은 상태를 따로따로 물어보는 것으로 지향점을 확립해볼 수 있습니다. 그리고 현재 두 상태 중 어디에 가까운지 물어볼 수도 있겠죠. 그리고 기한이나 일정을 짜도록 유도해볼 수도 있습니다.

사례⑥

"저에게 아무 의미 없는 사람이었어요. 전 정말 괜찮아요."

이렇게 말하는데, 특히 '의미 없는'이라는 단어에서 눈을 피하고 스트레스 반응이 나오고 '괜찮다'는 말에서 설득하려는 반응이 나온다면, 현재 괜찮지 않을 가능성이 매우 큽니다. 그리고 특정한 문제를 말하지 않으면서 상담을 요청한 상태로, 과하게 그냥 즐거운 이야기만 하고 있거나 상담사에게 질문들을 늘어놓고 있다면 진짜 문제를 말하기 어려운 상황이라고 생각해볼 수도 있습니다. 그럴 때는 차분히 들어주다가 다음과 같이 한번 물어보는 것도 좋습니다.

"혹시 오늘 진짜 해보고 싶은 이야기가 있었나요?"

상대가 말하고 있는 주제가 진짜 말하고자 하는 것인지 아닌지 확인하려면 해당 주제를 이야기할 때 질문을 해보면 됩니다. 해당 주제에 대해 질문을 했는데 두루뭉술하게 넘어간다거나 질문에 대해 정답처럼 딱 대답만 하는 경우는 일단 진짜 주제가 아닐 수도 있다고 의심해봐야 합니다. 진짜 상담하고자 하는 주제라면 라포가 잘 형성된 상태에서 질문을 던졌을 때 더 깊은 이야기들이 조금씩이라도 딸려 나옵니다. 아니면 반대로 말하기를 주저하기도 합니다. 상대가 원하는 주제를 찾을 수 있도록 라포를 강화하려고 시도하고, 적절한 질문과 인정해주는 말을 해줘야 합니다.

이 단계는 정보를 취합해 기준을 잡고 가설까지 세울 수 있는 단계입니다. 그렇다고 상대를 믿지 못하겠다거나 진심은 따로 있을 것이라고 표현해서는 안 됩니다. 상대가 자기 얘기에 스스로 몰입하도록 잘 듣고 적극적으로 반응하는 것이 중요합니다.

일단 여기서 발견한 모순들이나 상대의 내면을 잘 기억해 뒀다가 다음 단계에서 활용할 겁니다. 절대 마음속의 가설을 티 내서는 안 됩니다. 같은 편이라는 인식을 심어주고 상대가 무엇을 이야기하고 싶은지 최대한 많이 들어야 합니다.

이것이 바로 앞에서 말한 전략적 마인드입니다. 마치 프로파일러처럼 드러내지 않고 단서를 최대한 모아 두는 겁니다. 상대의 마음을 확실히 알게 되고 상대에게 변화를 줄 수 있는 결정적인 단서가 있기 전까지는, 최대한 상대의 비판적 사고를 우회하면서 질문을 하고 대화를 이어 가는 것이 필요합니다.

여기서 기억해 두면 좋을 팁이 하나 있습니다. 바로 '왜'라는 질문을 하지 않는 것입니다. '왜'라고 질문을 하게 되면 상대는 자신을 비난한다거나 취조한다는 느낌을 받을 수 있습니다. 그런데 상대의 마음을 알려면 행동이나 상황의 이유를 물어봐야 하죠. 그래서 '왜'라고 묻는 질문이 절대로 금기시되는 것까지는 아니지만, 다음과 같이 바꿔 질문하는 것이 상대가 더 깊은 자기 내면을 드러내는 데 도움이 됩니다.

"왜 그랬어요?"
→ "그 이야기를 좀 더 들을 수 있을까요?"
→ "혹시 관련해서 바라는 것이 있었나요?"

"왜 그렇게 행동했죠?"
→ "그렇게 행동한 이유가 뭐였는지 찾았나요?"

"왜 그런 생각이 들었죠?"
→ "그렇게 생각이 들었던 것과 관련해서 더 이야기를 들려주세요."

"왜요? 그게 필요해요?"
→ "바라는 것이 있었나요? 어떤 것이었나요?"

이것들은 하나의 예시들입니다. '왜'라는 질문을 하지 않아야 하는 이유는 상대가 자기 생각과 감정으로 깊게 빠져드는 것에 조금이라도 방해하지 않기 위함입니다. 같은 이유로 너무 과한 리액션도 주의해야 하는 대상들이 있습니다. 특히 내향적인 사람들의 경우, 리액션으로 말을 많이 하면 그걸 들으며 입을 닫는 경우가 있습니다.

이 단계에서 가장 중요한 것은 정보 수집입니다. 내담자가 진짜 주제로 들어가지 못하고 다른 주제의 이야기를 하고 있다면 수집되는 정보의 가치는 크지 않겠죠. 내담자의 진짜 주제로 이야기를 나눌 수 있도록 상대를 편하게 해주고 적절한 질문을 통해 주제를 잘 좁혀 가야 합니다. 상대가 말을 많이 하고 자기 말에 취할 정도로 몰입하게 되면 아주 성공적이라 할 수 있습니다.

이렇게 상대의 많은 정보들을 모아 다음 단계로 넘어갑니다.

■— 3단계. 전환 단계

전환 단계는 상담이 새로운 국면으로 접어들게 되는 가장 중요한 단계입니다. 기승전결의 '전'에 해당하고 소설에서는 결말 전 '절정' 단계라고 볼 수 있겠군요. 상대가 자기 생각이나 상황을 다른 각도로 볼 수 있는 새로운 관점을 제시하는 단계입니다. 관점을 제시한 후에는 상대가 이야기에 더 몰입하고 스스로 답을 찾도록 만드는 것이 중요합니다. 이를 위해서는 이전 단계까지 쌓아 왔던 정보를 다각적으로 활용해야 합니다.

새로운 관점으로 상대의 사고를 전환시키는 방법은, 우선 상대의 말에서 근본적 원인이나 모순을 찾아 언급해주는 것입니다. 모순이 있으면 그것을 지적하는 것이 아니라 질문으로 풀어서 직접 찾도록 유도하는 것이죠. 그것을 통해 상대가 새로운 생각을 할 수 있도록 유도해주는 것입니다.

일상의 예시를 보겠습니다. 애인이 좀 집착하는 것 같은 느낌이 들어 힘들다는 친구가 상담을 요청했다고 생각해봅시다. 이 경우에 전환 단계에서는 어떻게 접근하는 것이 좋을까요?

"네 애인이 불안해서 그러는 거야. 네가 너무 좋은가 보네. 더 잘해줘."

이렇게 말할 수도 있겠죠. 이 말이 맞는 말이고 좋은 솔루션일 수 있습니다. 하지만 그 친구가 불안해서 그렇다고 말하면 상대는 반박할 겁니다. 더구나 어떻게 더 잘하냐고 화를 낼 수도 있을 겁니다. 하지만 다음처럼 말하면 어떨까요?

"네 말대로 애인이 불안함을 느끼기 때문에 그런 건 아닐까? 처음에 잘할 때처럼 지금도 마음이 크기 때문에 불안이 클 수도 있을 것 같아."

상대가 애인의 불안에 대해 언급한 것을 기억해 두었다가 '네 말대로'라고 시작했습니다. 그리고 처음에 잘하다가 지금은 잘 못한다는 것도 마음이 오히려 커졌기 때문에 그럴지 모른다고 언급했죠. 이 말은 마치 상대가 했던 말들을 그대로 돌려준 것 같은 착각을 줍니다. 그래서 이런 말을 통해 상대가 어떤 생각을 더 한 후, 솔루션을 내리면 그것은 스스로 내린 솔루션이 됩니다. 하지만 그 솔루션은 전환 단계에서 유도된 것이죠. 아마 저 친구는 처음 상담할 때는, 애인이 나쁘기 때문에 계속 싸우고 있고 그러니 헤어져야 한다는 생각에 갇혀 있었을 것입니다. 하지만 저 말을 통해 애인은 여전히 자신을 좋아하고 있고, 오히려 그래서 불안이 커진 것이니 애인의 불안을 잠재울 방법을 찾아야겠다고 생각하게 될 수도 있겠죠. 상황을 바라보는 관점의 전환이 이루어진 것이죠. 그래서 전환 단계입니다. 이런 식으로 전환을 유도해 다른 관점으로 상황을 바라보게 만들면, 상대가 스스로 솔루션을 찾고 변화를 시도할 수 있습니다.

다른 예시 몇 가지를 볼까요?

"이번에 출산했는데 밤에 잠을 잘 못 자요. 육아와 관련해서 뭔가 심리적인 문제가 있는 걸까요?"

이렇게 물었다면 어떤가요? 앞 단계에서 정보들이 많이 수집되어 있어야 합니다. 먼저 수면이 불균형했던 것이 언제부터인지 확인해봐야겠죠. 그리고 왜 스스로 심리적인 문제를 의심하는지도 물어봐야 합니다. 심리적인 문제가 해결된 상황은 어떤 모습인지 그려보게 하고, 그런 상황이 과거에 있었는지 물어보는 것도 도움이 될 것입니다. 그렇게 정보들을 충분히 수집하면 전환 질문을 던질 차례입니다.

(결혼 전에도 수면이 불균형했던 것을 알게 된 후) "그런데 혹시 수면이 불균형해진 이유가 육아하는 것이 힘들어서 고민이 된 것은 아닐까요? 육아와 무관하게 수면은 꾸준히 불균형했

는데, 지금은 육아 때문에 수면 불균형이 더 힘들게 느껴지는 그런 것이 아닐까요?"

"육아가 시작되기 전에 신경 쓰지 않았던 것이 지금 유독 신경 쓰이게 된 이유는 어떤 것이 있을까요?

이런 질문들을 통해 내담자가 스스로 잠에 대한 부담이 커진 원인을 탐색하게 만들 수 있습니다. 기존에는 출산 자체가 잠을 못 자게 된 원인이라는 생각이 있었습니다. 이 생각은 벗어나거나 이겨내기가 힘듭니다. 출산이라는 사실은 일어난 과거이고 바꿀 수 없습니다. 그것이 문제의 원인이라면 지금 겪는 고통은 스스로 빠져나올 방법이 없겠죠. 어쩌면 스스로 빠져나오려는 노력을 기울일 자신이 없어서 변할 수 없는 것에서 원인을 찾으려고 시도하고 있었을 수도 있습니다. 아니면 육아가 힘들다는 것을 인정하면 아이에 대한 사랑을 의심하는 것처럼 느껴져 무의식적으로 부정하고 있었을 수도 있죠.

위의 질문들은 이런 생각에서 벗어나 좀 더 심리적인 원인에 직면할 수 있게 해줍니다. 이렇게 되면 육아 자체의 스트레스가 있다는 것을 인정하게 되어, 심리적 안정을 추구하거나 육아 스트레스를 줄일 수 있는 현재의 선택 가능한 방안이 있는지 탐색

할 수도 있습니다. 전환 이전에는 옴짝달싹할 수 없던 고민이 어느 순간 선택지가 있고 노력하면 개선될 수도 있는 것으로 바뀌게 됩니다.

다른 예시를 하나 더 보겠습니다. 한 내담자가 이런 질문을 던졌다고 해보죠.

"착하게 살아왔는데 왜 자꾸 사기를 당하는 거죠? 그런 일들이 종종 일어나는 것 같아요. 착하게 살면 안 되는 걸까요?"

여러분이라면 뭐라고 말해주실 건가요? 어떻게 이야기를 풀어나갈 수 있을까요? 일단 이 질문은 논리적으로 허점이 많습니다. 착하게 사는 것과 사기당하는 것은 인과관계가 없죠. 똑똑하게 알아보고 치밀하게 살아왔는데 사기를 당한다면 의아하고 억울할 수도 있겠지만요. 그 외에도 확인해야 할 것들이 많습니다.

'사기'와 '그런 일들'이라는 것이 어떤 일일까요? 정말 법적으로 사기에 해당하는 일을 당한 것일까요? 아니면 누군가에게 기만당했거나 기대했지만 배신당했던 기억일까요? 질문을 통해 차근차근 확인해 나가야 합니다. 종종 일어난다는 것이 어느 정도의 빈도일까요? 단 한 번 겪은 일이 마음에 크게 자리잡고 있는 것은 아닐까요? 그리고 왜 착하게 사는 것에 대한 회의가 고민으로 귀결되었을까요?

  몇 가지 가능성을 염두에 두고 확인해봐야 합니다. 그중 하나로는 착하게 사는 것에 대한 불만은 그 전부터 존재했을 가능성입니다. 어쩌면 무시당한다는 사고가 깔려 있었을 수 있겠죠. 그게 과거 상처 때문인지 아니면 교육의 결과인지도 확인해볼 필요가 있습니다. 착하게 살면 당한다는 생각이 있거나 자신은 착해서 무시당한다는 생각이 있을 수도 있습니다. 이런 경우에는 착하게 사는 것이 어떤 것인지, 그렇게 살아서 어떤 일을 겪었는지, 혹시 그렇게 살게 된 데 영향을 준 사람은 없는지, 있다면 어떤 영향인지도 물어볼 수 있습니다.

> "착하고 좋으신 분이죠. 그런데 이번에 사기를 당하신 것은 정말 상처가 되고 억울하겠군요. 다만 사기를 당하지 않기 위해선 착하고 좋은 것이 아닌 다른 것이 필요했던 것은 아닐까요?"

  전환 단계의 질문은, 착한 것이 아닌 다른 문제를 찾도록 해보거나 착함과 사기의 연결고리를 끊어낼 목적입니다. 스스로 정말 필요한 것이 무엇인지 탐색해볼 수 있는 기회를 주는 것이죠.

■— 전환 단계에서 말하기 요령

전환 단계에서는 상대의 기존 생각을 바꿔야 해서 스트레스를 받을 수밖에 없습니다. 원래 생각하던 것을 버리고 새로운 사고를 하기 위해서는 많은 에너지를 써야 하기 때문입니다. 주말에 쉬고 싶은데 나가서 운동하라고 등 떠미는 것과 같죠. 그러면 보통 온갖 핑계를 대고 원래대로 에너지를 안 쓰는 상태로 있고 싶어질 것입니다. 그래서 최대한 상대의 비판적 사고를 우회해서 반발심이 들지 않도록 해야 합니다. 이를 위해 상대의 모순을 언급하는 두 가지 요령을 알아야 합니다.

① **첫 번째 요령은 상대가 했던 말을 기반으로 말하는 것입니다.** 최대한 상대가 썼던 단어를 활용하는 것이 좋습니다. 그리고 '네 말대로', '당신 말씀처럼'이라고 확실하게 언급해주는 것도 좋습니다. 이때는 반드시 동의한다는 말과 제스처로 전해야 합니다. 상대가 공격적으로 느끼지 않도록 친절한 태도를 유지하며 말합니다. 예를 들어, 상대가 이렇게 말했다고 해보죠.

"이제 사람들한테 배신당하고 상처받는 게 두려워. 아무도 안 만날 거야."

뭐라고 말해주면 좋을까요? 그냥 몇 년 쉬라고 할까요? 그것보다 다음처럼 말하는 겁니다.

"네 말대로 배신으로 인해 상처가 남지 않는 만남이었다면 좋았겠네. 그런데 혹시 앞으로의 두려움은 만남에 대한 것을 그려볼 때 더 커지는 편이야?"

상대가 쓴 단어들 중 배신, 상처, 두려움, 만남을 활용했습니다. 그리고 만남에 상처가 없을 수 있다는 것과 상처가 없는 만남을 바라고 있을 것임을 간접적으로 암시하면서 말을 시작했습니다. 질문은 앞으로 만남을 그려보냐는 것으로 아무도 만나지 않겠다는 확신을 다른 각도로 볼 수 있게 돕고 있습니다. 두려움의 정체가 만남을 그려보고 있어서 생긴 것임을 깨닫도록 이끄는 것이죠. 이처럼 상대가 썼던 단어들을 주로 활용하면 상대는 익숙함을 느끼면서 스트레스를 덜 받고 반발심이 생기지 않을 수 있습니다.

다른 예시를 보죠. 고객사가 거래를 거절하려고 이렇게 말했다면 어떨까요?

"요즘 불황이라 우리 회사는 더 이상 새로운 시설에 투자하지 않을 거예요."

이렇게 말하는 상대를 원하는 방향으로 이끌기 위해 생각의 패러다임을 바꿔줘야겠죠.

"말씀처럼 불황이 시작되는 시기니까 지금이야말로 가장 적은 투자로 차별화를 시도할 수 있는 기회가 되지 않을까요?"

이 경우 물론 데이터에 기반한 설명이 필요하겠지만, 일단 상대의 비판적 사고에 틈을 만들기에는 좋은 문장입니다. 그리고 비즈니스 대화 상황에서는 상대 업계에서 많이 쓰는 단어를 알고 있으면 유리합니다. 방금 상대가 쓴 단어가 아니어도 평소에 자주 쓰는 단어라면 익숙하게 느낄 테니까요.

따라서 이 요령을 잘 활용하기 위해서는 상대가 하는 말을 많이 기억해 둬야 합니다. 그리고 상대의 인구통계학적 특성이나 직업 등을 고려해 해당 집단이 주로 쓰는 용어에 대해서도 알아두면 유리합니다. 결국 상대와 세상에 대한 관심이 필요하겠죠.

② 두 번째 요령은, 감정이 아닌 사실을 기반으로 이야기하는 것입니다. 이것 또한 상대의 심리적 반발을 줄이고 변화를 받

아들이도록 유도하기 위함입니다. 변화하려는 사람은 이미 변화 자체에 스트레스를 받기 때문에 그 심리적 고통에 희생양을 찾곤 합니다. 그래서 주변 사람들을 탓하기도 하고 중립적인 언행을 공격적으로 해석하고 화를 내기도 하죠. 이런 부분을 기억하면서 가능하면 반발할 수 없고 감정적으로 한 편이라고 느끼도록 공감의 자세를 취하며 사실을 이야기해야 합니다. 비슷한 말도 좀 더 사실에 근거해서 말할 수 있습니다. 예를 들어보죠.

"너 그렇게 튀는 옷을 입고 다니면 취업 못 해."

이것이 맞는 말일 수도 있어요. 아무래도 회사마다 원하는 스타일이 있을 수 있죠. 그런 고정관념에 맞추는 것이 취업 확률이 높아지는 것은 사실이죠. 하지만 이렇게 말하면 반발심이 먼저 듭니다. 듣는 사람에게는 악담이지만 말하는 사람으로서는 사실을 말했다고 생각하겠죠. 하지만 사실은 반박의 여지가 없어야 합니다. 저 문장을 들으면 아마 '웃기고 있네. 내가 이대로 취업하고 만다.'라는 생각이 먼저 들 겁니다. 사실을 기반으로 문장을 바꾼다면 이렇습니다.

"그런 스타일은 네가 원하는 분야 회사들의 암묵적인 면접 기준에 어긋날 거야."

어떤가요? 앞의 문장에 비해 훨씬 반발심이 덜 들지 않나요? 그것이 사실의 힘입니다. 이렇게 사실 위주로 감정을 건드리지 않고 내 감정도 표현하지 않는 방식으로 말하는 것이 상대가 받아들이기에 훨씬 더 효과적입니다.

■― 전환 단계의 주의할 점

마지막으로 전환 단계에서 가장 주의해야 하는 것이 있습니다. 전환 단계까지 왔다면 신뢰와 정보가 모두 충분히 쌓인 상태일 것입니다. 하지만 상대가 자기 생각을 전환할 준비는 되어 있지 않을 수도 있습니다. 당연히 자기 생각을 바꾸는 것은 쉬운 일은 아니죠. 그래서 생각의 전환을 유도하는 데 따라오지 않을 수도 있습니다. 상담가의 진도가 너무 빠르거나 잘못된 포인트를 짚고 있는 것일 수도 있죠. 이러면 다시 이전 단계로 돌아가야 합니다. 다시 주제 좁히기 단계로 가서 주제에 대해 이야기를 나누며 상대의 정보를 모으고 신뢰를 더 단단하게 만들어야 합니다.

상담의 진도가 너무 빨라서 상대가 변화를 받아들일 준비가 안 되어 있다는 것을 유추해볼 수 있는 말이 있습니다.

"내 나름대로……"

"내 나름대로 생각하기에는, 내 나름대로 무언가 해봤는데……" 등의 말을 한다면, 상대는 지금 상담가에게 '당신은 나를 몰라.'라고 이야기하는 것이나 다름없습니다. '내 나름대로 뭔가를 했고 당신은 나를 모르니 이제 내 일은 내가 알아서 할게.'라는 마음이 싹트고 있을 가능성이 있죠.

이는 진도를 너무 빨리 뺀 겁니다. 이럴 때는 욕심 내지 말고 앞의 단계로 돌아가 일반적인 질문과 대화를 하는 것이 좋습니다. 당장 전환하지 않아도 기회는 다시 올 수 있습니다. 그리고 상담을 마치고 혼자 생각하다 깨닫는 경우도 많죠. 상담하는 입장에서는 저런 말이 나오면 솔직히 좀 지칩니다. 그래서 상담할 때는 인내심이 중요하죠.

다른 경보 알람 문장은 이겁니다.

"그렇긴 한데……,"

이 말을 하는 심리를 풀어보면 이렇습니다. '상담해주는 네 말이 맞기는 하는데, 그리고 그걸 내가 모르는 바가 아니야. 몰라서 안 하는 건 아니고 이유가 있지만 설명하긴 싫어.'

이 경우는 뭔가 잘못 짚고 있을 가능성이 있습니다. 예를 들어, "무기력하면 운동을 하세요."라고 말을 했는데 알고 보면 무기력의 이유가 가족관계로 인한 우울감일 수도 있죠. 이런 경우도 앞의 단계로 돌아가 단서를 다시 모아야 합니다. 상대의 깊은 내면에 닿지 못한 경우일 수 있어요.

상담은 굉장한 인내심이 필요합니다. 상담한답시고 솔루션을 쭉 알려주고 스스로 상담을 잘했다고 생각하는 건 꼰대 소리 듣기 딱 좋습니다. 전환 단계에 왔어도 언제든 다시 앞 단계로 돌아갈 것을 염두에 둬야 합니다. 그리고 오늘 해결되지 않을 수도 있죠. 섣불리 해결하려다가 다음 기회조차 놓칠 수 있으니, 끝까지 여유를 가지고 인내하며 단계를 이동해야 합니다.

"그럴 수 있지."

이 말은 앞의 말들에 비해 수용하고 있을 가능성이 더 큰 것은 사실입니다. 하지만 사회성이 좋고 온화한 사람들이 이 말을 했다면 오히려 부정적인 의미일 가능성이 있습니다. 다음과 같은 말이라고 판단할 수 있습니다.

'나는 너의 말을 수용할 수는 없어. 하지만 네 입장에서 너는 그렇게 말할 수도 있다고 생각한다.'

그래서 이 경우는 바로 앞의 단계로 돌아가는 것까지는 아니어도 상대의 속내를 파악하는 시도를 좀 더 해봐야 합니다.

자 그럼, 성공적인 전환을 했다면, 이제 단계로 넘어가 보죠.

■─ 4단계. 행동 유도 단계

이제 상담의 마지막 단계입니다. 상대의 입에서 상담가가 생각하는 최선의 솔루션을 듣게 된다면 최고의 결과겠죠. 상대가 모순 없이 원하는 것을 추구할 수 있도록 잘 마무리되는 것입니다. 그것을 목표로 방법을 익혀봅시다.

① 변화를 확인하기

행동을 유도하기에 앞서 먼저 변화를 확인하는 작업이 필요합니다. 교육의 마무리라면 학생들이 잘 알아들었는지 확인하기 위해 다음처럼 말하면 됩니다.

"지금까지 배운 것은 이런 것들입니다. 알아들었나요?"

하지만 상담에서는 그렇게 해서는 안 됩니다. 다음처럼 질문해야 합니다.

"앞으로 어떻게 해볼 계획인가요?"

왜냐하면 알아들은 것만으로는 부족하기 때문입니다. 스스로 움직이려는 시도가 꼭 필요합니다. 그래서 변화하겠다는 의지가 있는 것으로 합의된 것처럼 앞으로의 계획을 물어보는 것입니다. 이를 통해 내담자는 스스로 선택하고 그에 맞는 계획을 세운 것 같은 착각을 하게 됩니다.

단, 이 질문 전에 충분히 내담자의 생각에 전환이 이루어져 있어야 하고, 그 전환에 맞는 새로운 솔루션에 대해 어느 정도 합의가 되어 있어야 합니다. 전환 단계를 건너뛰고 이런 질문을 던지면 상대는 막연하게 대답하게 됩니다. 만약 막연한 대답을 한다면, 전환 단계가 부족했다고 판단하고 그 전 단계로 다시 가서 시도해봐야 합니다.

② **상대의 말을 돌려주며 결론으로 연결(약간 틀기)**

상대가 변해보고 싶다고 하거나 지금까지와 다른 관점을 가지기 시작했다면, 그 말을 돌려주면서 결론으로 연결 지을 수도 있습니다. 상대의 말로 시작해서 마치 상대가 한 말인 것 같은 인상을 준 후 결론을 이어 말함으로써, 모든 결론이 다 상대의 의견인 것 같은 착각을 심어주는 방식입니다. 앞서 말했지만, 사람은 일단 처음 판단한 것을 잘 바꾸지 못합니다. 이것도 그런 원리를 활용한 것으로 일단 자신이 한 말 같다는 인상을 주면 뒤의 말도 그렇게 받아들이게 됩니다. 일반적인 대화의 흐름과는 달라서 좀 낯선 기술일 수 있지만 상담에서는 굉장히 효과적인 방식입니다. 예를 들어, 애인의 불안감으로 고민했던 친구가 이렇게 말했다고 해보죠.

"불안했었을 수 있지. 내가 연락을 좀 더 해줬어야 하나."

이 말을 약간 틀어서 다음과 같이 결론으로 향해 가는 겁니다.

"그러네. 네가 말한 것처럼 연락을 좀 자주 하면 관계가 개선될 수 있겠다."

상대가 말해서 맞장구를 쳐주면서 그 방법이 관계가 개선될 것이라고 마무리짓고 있습니다. "이제 용기를 내봐야겠어요."라는 말에는 다음처럼 대답할 수도 있습니다.

"말씀대로 용기를 내보면 정말 좋겠네요. 용기를 내서 드디어 그 일을 시작하겠군요."

용기를 내겠다는 말을 어떤 일의 시작으로 연결 지어줬습니다. 이런 식의 문장은 시작이 중요합니다. 최대한 상대가 한 말과 유사하게 말하며 수용하도록 만들어야 합니다.

③ 그에 따른 계획을 질문

전환 단계에서 상담가의 질문으로 변해야겠다는 식의 언급을 했다면, 이제 마지막으로 방법을 묻는 겁니다. "이렇게 해보세요."라는 마무리보다 훨씬 더 강력한 변화 의지를 만들어줄 수 있습니다. 스스로 자신에게 맞는 방법으로 답을 하면, 마지막으로 행동을 유도하는 말을 해주면 됩니다. 보통은 상대가 한 말을 그대로 다시 돌려주는 것으로 충분합니다.

앞의 연인 사례를 예로 보면, 바로 이어서 이렇게 말을 덧붙이는 겁니다.

"어떻게 해볼 생각이야?"

상대가 그전까지 뭔가를 시도할 마음이 없었다고 해도 상대의 말을 돌려주면서 계획을 물으면, 상대는 그 계획에 집중하며 자발적으로 계획을 생각하기 시작합니다. 자신이 결론을 내렸었다고 무의식적으로 생각하게 만드는 방법입니다. 보통 사람은 질문을 받으면 그에 대한 대답을 찾기 시작하게 되어 있습니다. 물론 상대가 진실로 깨우쳐서 스스로 완벽히 결론을 내리고 의지를 다지고 방법을 찾는다면 정말 좋겠죠. 하지만 보통 그렇게까지 대단한 일은 잘 일어나지 않죠. 그럴 때는 이런 기술을 써보세요.

1) 상대가 했던 말 중에 상담가가 해주고 싶었던 말들과 비슷한 말을 선택합니다. 상대가 썼던 문장과 최대한 일치할수록 좋습니다. 스스로 했던 말임을 의심하지 않고, 이후 결론을 받아들일 수 있도록 합니다.

2) 그것을 마치 상대가 했던 말인 것처럼 결론 내리듯이 말해 줍니다. 이때 '네가 말한 대로'라고 서두를 열면 더 효과적입니다.

3) 상대의 의지를 칭찬하거나 이후 계획을 질문하여 결론을 의심하지 않도록 유도합니다. 칭찬은 보상이 돼서 결론을 지키고 싶은 마음이 커집니다. 그리고 계획에 대해 질문을 받으면 대답을 떠올리면서 마치 자기 결론이라고 인지하게 됩니다. 상대의 머릿속에 있던 방향 중 하나일 테니 그 결론을 받아들이기 쉽

습니다. 주저하지 않고 자신감을 가지고 구사해야 합니다.

"그럼, 진짜 운동을 좀 해야 하나……."
→ "네가 말한 대로 운동하면 좋겠다. 정말 좋은 생각이네. 언제부터 해보려고?"

"그럼 내가 연락하는 거 말고는 방법이 없나……."
→ "정말 그게 유일하면서 좋은 방법이겠구나. 연락은 언제 하는 게 좋을 것 같아?"

④ 좋은 마무리 멘트 하기

상대가 의지와 계획을 표현했다면 거기에 대한 보상을 주는 것으로 확실히 쐐기를 박아줄 수 있습니다. 이런 말이 보상이 될 수 있습니다.

"정말 좋은 생각이다."

"저도 한번 그렇게 해봐야겠네요."

"그렇게 하면 정말 해결될 수 있겠네."

"참 현명하구나. 많이 배웠어."

이런 칭찬과 인정을 주면 상대는 그 순간에는 보상을 얻었다고 생각하고 이후로는 이것이 자부심이 되어 그것을 지속할 힘을 얻습니다. 이것도 일종의 프레임입니다. 상대에게 변화하는 것이 현명하다는 칭찬을 함으로써 스스로 현명하다고 믿고 변화에 맞게 행동하는 원동력이 되어 줍니다.

이 결론의 기술은 전환 단계를 잘 거쳤을 경우 실패 확률이 거의 없는 안전하고 매우 효과적인 강력한 것입니다. 꼭 잘 익혀두시기를 바랍니다.

그런데 이렇게까지 해서 결론에 거의 도달했다고 생각했는데 만약 상대가 다시 처음 변화를 두려워하는 생각으로 돌아가면 어떻게 해야 할까요? 일단 기운이 쭉 빠지거나 화가 날 수 있겠죠. '몇 시간을 들여 상담했는데 다시 그런 말을 한다고?'라는 생각에 답답함을 느낄 수도 있을 테고요.

당연히 그런 감정들은 표출하면 안 됩니다. 이 상황에서는 다음의 두 가지 선택지가 있습니다.

1. 라포 형성 단계로 돌아가 다시 시작
2. 나중을 기약하기

만약 시간 여유가 많고 상대가 중요한 사람이라면 1번을 선택해도 좋습니다. 인내심이 많거나요. 하지만 보통의 경우는 2번이 더 나을 수 있습니다. 시간이 한정적이기 때문이기도 하지만 내담자가 돌아가 혼자만의 시간을 가지며 스스로 생각하다 답을 찾을 수도 있기 때문입니다.

지금 당장은 반발심이나 그동안 살아온 방식을 바꾸고 싶지 않다는 생각에 인정하지 않았던 것도 혼자 있게 되면 반발심이 줄어들고 원하는 일에 대해 다시 생각하기도 합니다. 그래서 이렇게 말하면서 마무리지을 수 있습니다.

"나는 네가 좀 더 좋은 해결책을 떠올릴 수 있을 거라 믿어."

솔루션을 주는 것보다 중요한 것은, 서로가 지치지 않아야 하고 관계에 상처가 남아서는 안 된다는 것입니다.

| Summary |

● 1단계. 라포 형성 단계 : 라포 형성 + 프레임
　라포 형성에 가장 중요한 요소 : '권위'와 '친밀함'을 확보해야 함.
　　'권위'를 위한 방법 3가지
　　　　① 자기 발로 찾아오게 하기
　　　　② 상대가 받아들일 수 없는 말 안 하기
　　　　③ 신뢰를 주는 비언어적 메시지 보내기
　　'친밀함'을 위해 지켜야 할 2가지
　　　　① 대화의 기본 리액션 3가지 지키기 : 고개 끄덕이기, 미소 짓기, 시선 마주치기
　　　　② 가능하면 비슷하게 행동하기

● 2단계. 주제 좁히기 단계
　상대의 생각과 질문에 담긴 혹은 숨어 있는 진짜 마음을 읽어내야 함.

● 3단계. 전환 단계
　전환 단계에서 말하기 요령 : 상대의 모순을 언급하는 두 가지 요령
　　　　① 상대가 했던 말을 기반으로 말하는 것
　　　　② 감정이 아닌 사실을 기반으로 이야기하는 것

● 4단계. 행동 유도 단계
　행동 유도의 방법
　　　　① 변화를 확인하기
　　　　② 상대의 말을 돌려주고 결론으로 연결(약간 틀기)
　　　　③ 그에 따른 계획을 질문
　　　　④ 좋은 마무리 멘트 하기

2-3
상담 사례로 활용 방법 익히기

지금부터는 저를 비롯한 많은 상담사들이 실제로 흔하게 상담하는 내용을 각색한 사례를 소개합니다. 실생활에서 어떻게 활용하면 좋을지 방법을 찾아보시기 바랍니다.

사례 ① 우울함을 호소하는 30대

내담자 : "요즘 너무 우울해요."

상담자 : "우울하게 만드는 이유가 있을까요?"

내담자 : "그냥 우울해요."

    (그냥이라고 말하며 더 이상 언급하지 않고 있군요. 이유를 외면하고 있거나 더 깊게 생각하는 것을 스스로 거부하고 있는 상태일 수도 있습니다. 우울하지 않을 때와의 차이를 탐색해

보겠습니다.)

상담자 : "그렇군요. 그럼 혹시 우울하지 않았을 때가 있었나요?"

내담자 : "아니요. 그냥 항상 우울해요."

(이 답변을 보면 과거를 질문한 것에 현재에 대해 답변하고 있습니다. 현재의 우울한 감정에 빠져 벗어나지 못하고 있음을 보여줍니다. 더 확실하게 과거를 언급하면서 질문을 해서 항상 우울했던 것은 아님을 깨닫게 유도하고 그 원인에 대한 힌트를 찾아야겠습니다.)

상담자 : "그럼, 우울하지 않았던 가장 오래된 기억은 언제인가요?"

내담자 : "20대 초? 그때까지만 해도 지금처럼 우울하진 않았던 것 같아요."

(20대 초가 좋은 기억이 남아 있는 상태일 것입니다. 다만 현재가 우울하다 보니 우울하지 않았다 정도로 표현하고 있겠죠. 그때가 좋은 시절이었고 현재는 좋지 않아서 힘든 상황임을 유추해볼 수 있습니다.)

상담자 : "그렇군요."

(상대가 좀 더 말하도록 미소를 머금고 침묵한 채 상대를 바라봅니다.)

내담자 : "음, 사람들과도 잘 어울리고 밝고 그랬던 것 같아요."

상담자 : "그렇군요. 즐거운 시절이었나 보네요."

내담자 : "아니 뭐……."

(순간적으로 즐거움이라는 단어에 반발심이 올라오려고 합니다. 그 말을 이어 가지 못하도록 바로 다음 질문을 합니다.)

상담자 : "그때 어울리던 사람들은 어떤 사람들이었나요?"

내담자 : "같이 공부하고 얘기하고 뭐 그랬던 사람들이요."

상담자 : "혹시 그분들 중에 지금도 연락하는 분들이 있나요?"

내담자 : "지금은 없어요."

(고민 없는 즉답입니다. 현재 친구가 하나도 없는 상황은 아닐 가능성이 높죠. 이것은 오히려 사람의 문제가 아니라 그 당시의 자신과 현재의 자신이 다른 상황이라는 생각이 우울함의 원인일 가능성이 있습니다. 가설로 남겨 두죠.)

상담자 : "지금 연락이 안 되는 데에는 어떤 이유가 있나요?"

내담자 : "다들 다른 대학에 갔고, 취업했고, 뭐 그러니까요."

(중요한 단서가 될 말입니다. 앞에서 '그냥'이라며 문제에 직면하기 힘들어했었던 것에 비해 무심코 바로 등장한 대학, 취업이라는 두 가지 단어는 내담자가 평소 생각해 왔던 것임을 유추해볼 수 있습니다.)

상담자 : "그렇군요. 혹시 과거의 그런 사람들을 뭐라고 부를 수

있을까요?"

내담자 : "음……, 동지?"

    (친구라고 하지 않았습니다. 그들을 감정적으로 친밀하게 여기고 있지 않음을 유추할 수 있습니다. 이는 과거의 그런 인연이 지금 자신을 힘들게 하고 있기 때문일 수도 있습니다. 그리고 현재는 친구가 있지만 과거 그들과 함께 했던 공부 등을 할 수 없는 상황을 보여주는 것일 수도 있습니다.)

상담자 : "같은 목표를 가진 사람들이었군요."

내담자 : "네. 하지만 지금은 없어요. 저와 같은 목표를 가진 사람이 없죠."

    (침묵을 통해 좀 더 이야기하도록 유도하면서 등장한 것은 목표라는 단어입니다. 당시 즐거웠던 시절의 명분은 목표가 있었던 삶임을 기억해 두고 이후 활용해야겠군요.)

상담자 : "지금은 어떤 목표가 있으신가요?"

내담자 : "…… 지금은 없는 것 같아요. 그냥 나만 제자리……. 나만 뭘 이루지 못해 우울한가 봐요."

    (목표는 여전히 가질 수 있는 것입니다. 목표가 없는 것이 우울함의 원인일 리는 없습니다. 지금 우울한 이유는 따로 있겠죠.)

상담자 : "과거에 동지들과 함께 가려던 목표를 여전히 꿈꾸시나요?"

내담자 : "그건 이제 아니예요. 그냥 새로 뭘 좀 해봐야죠."

상담자 : "그렇군요. 목표가 있고 같은 상황에 놓인 사람들이 있다고 느낄 땐 우울하지 않았군요."

내담자 : "네."

 (짧은 대답으로 미루어볼 때 스스로 생각이 깊어지고 있음을 알 수 있습니다.)

상담자 : "그때 뭔가를 이루었던 시기였나요?"

 (이건 아닌 줄 알지만 모르는 척하고 물어본 것입니다. 그때 이루었다면 지금의 우울함은 없었겠죠. 스스로 답에 가까워지도록 유도하고 있는 중입니다.)

내담자 : "…… 아니요. 이루려고 했던 시기였죠."

상담자 : "이루려고 하는 것이 있으니 동지도 생겼겠군요. 같이 공부도 하고 이룰 것에 대해 얘기할 수도 있게 되었고……."

내담자 : "네……."

 (과거의 목표가 있는 활기찬 자신과 지금의 무기력한 자신을 비교했었지만, 목표라는 것은 그냥 명분이었을지 모른다는 것을 스스로 깨달아가는 중일 겁니다.)

상담자 : "당신에게 이루려는 것과 동지 중에 어떤 것이 더 우울하지 않을 힘이 될까요?"

 (이루려는 것이 힘이 된다면 지금도 얼마든지 할 수 있겠죠.

하지만 그걸 선택하지는 않고 있었습니다. 목표가 있는 것이 우울하지 않은 이유가 아님을 스스로 깨닫는 순간입니다.)

내담자 : "음……, 그때처럼 동지들이 있다면 우울하지 않을 것 같아요."

상담자 : "그렇군요. 그럼, 지금은 이루려는 것을 먼저 해내고 난 후에 그에 맞는 동지들이 있는 곳을 찾으려 하는 건가요? 아니면 과거처럼 이루려는 것을 먼저 찾고 동지들을 만나게 될까요?"

(내담자의 우울함의 원인은 자신만 뒤처져 있다는 불안과 솔직히 현 상황을 나눌 사람이 없다는 외로움일 가능성이 큽니다. 이 질문은 상대가 가진 모순을 벗겨내는 작업입니다.)

내담자 : "일단 뭐라도 해내고 싶은 것 같아요."

(내담자는 현재 자신이 상대적으로 부족하다고 생각하고 있는 것 같습니다. 과거 그냥 가능성에 머물렀던 시기를 그리워하고 있습니다. 실질적인 우울함의 원인은 단지 동지가 아닌 나와 비슷한 가능성의 상태에 함께 머물며 불안을 달래줄 존재가 필요해 보입니다. 하지만 그런 것으로는 문제가 해결될 수 없겠죠. 그래서 뭐라도 해내고 싶다는 생각으로 유도한 것입니다.)

상담자 : "좋은 생각이네요. 그럼 혹시 어떤 것을 해보려는 계획

이 있나요?"

(이후로는 내담자의 의지였던 것처럼 보이도록 계획을 세우게 하고 상담을 마무리하면 됩니다.)

사례② 40대 회사원

내담자 : "요즘 큰 목표가 없어서 일에 능률이 오르지 않는 것 같아요."

(스스로 진단했군요. 이러면 진짜 이유가 아닐 수 있습니다. 단서를 더 모아야 합니다.)

상담자 : "예전에는 어떤 목표가 있었나요?"

(실제로는 이 질문을 하기까지 많은 대화를 주고받아야 합니다. 지면상으로 그런 내용을 싣기는 어렵기 때문에 포인트가 될 만한 문장들로 요약했습니다.)

내담자 : (한참 고민하다가) "예전에도 큰 목표가 있었던 것 같지는 않아요."

(하나의 질문으로 자신이 그동안 생각해 왔던 원인이 잘못된 것임을 깨달았습니다. 질문은 이처럼 강력한 효과가 있죠. 스스로 진짜 문제를 찾도록 여러 질문들을 이어 가야 합니다.)

상담자 : "그럼, 예전에는 일의 능률이 지금보다 좋았던 적이 있었나요?"

내담자 : "예전엔 좀 쪼는 관리자가 있었거든요."

(쪼는 관리자의 부재가 현재 능률의 문제이군요. 하지만 내담자는 그 관리자를 그다지 좋아하지 않아서 그것을 인정하지 않고 있었을 것입니다. 목표는 예전이나 지금이나 없는 상황이고요. 스스로 목표라는 멋진 단어를 만들고 그것이 이유일 거라고 착각하고 있습니다. 하지만 이 부분을 바로 파고들지 않는 것이 좋겠습니다. 상대가 생각할 여지를 줘야 하니까요.)

상담자 : "그렇군요. 예전엔 매우 힘드셨겠네요. 그럼, 예전보다 스트레스는 좀 덜하겠어요?"

(쪼는 관리자가 필요하지만, 심리적으로 거부하는 상황에 대해 좀 더 자세히 알기 위한 질문입니다.)

내담자 : "네."

(이후로 관리자에 대한 심리를 수집하고 스스로 문제는 거기에 있었음을 깨닫도록 유도해줘야겠죠. 그후에 결론으로 향해 갑니다.)

상담자 : "그럼 그런 쪼는 관리자 역할을 스스로 하면 능률이 오를 수도 있겠다고 생각하시는 거군요."

(상대가 사용한 단어들과 스스로 인정한 것들을 언급합니다. 과거에는 관리자가 쪼아서 능률이 올랐다고 했기 때문에 이런 말이 효과적일 수 있습니다.)

내담자 : "네. 그런 것 같아요."

상담자 : "그러면 어떻게 스스로 그런 관리를 할 수 있을까요?"
(방법을 물어보는 것으로 상대의 의지를 확고히 하고 스스로 내린 결론이라는 기억을 갖도록 유도합니다.)

만약 상대가 믿었던 목표의 부재로 대화가 이어졌다면 어떻게 되었을까요? 목표에 대한 질문이 이어지고 어떤 목표를 가질지 대화하며 마무리가 되었겠죠. 하지만 실제로는 전혀 다른 솔루션이 필요한 상황이었습니다. 차라리 계획표를 만들거나 스스로 쫄 수 있는 일종의 보상 체계와 징벌 체계를 만들어야 도움이 되겠죠. 그게 내담자에게 필요했던 겁니다. 그것을 스스로 깨달아 나가는 과정에서 그가 관리자라는 표현을 썼기 때문에 본인이 스스로가 관리자가 될 수 있으려면 어떻게 하겠냐는 질문으로 생각의 패러다임 변화를 유도한 겁니다.

이 과정을 정리하면 다음과 같습니다.

1. 잘 들어주면서 정보를 모으기
2. 그 안에서 모순을 찾고 진짜 원인을 파악하기
3. 상대를 이해해주고 스스로 그 원인을 찾도록 유도하기
4. 해결 의지를 갖도록 암시하며 마무리

이 단계를 밥을 안 먹는 아이와 대화하는 것으로 응용해보면 이렇게 됩니다.

"나 이제 밥 안 먹어."
"밥을 안 먹는 이유가 있니?"
"난 로봇이거든. 로봇은 밥 안 먹어."
"그렇구나. 그럼 어디서 에너지를 얻니?"
"에너지?"
"그럼. 로봇도 자동차처럼 기름을 넣기도 하고 전기가 필요한 것도 있고 다른 영양을 주는 에너지원이 있어야지. 레이저도 쏘고 로켓부스터도 써야 하는데 그런 게 그냥 생겨나겠어? 강한 로봇은 그만큼 에너지가 있어야지!"
"엇! 나도 에너지 필요해!"
"그럼, 에너지를 언제 넣을 거야? 하루 3번 넣어야 하는 거 알지?"

상대를 이해하고 상대의 세계관에 맞는 방식으로 대화를 이어 가는 것이 중요합니다. 그리고 스스로 원하도록 유도하는 거죠. 다른 사례를 보겠습니다.

사례 ③ 결혼 적령기 30대의 연애 고민

내담자 : "그 사람 말고 미래에 비전이 있는 사람을 만나고 싶어요."

(이렇게 고민의 말이 시작되었습니다. 다른 사람을 만나고 싶다는 바람과 이유는 비전의 부재군요. 미래와 비전이라는 좋은 단어 두 개가 이유로 등장했습니다. 좋은 단어들로 이유가 등장했으면 다른 이유를 이것으로 포장해 뒀을 가능성이 있습니다. 하지만 당사자는 모르죠. 물론 이것도 여기에서는 하나의 가설일 뿐입니다.)

상담자 : "그 사람과 미래에 대해 이야기해 본 적이 있나요?"

내담자 : "네."

상담자 : "뭐라고 하던가요?"

내담자 : "…… 기억이 안 나요."

(미래에 대해 이야기한 것에 대해서는 즉답했지만, 무슨 이야기를 했는지는 기억에 없습니다. 상대가 가진 미래에 대한 생각이 크게 인상적이지 않았을 가능성이 있습니다. 이는 반대로 부정적인 인상도 없었다고 볼 수 있습니다. 상대가 미래에 대해서 비전이 없는 얘기를 했는지 있는 얘기를 했는지 기억이 나지 않는 시점이 되었을 수도 있습니다. 실제로 상대가 미래에 비전이 없는 얘기를 해서 이별까지 고민했으면 기억에

남았을 가능성이 크겠죠. 이것도 하나의 가설로 남겨 둡시다.
일단 상대가 기억이 나지 않는다고 하니 다른 질문을 통해 상대의 진심에 다가가야 하겠습니다.)

상담자 : "그럼 어떤 비전이 있는 사람을 만나고 싶으신가요?"

내담자 : "성공에 대한 욕심을 가진 사람을 만나고 싶어요."

(비전, 성공, 욕심 등 해석의 여지가 있는 단어들이 등장하고 있습니다. 좀 더 구체화시킬 필요가 있습니다.)

상담자 : "혹시 그 성공이란 어떤 건가요?"

내담자 : "승진도 하고 돈도 많이 벌고 그런 거죠."

상담자 : "그렇군요. 그럼 승진해서 연봉을 높이고 더 좋은 직업에 대해 많이 고민하는 사람을 원하시는군요."

내담자 : "네."

상담자 : "그러면 상대의 연봉과 직업에 대해서도 많이 따지는 사람을 원하는 거네요?"

내담자 : "……"

(연봉과 직업에 욕심이 있는 사람이라면 배우자의 직업과 연봉에도 욕심이 있겠죠. 이건 논리적으로 유추할 수 있습니다. 물론 아닌 경우도 있지만 그런 욕심이 없었기 때문에 가질 수 있었던 다른 장점을 스스로 깨닫게 유도하는 것입니다. 스스로 그동안 막연하게 바라며 생각했던 사람이 정말로 자기가

원하는 사람인가라는 생각이 들기 시작할 겁니다. 패러다임의 충돌이라고 할까요? 단어를 구체화시키는 것으로 상대가 바라는 것에 더 가까이 다가갈 수 있습니다. 상대가 진짜 바라는 것을 찾아가는 과정의 상담이었습니다.)

CHAPTER 3

프로파일러는 어떻게 상대의 거짓을 간파할까?

3-1
프로파일링의 기법들

■— 프로파일링 능력자들

예전에 MBC의 '능력자들'이라는 프로그램이 인기를 끈 적이 있었습니다. 일반인 중에 특별한 능력이 있는 사람을 초대해 일종의 검증을 하는 내용이었죠. 저도 이 프로그램에 프로파일링 능력자로 출연했었습니다.

그때 MBC에서 연락이 온 이유는 '연쇄살인 엑스파일'이라는 팟캐스트를 운영하며 다양한 범죄자들과 프로파일러들에 대해 소개하고 분석하는 콘텐츠를 제작하고 있었기 때문이었죠.

당시 프로파일링 콘텐츠를 제작할 때 범죄나 수사와 관련해 자문을 해주셨던 분들 중에 강력계 팀장으로 오래 일하셨던 분이 있었습니다. 여러 조언을 들으려 찾아뵙곤 했었는데, 그분이 종종 하시던 말씀이 있었습니다. "난 진짜 일 저지른 애들은 딱 보면 바로 알아. 그리고 걔네가 거짓말을 하잖아? 그게 거짓말이라고 신호가 와."

어떻게 아시는 건지 궁금해서 몇 번 여쭤봐도 뾰족한 방법을 말씀해주지 않으시다가 결국 말해주신 것이 이것이었습니다.

"나도 처음엔 몰랐지. 그런데 보다 보니까 이게 보이는 거라. 그냥 알겠더라니까? 그냥 하도 많이 보니 눈이 뜨인 건지. 암튼 나한텐 거짓말할 생각 말고. 나야 거 알아도 다 또 기회를 주는 사람이잖아."

대수롭지 않은 말이었지만 나중에 곰곰이 생각해보니 거기에는 프로파일러들이 상대를 압박하고 진실을 말하게 하는 기술의 방법이 담겨 있었습니다. 아마도 그 형사님은 평생 범죄자들을 접하면서 평범한 사람들이 쉽게 쌓을 수 없는 데이터들이 아주 많이 쌓여 있었겠죠. 자연스럽게 일반인과 범죄자들을 비교할 기회도 많았겠고요. 범죄자라고 해서 거짓만을 말하지는 않았을 테니 거짓을 말하는 사람들이 어떻게 진실을 말하는지도 그만큼 많이 접했겠죠.

그 과정에서 그들이 진실을 말할 때의 기준이 생겼을 것입니다. 그리고 그들이 거짓말을 할 때 어떤 변화가 있는지도 충분히 겪었을 것입니다. 그 변화를 느낄 수만 있다면 그것이 곧 거짓을 찾아낼 수 있는 촉이 되었겠죠. 범죄자들이 범죄를 저지르고 거짓으로 자신을 숨기려 할 때 최소한 의심스럽다는 느낌이 생겨났을 겁니다. 바꿔 말하면 평범한 사람들보다 더 정확한 가설을 세울 수 있는 환경이 확보된 것이라 볼 수 있겠죠. 그것이 곧 거짓을 간파하는 능력이 된 것입니다.

그리고 반복 시행을 통해 정밀도가 높아졌을 겁니다. 그렇게 거짓을 간파하게 되면 그동안 쌓은 정보들과 눈앞의 범죄자의 특성을 비교하며 진실과 거짓에 대한 가설을 세우고 모순을 찾아냈을 겁니다. 그리고 확신이 드는 순간 그런 것들을 토대로 강력하고 효과적인 질문을 하고 그들이 진실을 털어놓게 했을 겁니다. 물론 굳이 심문을 통해 자백받아야 할 필요가 없도록 이미 증거들이 확보되는 경우가 더 많긴 했겠지만요.

그럼, 먼저 거짓말에 대해 좀 더 이야기해보겠습니다.

■— 사람은 언제 거짓말을 하는가?

아시다시피 거짓말은 우리의 삶과 굉장히 밀접합니다. 아이를 키워본 부모들은 아기들이 말을 배우기도 전에 거짓말한다는 사실에 놀란 적이 있을 겁니다. 예를 들면, 아기들은 배가 부르면 자는 척하며 젖을 더 이상 물지 않으려 하죠. 할 줄 아는 단어가 몇 개 안 될 때도 이미 자신을 보호하기 위해 거짓말을 합니다. "제가 안 그랬어요." 좀 더 크면 무언가를 얻기 위해 거짓말을 하기도 하죠. "그거 내 거야." 그리고 좀 더 나이가 들어 사회생활을 익혀 가면서 타인을 위한 거짓말도 배우죠. "선생님 예뻐요. 멋져요."

나이가 들수록 거짓말은 점점 더 정교해지고 목적도 다양해집니다. 그러면 어떤 사람의 거짓말이 더 정교할까요? 바로 거짓말을 안 들키고 잘해야만 하는 상황에 처한 사람입니다. 개인차는 있겠지만 거짓말이 들통났을 때 잃는 것이 많다고 생각되면 거짓말을 더 잘하게 되죠. 어쩌면 그래서 정치가들이 거짓말을 잘하는 것일지도 모르겠군요. 그들이 거짓말을 많이 한다는 것이 아니라 평범한 사람들보다 더 잘 해낼 가능성이 높다는 뜻입니다. 아무래도 거짓말이 들통났을 때 잃는 것이 많을 가능성이 큰 사람들이잖아요? 자신뿐만 아니라 자신이 속한 정당 등 주변의 사람들까지 잃는 것이 많을 수 있겠죠. 반대로 그 거짓을 통해 얻는 것이 많아도 거짓을 잘 해낼 가능성이 큽니다.

그래서 거짓말을 간파하기 위해서는 일단 정황적인 증거를 수집해야 합니다. 정황에 대한 분석을 이성적으로 충분히 고려

하는 것이 다른 어떤 감각적 판단보다 더 뛰어날 수 있습니다. 그래서 정황 분석과 이성적 숙고가 거짓말을 판단하는 가장 예측력 높은 근거가 되기도 합니다. 상대가 지금 어떤 상황인지, 지금 저 말을 통해서 얻을 수 있는 건 뭔지, 저 말이 만약 거짓말이라고 했을 때 그가 잃는 건 뭔지 생각해봐야 합니다. 이것이 거짓말을 간파하기 위한 준비입니다. 육감 같은 느낌적인 느낌으로 상대를 섣불리 판단하려 드는 것은 아주 위험합니다.

심리 프로파일링 기술은 이런 거짓말을 간파하는 데 아주 유용합니다. 객관적으로 정황을 수집할 수 있고 이성적인 가설을 바탕으로 상대를 압박할 수 있기 때문이죠. 그리고 이후 소개할 콜드리딩이나 최면 기술을 악의적으로 사용하는 상대에게 끌려가지 않기 위해서도 꼭 필요한 기술입니다.

이를 설명하기 위해 먼저 다른 프로파일링 기법들에 대해서도 살펴보면 좋겠군요. 프로파일링 방식을 통해 진실로 다가가는 다양한 방법에 대해 알아보겠습니다.

■— 다양한 프로파일링 기법들

프로파일링은 범죄 수사 이외에도 고객의 프로파일을 통해 전략을 세우려는 목적으로 마케팅 분야에서도 쓰고 있고, 직원의 프로파일을 통해 효율적인 인사관리를 하는 등 여러 분야에서 활용되고 있습니다. 그만큼 기법도 다양한 것들이 있습니다. 크게 정량적인 것과 정성적인 것으로 구분할 수 있습니다.

① 정량적 기법

정량적 기법은 개수를 세거나 무게를 재듯이 숫자로 표현될 수 있는 자료를 수집해 분석하는 것입니다. 사실을 유추하고 파악하기 위해 데이터를 수집하고 통계 분석을 시도하기도 하죠. 대표적으로 다음과 같은 것들이 있습니다.

1) 범죄 현장 분석 : 프로파일링의 기본이자 시작입니다.

범죄 장소, 사용된 무기 유형, 범죄가 저질러진 방식과 같은 물리적 증거를 검토해 그 사람에게 동기를 부여한 것이 무엇인지, 사고 과정이 어떠했는지 판단할 수 있습니다. 여기에는 정성적 기법들도 포함될 수 있습니다.

일상에서 프로파일링을 한다면, 이는 정황 증거를 수집하는 것으로 볼 수 있습니다. 범죄 현장 대신 상대의 행동이나 주변 환경, 처한 상황 등을 분석하는 것이죠. 상대의 마음을 알기 위해서는 이런 것들을 검토하고 어떤 행동을 왜 했는지 생각해봐야 합니다. 그날의 의상이나 표정, 달라진 행동 등도 다 판단 대상이 될 수 있습니다. 특히 거짓말을 하는지 확인하고 싶을 때 충분히 정황 증거를 수집해 둬야겠죠.

그리고 이 현장 분석이 가장 기본이 되는 이유는 평소 상대의 행동과 어떤 일이 벌어진 후의 행동을 비교할 수 있는 근거 자료를 마련해주기 때문입니다.

2) 인구통계학적 프로파일링 : 이 기술은 연령, 성별, 소득, 교육, 직업과 같은 인구통계학적 변수에 대한 데이터를 수집하고 분석하는 것입니다.

이 기법은 다른 분야에서도 널리 쓰이고 있습니다. 예를 들어, 마케팅을 담당하는 사람이라면 인구통계학적 프로파일링을 사용하여 특정 제품의 대상 고객을 예상하고 이해하는 데 사용할 수도 있습니다. 또한 라포 형성을 위해서 해당 그룹의 특성을 미리 파악하고 공통점을 언급할 수도 있죠. 상대가 어떤 것을 좋아하고 어떤 것에 반응하는지 알면 빠르게 친밀함을 쌓거나 신뢰를 줄 수도 있기 때문입니다. 그리고 이런 변수들에 따라 인사관리의 기본안을 마련하기도 합니다. 상대를 판단할 때도 이런 정보는 매우 유용합니다.

다만 이런 것들에 너무 의존하면 편견에 사로잡힐 수 있기 때문에 맹신하며 바로 판단하지 말고 일단 가설로 남겨 두어야 합니다. 다른 정보들을 충분히 더 수집한 후 판단하려는 상대가 그의 그룹 속성과 다른 부분이 보이면 그 이유를 찾는 것으로 상대를 판단할 수 있습니다. 가령, 나이가 많은 사람이 있을 때 일단 나이가 많은 그룹의 특성인 근력이 다소 떨어질 수 있다는 가설을 세워 두고 상대를 원래 그룹과 비교하고 살펴본 후 최종 판단을 내리는 것입니다.

3) 행동 프로파일링 : 이것은 제스처나 말하는 패턴과 같은 신체적 행동에 대한 데이터를 수집하고 분석하는 것을 말합니다.

이를 통해 생각, 동기 및 의도를 추론하는 것이죠. 상대가 이후 할 행동과 결정을 예측하는 것도 포함됩니다. 해당 범죄자뿐 아니라 기존에 유사한 범죄자들의 행동을 토대로 기준을 잡아두는 것입니다. 해당 범죄자의 특정한 패턴은 심리 프로파일링 기법에서 더 깊게 파헤칠 수 있습니다. 이것은 상대가 평소 어떻게 행동하는지 기준을 잡고, 거짓을 말하는 등의 특정 상황에서 어떻게 행동이 변하는지 판단할 수 있는 기준을 제공해줄 수 있습니다.

② 정성적 기법

정성적 기법은 프로파일링을 위해 주관적이고 해석적인 분석을 하는 것입니다. 이중에는 심리 프로파일링이 대표적입니다.

1) 심리 프로파일링 : 이 기술은 개인의 역사, 생각, 감정 및 행동을 포함해 삶의 다양한 측면을 분석해 개인의 성격, 동기 및 행동을 이해하는 데 사용되는 것입니다.

   심리 이론을 적용하여 유추하고 판단하기도 합니다. 범죄 수사에서 일반적으로 사용되지만, 정신 건강 평가 및 인사 평가 같은 다른 영역에도 적용될 수 있습니다. 예를 들어, 심리학자나 정신과 의사는 심리 프로파일링 기법을 사용해 환자의 정신 건강 상태를 진단하고 치료하는 데 사용할 수 있습니다. 환자가 스스로 제대로 된 진단을 내리거나 원인을 찾지 못한 상태에서 찾았다고 규정해버린 경우, 그것을 파헤치는 작업이 필요하기 때문입니다.

   이것은 가설을 세우고 압박 질문을 하는 것과 유사한 과정을 거칩니다. 압박 질문은 꼭 상대에게 겁을 주고 밀어붙이는 것만을 이야기하는 것은 아닙니다. 모순을 찾고 진실로 한 발 더 다가가는, 심리 이론을 기반으로 하는 과정입니다.

   참고로 심리 프로파일링은 과학의 한 분야는 아닙니다. 누가 사용하느냐에 따라 다른 결과가 나올 수도 있다는 거죠. 그래서 이런 기술의 결과는 주의해서 해석해야 합니다. 프로파일링 기법을 사용하는 것은 진실에 가까운 통찰을 줄 수 있지만, 타인에 대해 확실한 결론을 내리는 데 사용하는 것은 위험합니다.

■— 프로파일링의 4단계

프로파일링은 다음과 같은 4단계로 이루어집니다.

① 데이터 수집

프로파일링의 첫 번째 단계입니다. 프로파일링하려는 상대에 대해 가능한 한 많은 정보를 수집하는 것입니다. 여기에는 그들의 배경, 가족력, 교육, 업무 이력, 범죄 기록, 정신 건강 이력, 행동 및 행동에 대한 정보가 포함될 수 있습니다. 앞서 본 범죄 현장 분석 등 정량적 기법들을 활용합니다.

일상에서 활용한다면 상대가 더 많은 이야기를 하도록 유도하는 라포 형성이 꼭 필요한 단계입니다. 상대에게 신뢰를 주고 많은 말을 하도록 유도해야 합니다. 그리고 말과 제스처에서 최대한 많은 정보를 모아 둬야 합니다.

② 분석

다음 단계는 수집된 데이터를 분석하여 어떤 패턴을 찾는 것입니다. 추세 및 항상 보이는 특정한 것을 구분해내는 것입니다. 여기에는 행동을 검토해 그들의 동기와 의사결정 과정을 이해하는 것이 포함될 수 있습니다. 패턴을 찾는다는 것은 곧 상대의 보통 모습을 알아내고 기억해 두는 것이라고 볼 수 있습니다. 이 기술을 적용하려는 상대의 보통 모습을 알아내야 합니다. 즉, 어떤 기준선을 잡아 두는 단계라고 볼 수 있습니다.

실은 보통 자주 보는 친밀한 관계에서는 이 작업을 자신도 모르게 항상 하고 있습니다. 그것이 곧 눈치를 보는 것과 유사한 행동입니다. 상대의 보통 모습을 기억해 두면 특정한 날 상대의 기분이 다를 때 바로 알아챌 수 있겠죠. 더 많은 정보를 가질수록 더 빠른 눈치를 가진다고 볼 수 있습니다.

③ 심리 평가

세 번째 단계는 개인의 성격, 생각 및 감정을 더 깊이 이해하기 위해 성격 테스트 및 임상 인터뷰와 같은 심리 평가를 사용하는 것입니다. 이 정보는 개인의 포괄적인 프로파일을 구축하는 데 사용할 수 있습니다.

앞서는 기준점을 만드는 단계였다면, 이제는 어떤 가설을 세우는 단계라고 볼 수 있습니다. 상대가 가지는 특별한 면들이나 특정한 사건에서의 그의 동기나 행동 등에 대한 가설을 세우고, 앞 단계에서 세워 둔 기준점과 비교하며 진실을 찾아가는 단계입니다. 진실을 보여주는 단서를 모으는 단계라고 할 수 있습니다. 이때 섣불리 결론을 내리거나 상대를 바로 압박해서는 안 됩니다. 최대한 많은 가설들을 검증할 수 있도록 상대를 유도하는 것이 중요합니다. 그리고 섣불리 압박하면 나의 가설이 진실이 아닐 때 관계가 깨질 수도 있습니다.

④ 종합

마지막 단계는 이전 단계에서 수집한 모든 정보를 종합해 개인의 포괄적인 프로파일을 만드는 것입니다. 여기에는 개인의 성격, 동기 및 행동에 대한 정보는 물론, 행동에 영향을 미칠 수 있는 잠재적인 심리적 또는 정서적 문제를 예측하는 것도 포함될 수 있습니다. 앞서 만든 가설들을 검증해서 결론을 내리는 것입니다. 진실을 찾거나 상대가 실토하도록 만드는 것이라고 볼 수 있겠죠.

예를 들어, 범죄 수사관이 연쇄살인 사건에서 용의자를 프로파일링하려는 경우 심리적 프로파일링을 사용해 범죄를 저지른 개인의 동기를 이해할 수 있습니다. 그들은 용의자의 배경, 행동 및 행동에 대한 정보를 수집하고 심리적 평가를 사용해 성격과 생각을 이해할 수 있습니다. 이 정보를 기반으로 범죄를 저지른 동기, 공격성 수준 및 의사결정 프로세스에 대한 정보가 포함된 용의자의 프로파일을 구축할 수 있습니다.

정리하자면 이 기술은 다음의 4단계로 이루어집니다.

1. 데이터 수집 단계 = 라포 형성

2. 분석 단계 = 기준선 잡기

3. 심리 평가 단계 = 단서 모으고 가설 세우기

4. 종합 단계 = 확증 얻고 심문하기

이는 앞에서 봤던 눈치와도 유사하고, 이후 소개할 다른 기술과도 유사한 프로세스입니다. 그럼 단계별로 어떻게 활용할 수 있을지 사례 하나를 살펴보겠습니다.

사례① 정보를 수집하고 유추하는 사례 : 형사 A

한 형사가 범죄 현장 분석을 마치고 다음과 같이 판단했습니다.

"피의자는 왼손잡이고, 절름발이다. 280mm 사이즈 신발을 신고 있었다. 흡연자일 가능성이 높으며 생산직에 종사하고 있다. 폭력 전과가 있고 복수하려는 동기가 있다."

어떤 근거로 이렇게 추론할 수 있었을까요?

왼손잡이 : 상처의 각도나 무기의 위치

절름발이 : 부상, 선천적 상태 또는 발자국으로 본 걸음 습관

280mm 사이즈 신발 : 발자국 또는 다른 흔적들의 모양

흡연자 : 담배 잔여물이나 냄새

생산직 : 용의자의 옷이나 도구의 유형

폭력 전과 : 범죄의 심각성과 방법, 주저한 흔적 등

복수하려는 동기 : 범행 방식, 피해자의 과거 등

이처럼 현장을 보는 것만으로 많은 정보를 유추해낼 수 있습니다. 또 다음의 프로파일을 보시죠.

"범인은 법의학 지식과 화학에 대한 배경지식을 가지고 조직적이고 세심하다. 그들은 특정한 동기가 있으며 피해자와 연결되었을 가능성이 있다. 그들은 또한 강박장애를 앓고 있다."

조직적이고 세심 : 범죄의 정확성과 증거 인멸 방식에서 실수가 없음

법의학에 관한 지식 및 화학에 관한 배경지식 : 전문지식이 필요한 범행도구나 독

특정한 동기 : 범행 방식, 피해자의 직업과 사생활

피해자와 관련이 있을 가능성 : 범행 장소와 시기

강박장애 : 범죄 현장과 행동의 균형(과한 후처리 등) 또는 청결
을 위해 한 행동 등

이러한 프로파일링이 가능하려면 세세한 정보에 대한 관심이 필요합니다. 그만큼 상대에게 관심을 기울여야 얻을 수 있죠. 그리고 겉보기에 관련이 없어 보이는 증거들도 연결해서 생각할 수 있는 능력이 필요합니다. 실제 상황에서도 많은 정보를 수집할 수 있다면 아주 입체적인 정보를 얻을 수 있습니다.

프로파일링은 일상에서도 유용하게 쓸 수 있습니다. 특히 인생이나 업무 등 어떤 경험이 많은 사람 중에는 이런 프로파일을 아주 섬세하고 날카롭게 해내시는 분들이 있죠. 작은 행동을 보고 성격을 유추해내기도 하고요.

예를 들어, 닫혀 있던 문을 열고 들어오면서 다시 닫지 않는 것을 보고 세심하지 않은 성격임을 판단하거나, 밝게 웃어도 그 웃음이 금방 사라지는 것을 보고 긴장한 상태나 예민한 정도를 파악하죠. 말하는 것을 보면서 상대의 결핍이나 인정 욕구까지 유추해내기도 합니다.

물론 이런 것들은 편견이 될 수도 있습니다. 현명한 사람들은 그것이 편견일 수 있다고 생각하며 가설을 검증하는 방식으로

근거들을 수집합니다. 하지만 모든 사람들이 현명하지는 않죠. 그래서 항상 행동을 조심해야 합니다. 누군가의 편견으로 오해받을 이유는 없으니까요.

그리고 우리가 내린 어떤 판단이 편견일 수도 있다는 생각을 해야 합니다. 항상 현재의 판단이 하나의 가설이라고 생각하고 제대로 객관적인 근거를 수집해야 합니다.

3-2
단계별 심리 프로파일링 익히기

이제, 앞서 소개한 프로파일링의 4단계를 본격적으로 탐구해보 겠습니다.

■— 1단계. 데이터 수집 단계 (라포 형성하기)

이 단계에서는 라포 형성이 중요합니다. 상담가의 기술에서 배웠듯 라포는 상호신뢰를 뜻합니다. 보통 상담이나 친밀한 관계를 만들 때 주로 쓰는 용어지요. 프로파일러의 기술에서도 쓰인다니 좀 생소하실 수도 있겠네요. 하지만 프로파일러는 상대의 진실을 들어야 하는 사람입니다. 그것이 그 상대의 손해로 이어지더라도 말이죠. 그래서 오히려 신뢰가 매우 중요합니다.

프로파일러의 라포 형성이 얼마나 중요한지 드러났던 사건이 있었습니다. '그린 리버 킬러(The Green River Killer)'라고도 불렸던 연쇄살인마 게리 리지웨이(Gary Ridgway)가 붙잡혔을 때의 일입니다. 100명 가까운 피해자를 낸 것으로 추정될 정도로 끔찍한 범죄자였죠. 그는 많은 증거가 확보되었는데도 오랫동안 입을 열지 않고 있었습니다. 그의 입을 열게 한 것은 친근한 말투로 대화를 시도하며 자연스러운 터치 등으로 친밀도를 높인 한 여성 프로파일러였습니다.

그녀가 자백받은 사례는 여전히 많은 현장에서 참고가 되고 있습니다. 이러한 기법은 한국에서도 입을 열지 않던 범죄자의 자백을 얻어내는 데 유용하게 쓰이고 있습니다. 이 사례로 인해 범죄자를 압박하는 것보다 때로는 친밀감을 높이는 것이 더 중요할 수 있다는 것이 널리 알려졌습니다. 심문할 때조차 라포 형성이 중요하다는 것이죠.

그런데 라포 형성이 단지 친밀해진다는 것을 의미하지는 않습니다. 상호신뢰를 뜻하죠. 신뢰라는 것은 상대가 어떨 것이라는 선입견으로부터 이어진 믿음일 수도 있습니다. 이 믿음은 단지 좋은 의미로 믿고 의지하는 관계만을 뜻하지도 않고, 상대가 나를 지지하고 내 편일 때만 얻어지는 것도 아닙니다. 예를 들어,

누군가 이렇게 말했다고 생각해보죠.

"이 구역에서 제일 미친놈은 나야." (그 형사님께서 말씀하신 건 아닙니다.)

상대가 이 말을 듣고 겁에 질렸다면 어떤가요? 친해지지 않았으니 라포 형성에 실패한 것일까요? 아닙니다. 이 말을 신뢰하게 된 거죠. 믿음을 주었다고 볼 수 있습니다. 다음과 같은 말은 어떨까요?

"나한테 거짓말했다가 걸리면 작살난다. 그러니까 좋게 말할 때 솔직히 말해."

이 말을 신뢰하게 할 수 있다면 이것도 일종의 라포입니다. 이 말을 100% 믿는다면 거짓말을 할 때 더 긴장하게 되겠죠. 그렇게 되면 거짓을 말할 때 거짓의 특성이 더 잘 드러날 수도 있고 자기도 모르게 모순을 드러내기도 쉽습니다. 아니면 그냥 진실을 말할 가능성도 커지겠죠. 이처럼 믿음이라는 것은 부정적인 이미지에 대한 것도 포함합니다.

다른 예로, 어떤 선생님이 시험 감독으로 들어와서 먼저 이렇게 이야기했다고 해보죠.

"난 뒤에도 눈 달린 거 알지? 걸리면 절대 안 봐주니까, 절대. 알아서들 해."

이 말로 신뢰를 구축합니다. 실제로 뒤에 눈이 달렸다고 믿지는 않지만 걸리기 쉬울 것 같고 걸리면 안 될 것 같다는 신뢰입니다.

프로파일러의 라포 형성은 좁은 의미의 라포와는 달리 일종의 프레임을 짜서 상대의 생각을 묶어 두려는 목적이 있습니다. 상대가 자신을 어떤 이미지로 받아들이도록 하고 그것을 믿게 만드는 겁니다. 프레임을 짤 때 유의할 점은, 앞서 상담의 기술에서 보았듯 제3자가 봤을 때 자기 이미지와 맞는 것이어야 한다는 것입니다. 예를 들어, 유약한 외형이라면 강력한 힘을 보이며 작살난다는 표현보다 날카로운 통찰 쪽을 강조하는 것이 더 신뢰하기에 효과적이겠죠.

학창 시절 무서웠던 선생님들을 떠올려보세요. 어느 학교에나 있었던 별명이 '미친개'였던 것 같은 그런 분요. 그런 분들은 자기 이미지를 강하게 보이도록 구축해 둡니다. 그것이 (쓰지 않더라도) 몽둥이를 들고 다니는 것이든, 운동을 한 이미지를 주는 것이든, 화가 나면 아무도 못 말리는 분노조절장애가 있는 척을 하든 말이죠. 자기 말을 믿도록 강력한 이미지를 구축해 둡니다. 때로는 많은 학생들 앞에서 잘못한 학생을 확실하게 혼내고 그것이 입소문 나도록 하여 자신의 이미지를 구축하기도 합니다. 그것은 또 믿음으로 이어지고 과장된 소문을 만들기도 하죠.

그리고 다른 유의할 점으로는, 목적에 맞도록 해야 한다는 것입니다. 가령, 상대가 진실을 말하도록 유도하는 것이 목적이라면 거짓말은 바로 알아챌 수 있다는 인상을 줘야 하겠죠. 뜬금없이 돈이 많은 사람이라거나 성실한 사람이라는 이미지를 구축할 필요는 없을 겁니다.

편안한 이미지는 좋은 인간관계를 만드는 데에는 도움이 되겠지만 상대를 압박하거나 진실을 파헤치는 데에는 불리하다고 생각할 수 있습니다. 하지만 이런 것들은 활용하는 방식에 따라 아주 강력한 기술이 됩니다. 상대가 어떤 말이든 편안하게 하도록 유도하며 진실을 끌어낼 수도 있기 때문이죠. 자신의 목적과 자기 이미지에 맞도록 선택해야 합니다.

자신의 이미지를 잘 고려하면 자신에게 유리한 환상을 상대에게 심어줄 수 있습니다. 만약, 이성의 마음을 얻고 싶은데 말을 잘 못한다면 이런 이미지를 구축하면 됩니다.

"내가 말수가 적은 이유는 진지하게 너의 말들을 헤아리기 때문이야"

"내가 조용한 이유는 누구보다 진지하게 너의 말을 경청하고 깊게 성찰하고 있기 때문이야."

만약 가벼운 이미지 때문에 걱정이라면 차분히 대화가 가능할 때 이렇게 언급해 두면 됩니다.

"내가 밝게 주변을 대하는 건 그들을 배려하는 일종의 헌신이야. 분위기를 좋게 하기 위한 노력이지. 나는 누군가는 그런 노력을 해야 한다는 생각이 있어."

이렇게 한번 언급하는 것만으로도 단지 가볍게 보였던 행동이 속 깊은 행동으로 바뀌어 비칠 것입니다.
평소 자기주장이 다소 약하고 타인에게 잘 맞춰주는 성격이라면, 이렇게 말해 두면 도움이 됩니다.

"너를 더 우선으로 생각할 수 있는 사람이야."

"나는 인간관계에서 상대를 배려하는 것이 중요하다고 생각해." (주관이 없는 것이 아니라 그것이 주관이라고 보일 수 있도록요.)

"나는 다른 사람들은 다 상관없는데 내가 좋아하는 사람이 하는 말엔 그냥 귀 기울이게 되더라."

라포 형성 단계에서는 이런 방법으로 자신의 이미지를 다르게 인식하도록 유도할 수 있습니다. 이를 위해서는 먼저 자신의 이미지와 장·단점에 대해 충분히 알고 있어야 할 것입니다.

■── 2단계. 분석 단계 (기준선 잡기)

라포 형성 단계에서 자기 이미지, 목적에 맞는 신뢰를 주는 큰 이유 중 하나는, 상대에게서 더 많은 정보를 얻기 위함입니다. 그렇게 데이터를 많이 확보했다면 이제는 그것들을 정리하고 기억해 두는 단계입니다. 바로 기준선을 잡는 것으로 앞의 단계와는 거의 동시에 이루어지기도 하는 작업입니다.

앞 단계에서는 상대가 나를 신뢰하여 평소 모습을 드러내거나 반대로 조심하도록 만드는 등 유도하는 것에 중점을 두었다면, 이제는 상대가 말할 때나 제스처 등 평소 모습을 잘 파악하고 기억해 두는 것이 중요한 단계입니다.

그래서 필요한 능력이 '관찰력'입니다. 관찰력이 좋다면 더 빠르고 정확하게 기준선을 잡을 수 있습니다. 시간이 충분하다면 관찰력이 다소 부족해도 기준선이 잡힐 수도 있습니다. 예를 들어, 오랜 세월 가족으로 지낸 부부끼리는 거짓말을 하기가 어려울 수 있죠. 집안에 딱 들어서는 순간 배우자의 기분을 알 것 같다고 말하기도 하고요. 그냥 집안 공기가 달라서 배우자의 생각이 어떤지 안다고 말이죠. 상대 마음의 날씨가 흐린지 맑은지 다 아는 거죠. 이건 자기도 모르게 몇십 년간 상대에 대한 기준선 잡기를 해 온 결과입니다.

그런데 이 과정은 눈치가 빨라지는 것과도 같습니다. 눈치가 빠르다는 것은 더 많은 정보를 더 빠르게 모을 수 있는 것을 의미합니다. 정해진 짧은 시간 안에 얼마나 많은 기준점을 정확하게 수집할 수 있는가, 이것이 빠른 눈치입니다.

이번 장의 기술을 잘 익히면 더 눈치 있게 행동하는 사람이 될 수 있습니다. 이를 위해 중요한 것이 바로 관찰력입니다.

이와 관련해 체크리스트를 보여드리겠습니다.

① 말의 습관

- 목소리(크기, 높이, 속도) : 평소 목소리 패턴을 기억해 두면 변화가 있을 때 그 변화의 이유를 분석할 근거를 만들어 둘 수 있습니다. 단지 목소리가 크다고 해서 자신이 있거나 설득하려 드는 것이 아닙니다. 평소와 비교를 해야 합니다. 이 경우 상황에 대한 고려도 해야 합니다. 주변이 시끄럽거나 거리가 멀어서 더 큰 소리를 내야 하는 경우도 있으니까요. 목소리의 높이는 어떤 단어나 문장의 시작이나 끝 중 어디에서 높이는지도 같이 확인해 두어야 합니다.

- 단어 : 추상적인 단어를 주로 쓰는지, 연결어를 많이 쓰는지, 애용하는 단어가 있는지 확인해 두면 도움이 됩니다. 나중에 이런 추상적인 단어들이 갑자기 구체적이고 정량적인 단어들로 바뀌었다면 위화감을 느낄 수 있어야 합니다. 그런 노력은 사실을 전달하는 것이 아니라 진실이라고 설득하려는 행위이기 때문이죠. 그리고 사용하는 단어들을 잘 기억해 두면 상대가 주로 쓰는 단어를 사용하면서 라포(신뢰)를 올리는 데에도 도움이 됩니다. 예를 들어, 상대가 "우리는 가치 있는 삶을 살아야 해."라는 말을 자주 쓰는 사람이었다고 해보죠. 그렇다면 이렇게 말해서 상대와 친밀도를 높일 수 있습니다.

"나는 살면서 제일 중요한 것은 어떻게 가치 있게 사느냐인 것 같아."

같은 말 같죠? 상대의 말을 그냥 따라 한 것뿐입니다. 하지만 상대가 말한 것을 바로 따라 하는 경우가 아니라면 따라 한다는 인상을 주지 않습니다. 오히려 비슷한 생각을 하는 사람이라는 인상을 줄 수 있습니다. 연령대가 높은 사람들에게 더 효과적인 대화 방법입니다. 이런 식으로 설득할 수도 있습니다.

"지금 네 선택이 어떤 가치가 있는 거야?"

"내가 지금 이런 제안을 하는 이유는 네가 가치 있는 삶을 살 수 있는 기회가 될 수 있기 때문이야."

- 주어 등 생략 : '나'라는 주어가 생략된 문장이 갑자기 많이 등장하면, 자신이 개입되는 것이 두렵거나 회피하고 싶은 마음이 있을 수 있습니다. 하지만 평소에 주로 그렇게 말하는 사람이라면 그런 의도는 없겠죠. 그래서 주어가 잘 생략되는 문장을 구사하는지 파악해 둬야 합니다. 평소에 이런 것이 파악되어 있지 않으면, 의심스러운 상황이 되었을 때 상대를 과도하게 의심하

는 잘못된 단서로 쓰이게 됩니다.

　- 더듬거리는 정도 : 이것을 기억해 두면 상대가 스트레스를 받고 있는지 아닌지 가늠하기에 좋습니다. 평소 뭔가를 빨리 말하고 싶거나 긴장하거나 스트레스를 받았을 때 등 언제 더듬거리는지 확인해 두면, 나중에 상대의 심리 상태를 판단하는 데 도움이 됩니다.

　- 단언적 표현 : 평소 확신에 차서 무언가를 단언하는 표현을 많이 쓴다면, 단순히 언어적 습관이거나 자기 확신이 높은 경우, 반대로 자신감이 없는 경우 등일 수 있습니다. 하지만 갑자기 단언적인 표현을 과하게 쓸 때는 설득과 주장을 목표로 하는 경우가 많습니다. 그런데 이는 거짓일 가능성이 있습니다. 그래서 평소 습관을 확인해 두어야 합니다.

　- 이외 말버릇들 : 상대의 특이한 말버릇들을 기억해 둬야 합니다. 내가 상대방이 되었다고 가정하고 성대모사 하듯 흉내를 내보면, 체크리스트에 없던 것까지 기억해낼 수 있습니다.

　② 얼굴

　- 표정 : 표정도 중요하지만, 표정보다는 전체적인 것을 보는 것이 더 중요합니다. 왜냐하면 주로 나타나는 표정보다 순간적으로 스쳐 지나가는 표정이 더 진심을 나타내고 있을 가능성이

높기 때문입니다. 순간적으로 스쳐 갔다는 것은 의도적으로 그 표정을 숨기려 하고 있을 수도 있습니다.

표정으로 판단한다는 것은 수십 개의 CCTV를 감시하는 것과도 비슷합니다. 동시에 재생되고 있는 화면 중 어떤 화면에서 단서가 잡힐지 모릅니다. 그 순간을 위해 시야를 넓혀 전체를 보면서 어떤 단서를 감지해야 합니다.

- 표정이 사라지는 시간 : 표정이 유지되는 시간보다 사라지는 시간이 더 진심을 나타내는 경우가 많습니다. 예를 들어, 계속 웃고 있었지만 그 웃음이 사라지고 무표정으로 돌아가는 시간이 매우 짧다면, 그 웃음은 만들어진 웃음이었을 가능성이 더 큽니다. 그래서 표정이 변화하는 속도를 평소에 관찰해 기준을 잡아 두어야 합니다.

- 얼굴을 만지는 정도 : 평소 얼굴을 만지는 정도를 기억해 두면 갑자기 얼굴을 많이 만지는 순간 어떤 스트레스를 받고 있음을 유추할 수 있습니다. 단지 입이나 코를 만진다고 거짓말을 하는 것은 아닙니다. 그냥 긴장한 것일 수도 있고 단순한 버릇일 수도 있습니다.

- 턱과 머리 위치 : 분석 단계에서 어떻게 분석할지 더 자세히 알려드리겠지만, 턱과 머리 위치는 그 사람이 지금 무언가를 전달하려는 마음인지 아니면 설득하려는 마음인지 보여줍니다.

평소 모습과 달라지는 것을 잘 파악해 둬야 합니다. 평소보다 턱이 내려가면 무언가를 숨기려 하거나 피하고 싶은 주제일 수 있습니다. 반대로 올라가면 설득하고 주장을 해야 하는 상황일 수도 있습니다. 이는 거짓을 말하는 경우도 포함됩니다.

③ 자세

– 제스처의 크기와 차분한 정도 : 제스처가 얼마나 빠르고 잦은지를 확인해 두는 것입니다. 평소보다 늘었거나 줄어드는 것이 단서가 될 수 있습니다. 그리고 동작이 얼마나 큰지도 봐 두어야 합니다. 제스처가 갑자기 늘어나면 설득, 줄어들면 회피하려는 것일 수 있습니다.

– 몸의 방향 : 평소 몸의 방향을 봐 두고 유난히 몸의 방향이 다르게 보이는 순간이 있다면 그 상황이 불편하거나 적극적으로 무언가를 하려는 마음을 유추해볼 수 있습니다. 현재 자리를 떠날 수 있는 방향으로 몸이 틀어져 있다거나 뒤쪽으로 빠지려는 자세라면, 압박을 받고 있어서 회피하고 싶은 심리 상태이거나 혼자서 무언가를 생각하고 싶은 고민 상황으로 빠지고 있는 상태일 수도 있습니다.

– 다리나 팔의 버릇 : 상대의 특수한 버릇을 기억해 두지 않으면 어떤 문제가 생겼을 때 오해하기 쉽습니다. 일단 상대가 거짓

말하고 있다는 편견이 생기면, 그런 버릇들이 잘못된 근거가 되어 편견을 더 강화시켜버리는 것이죠. 그래서 항상 유의해서 기억해 둬야 합니다. 예를 들면, 다리를 떤다거나 어깨나 팔의 특이한 움직임 등이 있습니다.

④ 영역 (자세의 열린/닫힌 정도)

사람마다 편한 몸의 범위가 있습니다. 예를 들면, 의자의 팔걸이에 팔을 올려야 편한 사람이 있고 어떤 사람은 손을 허벅지 아래로 넣어 두는 것이 편한 사람도 있죠. 물론 그때그때 조금씩 달라지긴 합니다. 자세에는 허리를 어느 정도 펴고 있는지 어깨는 얼마나 움츠리는지 등도 포함될 수 있습니다. 특히 대표적인 닫힌 자세로는 다리를 꼰다거나 팔짱을 끼는 것이 있죠. 이런 것들을 기억해 두면 변화가 있을 때 의미를 찾을 수 있습니다.

하지만 이런 체크리스트를 기억해 두더라도 항상 확신해서는 안 됩니다. 자세가 닫히는 이유에는 심리적인 것 외에 환경적인 것이 있을 수도 있기 때문입니다. 예를 들어, 상대가 닫힌 자세를 취하는 이유가 단지 추워서 그랬다거나 오늘 의상이 마음에 들지 않는 것일 수도 있죠.

이렇게 기준선을 잘 잡아 두면 다음 단계인 평가 단계에서 빛을 발하게 됩니다.

기준선을 잘 잡아 두면 이성관계나 사회생활에도 큰 도움이 됩니다. 앞서 배웠던 상담 기술을 사용할 때도 상대가 현재 어떤 심리 상태인지 유추할 수 있죠.

"오늘 많이 차분해 보이네? 뭔가 하고 싶은 말이 있어?"

특히 자기 마음을 쉽게 드러내지 못해 눈앞에서는 그냥 다 좋다고 말하는 사람들이 있습니다. 평소 기준선을 잘 잡아 두었다면 마냥 좋은 것이 아니라는 것을 알아낼 수 있겠죠. 만약 상대가 "응, 다 좋아. 너무 좋다."라고 말을 했다 하더라도 평소와는 달리 시선을 마주치지 않고 웃는 표정이 금방 굳는 표정으로 바뀌는 등의 차이를 알았다면 어떨까요?

"그래. 좋다니까 다행이네. 하지만 혹시 이런저런 부분 때문에 걱정된다면 지금 얘기해주면 좋겠어. 나는 네가 정말 좋기를 바라거든."

이런 식으로 상대가 본심을 말할 수 있는 기회를 줄 수 있습니다. 물론 추궁하듯이 너무 확신에 차서 압박하는 질문을 하면 안 됩니다.

기준선을 잡는 것은 고객을 대할 때도 아주 유용합니다. 고객의 작은 변화를 알아채 충성도 높은 고객으로 만들 수도 있죠. "머리하셨네요? 아주 산뜻하세요." 사소한 칭찬으로 단골이 되기도 합니다. 영업을 할 때 고객의 진심과 니즈를 파악하는 데에도 큰 도움이 됩니다. 예를 들어, 더 저렴한 것을 원하면서도 자존심이 상해 차마 말을 못 하고 있는 것을 알아낼 수도 있겠죠.

주변에 보면 타인의 마음을 잘 읽는, 감각이 발달한 것처럼 보이는 사람들이 있습니다. 보통은 관찰력과 기억력이 뛰어난 이들입니다. 이들은 센스 있다거나 촉이 좋다는 평가를 듣죠. 특출난 사람 중에는 신기(神氣)가 있는 것처럼 보이기도 합니다. 만약 그런 능력이 없다면 그들을 부러워할 것이 아니라 더 많이 관찰하고 기억하려는 노력으로 그들의 능력에 한발 가까워질 수 있습니다.

이와 관련해 여러 콘텐츠에는 우수한 인재를 뽑기 위해 관찰력을 평가하는 장면들이 심심찮게 등장하는 것을 볼 수 있습니다. 그 사례를 소개하며 이 단계를 마칩니다.

사례① 드라마 'DP' 제2화 군탈담당관이 주인공 안준호를 대면하는 장면

탈영한 군인을 추적해야 하는 임무를 수행할 인원을 선별해야 하는 군탈담당관이 주인공인 안준호 이병을 면접 보는 장면이 있습니다. 담당관이 먼저 묻습니다.

군탈담당관 : "군생활 할 만해?"
　(이등병으로서 할 수 있는 대답은 정해져 있죠.)
안 이병 : "예. 그렇습니다."
군탈담당관 : "거짓말. 거지 같으면서." (순화했습니다.)
　(담당관은 이등병의 처지를 이해하는 말로 슬쩍 라포를 좀 더 쌓습니다. 그러면서 확인해야 할 것들을 물어보죠. 그러다 대학 관련 질문을 하게 됩니다.)
군탈담당관 : "학교 친구 중에 운동권은?"
안 이병 : "대학교 안 다닙니다."
　(대학을 다니지 않는 안준호가 혹시라도 민망해하지 않도록 '운동'이라는 단어를 슬쩍 다른 운동으로 치환해 말을 이어 갑니다. 주먹에 상처가 있다는 정보를 토대로 복싱의 경험이 있으리라 판단한 것이죠.)
군탈담당관 : "운동은 네가 했나 보네. 복싱?"
안 이병 : "아닙니다. 이젠 안 합니다."
　(그런 대화를 이어 가다가 담당관이 뜬금없이 묻습니다.)
군탈담당관 : "내 양말 무슨 색깔이야?"

(안 이병은 재치 있게 거울에 비친 것을 보며 대답합니다.)

안 이병 : "회색 체크무늬입니다."

(여기서 담당관의 질문은 갑작스러운 상황에 임기응변과 관찰력, 주변의 정보를 활용할 수 있는 능력 등을 보려고 한 것이겠죠.)

사례② 예능 프로그램 '나는솔로' 출연자들이 상대의 손만 보고 첫인상을 선택하는 장면

일반인들이 출연해 연애할 상대를 찾는 프로그램이죠. 첫인상으로 이성을 선택하는 과정이 있는데 특히 16기에는 손만 보고 자신이 생각했던 사람을 찾는 장면이 나왔었습니다. 당시 6명의 남자 중 3명이 원하던 사람의 손을 찾아 선택했는데, 각각 이런 말들을 했습니다.

영식 : "반지를 끼고 있는 걸 봤었고 반지를 보고 찾았습니다. 반지는 현숙님과 차 타고 이동하면서 봤었습니다."

영철 : "손의 어떠한 윤곽이 기억났어요. 이분일까? 하고 당당히 잡았는데 그분이었죠."

상철 : "자세와 팔 길이가 딱 내려오더라고요. 피부색도 비슷하고, 그래서 딱 잡으니까 맞더라고요."

손으로 선택할 것이라는 사전정보가 없었음에도 미리 관찰을 잘해 두었거나 세심한 관찰력이 있는 사람들은 비교적 쉽게 원하는 사람의 손을 찾을 수 있었습니다. 이처럼 대체로 눈치가 빠른 사람들은 같은 상황을 겪어도 더 많은 정보를 수집해 두는 경우가 많습니다.

사례③ 수집한 정보들을 목적에 맞게 활용하는 사례 : 영화 '양들의 침묵'의 한니발 렉터 박사

한니발 렉터 박사라는 연쇄살인범을 프로파일링해 다른 연쇄살인범을 잡는 설정이 등장하는 영화 '양들의 침묵(The Silence of the Lambs)'은, 전 세계 사람들에게 충격을 선사하며 큰 사랑을 받았죠. 천재이면서 엽기적인 범죄자인 렉터 박사에 관한 프로파일링을 통해, 주인공 클라리스는 다른 연쇄살인범을 검거하는 데 도움을 받습니다.

이 대사는 이제 갓 대학을 졸업하고 FBI 요원이 된 신임 수사관인 주인공 클라리스가 감옥에 있는 렉터 박사를 찾아가 도움을 요청하는 장면에서 등장합니다. 먼저 대사를 보죠.

"좋은 가방과 싸구려 신발을 신은 자넨 내게 어떻게 보이는지 아나? 촌뜨기처럼 보여. 때 빼고 광은 냈어도 품위가 없군. 가난

한 백인 집안 출신이지. 웨스트버지니아의 억양이 자기도 모르게 묻어나. 부친께서는 석탄을 캐는 광부였나? 음침한 차 뒷자리와 지저분한 손장난이 싫어 어디든 달아나고 싶었을 거야. 드디어 FBI로 탈출."

그는 클라리스의 행동과 치장, 말투, 현재 직업에 대한 정보들로 그녀의 성장 배경과 과정을 유추해냅니다. 그녀의 외모, 언어 패턴, 행동을 관찰하고 이 정보를 사용하여 그녀의 성격과 행동에 대한 프로파일을 작성한 것이지요.

여기서 웨스트버지니아는 미국 동부에 있는 주로 석탄을 생산하기로 유명한 지역입니다. 이 지역의 특이사항으로는 자연경관이 아주 멋져서 관광사업도 제법 활발합니다. 그만큼 도시적인 인프라는 다소 부족한 지역이라고 할 수 있죠. 렉터 박사가 촌뜨기라는 표현을 쓰거나 아버지의 직업을 유추하는 과정의 근거가 되어주었습니다.

만약 렉터 박사가 클라리스에게 영업하는 입장이었다면, 저 정보들을 다르게 활용하며 환심을 사는 것도 가능했을 것입니다. 하지만 이 장면에서 렉터 박사는 약간 불쾌감을 드러내면서 자신의 프로파일링 기술을 공격적으로 사용했습니다.

이 예는 심리적 프로파일링을 사용해 개인의 성격과 행동에 대한 통찰력을 얻는 방법과 작은 관찰과 상호작용이 어떻게 귀중한 정보를 제공할 수 있는지 보여줍니다. 여기서 렉터 박사가 수집한 정보들과 기준선들을 생각해보면 클라리스가 한 말의 내용을 포함시키지도 않았습니다. 일상에서 이런 정보들이 유추 가능해진다면 이 정보들을 기억해 뒀다가 이후 대화에서 활용한다면 더 빠르게 원하는 것을 얻을 수 있을 것입니다.

3단계. 심리 평가 단계 (가설 세우기)

이제 프로파일러 기술의 핵심이라고 할 수 있는 부분입니다. 기준점과 다른 부분들을 체크하고 가설들을 세우는 단계입니다. 범죄의 단서를 모으는 것이나 심리를 평가하는 것처럼 특정 상황에서 상대의 변화를 체크하는 것입니다.

실생활에서 이 기술을 잘 사용하기 위해서는 특정 상황에서 기준점과 어떻게 달라지는지 잘 판단해야 합니다. 특정 상황이란 거짓말을 하고 있어서 스트레스를 받고 있거나 무언가를 숨기고 싶어서 과하게 긴장했거나 이성적으로 설레는 경우 등도 포함됩니다. 어떤 목적을 위해 말이나 행동으로 보이는 표현과 다른 생각을 하는 때도 있습니다. 평소 만들어 둔 기준점과 달라지는 그 변화의 방향성은 설득, 후퇴, 방황, 이 3가지로 구분해 기억해 두면 됩니다. 세 가지 변화 모두 말의 내용이나 행동에서 드러나게 됩니다.

① 첫 번째, 설득하는 반응입니다.

　대화할 때 설득하는 것 그 자체가 문제가 있는 것은 아닙니다. 하지만 보통의 대화는 전달의 비중이 더 크죠. 전달은 생각을 이동시키는 것입니다. 이는 일반적인 대화의 목적이죠. 생각을 상대에게 전달하는 것. 반면에 설득은 상대를 이쪽 편의 이야기를 따르도록 만드는 목적이 있습니다. 믿게 하려거나 입장을 바꾸게 하려는 것이죠. 그냥 전달로 충분한 것을 설득하려는 태도로 말하고 있다면 의심의 가설을 세워야 합니다.

　애인의 어젯밤 행적을 예로 들어볼까요? 상대가 어제 집에 들어가서 일찍 잤다는 것은 그냥 전달하는 것만으로 충분하죠. 그런데 설득하려 한다면 거짓일 가능성이 더 커지는 것이죠. 물론 평소 상대를 의심해 왔거나 불안하게 만들었다면 그에 대한 반응일 수도 있습니다. 그래서 평소에 섣불리 불신하는 태도를 보여서는 안 됩니다. 상대가 항상 긴장한 상태로 설득하려 들기 때문에 오히려 제대로 상대의 반응을 읽을 수 없게 됩니다. 상대를 의심하는 행위를 날카롭고 통찰력 있다고 착각하고 있지만 실제로는 감각이 더 무뎌지는 것이죠. 그냥 둔하고 불편한 사람이 되어버립니다.

정확하게 상대의 변화와 생각을 읽기 위해서는 내용뿐 아니라 보디랭귀지나 말투 등에서도 그런 설득의 방식을 쓰고 있는지 확인해야 합니다. 어떤 것들이 있을까요?

먼저 말의 패턴으로 보면, 증명하려는 시도를 많이 하는 것입니다. 예를 들어, "친구한테 물어봐.", "하느님께 맹세해."라는 식의 말이 있죠. 그리고 '절대', '확신' 등, 평소 잘 쓰지 않던 강한 어조가 자주 등장하는 것도 단서로 수집할 만한 것들입니다. 어떤 질문에 "예스(yes)"나 "노(no)", 혹은 그냥 "내가 안 했어."라고 말한다면 전달입니다. 그런데 "내가 그런 거 할 사람이야?"라거나 "나라면 그렇게 안 하지." 등의 표현을 사용한다면 설득의 태도입니다. 숨겨야 할 것이 있는 사람들은 자기도 모르게 단지 전달로는 다 상대의 믿음을 얻을 수 없다고 생각하며 설득을 시도하곤 합니다. 그리고 가스라이팅을 교묘하게 쓰면서 상대를 가해자로 만드는 행위도 포함됩니다. 앞의 문장과 이어서 이렇게 말하기도 하죠.

"내가 그럴 사람으로 보여? 어떻게 그렇게 말해! 너무 실망이야! 당신 요즘 너무 스트레스 받아서 과민반응 보이는 거잖아."

"왜 내가 그랬을 걸로 생각해? 나에 대해 너무 부정적인 생각을 가지고 있는 거 아니야?"

"그런 말도 안 되는 질문을 하는 저의가 뭐야? 싸우자는 거야? 내가 그런 상상이나 하는 사람 같아?"

이런 식의 화를 내는 태도도 설득의 일환일 수 있습니다.
그 외 미사여구 같은 형용사를 덧붙이거나 평소 잘 하지 않던 말들을 인용하면서 권위를 빌려오려고 시도하기도 합니다.

"사람은 스트레스가 쌓이면 불필요한 걱정을 한다고 하더라. 지금 네가 그런 것 같아."

"요즘에 네 부모님이 너 힘들어한다고 걱정하더라니. 혹시 스트레스가 심해? 왜 날 이상하게 생각하는 거야?"

앞서 체크리스트를 통해 수집한 기준들을 떠올려 상대가 설득하려는 식으로 변하는지 확인해봐야 합니다. 이 외에도 설득을 시도하려는 심리로 인해 나타나는 현상은 다음과 같은 것들이 있습니다.

- 목소리가 커지거나 높아지고 속도가 빨라지면 설득을 시도하려는 심리일 수 있습니다. 없던 어조가 생기면서 더 생동감이 느껴지기도 합니다.
- 평소 안 쓰던 어려운 단어가 갑자기 많이 등장한다거나 권위에 호소하려는 의도의 인용이 늘어나기도 합니다. 그리고 단언적 표현도 늘어납니다. 더 확실한 태도를 통해 설득하려는 경우입니다. 자기 얘기가 아닌 것처럼 누군가 그랬다는 식으로 책임을 회피하려는 태도와 동시에 나오기도 합니다. 물론 이것만으로 판단해서는 안 되고 다른 단서들도 살펴야 합니다.
- 설득하려는 시도에 반응하지 않거나 바로 수긍하는 태도를 보이지 않으면 불안한 표정을 드러낼 수 있습니다. 이 경우 표정이 금방 지워질 수도 있으므로 잘 살펴 둬야 합니다. 일부러 반응하지 않으면서 상대의 상태를 확인할 수도 있습니다.
- 불안함을 감추려고 미소나 차분한 표정을 짓지만, 표정들이 사라지는 시간이 매우 짧습니다. 왜냐하면 만들어진 표정이기 때문입니다.
- 턱이 올라가며 자주 움직입니다. 그리고 제스처가 더 빨라지고 더 잦아지며 동작도 더 커집니다.

물론 이것들은 일부입니다. 상대에 대한 기준선을 잘 세워 두었다면 변화가 감지될 것입니다. 이 체크리스트를 다 외우려고 하지 말고, 그때 그 변화의 방향을 따져보면 지금 상대의 심리를 유추하는 데 도움이 될 것입니다.

② 두 번째, 후퇴하는 반응입니다.

무언가 숨기려는 것이 있다면 자연스럽게 나타나는 반응이겠죠. 들키기 싫으니 한발 물러서는 것이라고 보면 됩니다. 예를 들면 어떤 것이 있을까요?

말수가 갑자기 줄어드는 것처럼 느껴질 수 있습니다. 하려던 말의 일부를 빼먹고 말을 하다가 멈추는 등, 원래 말투보다 더 비어 있는 것처럼 표현되기도 하죠. 이 외에도 자기를 비하하는 경우도 있습니다.

"내가 요즘 너무 무기력해서……, 신경을 쓸 수가 없어."

"너도 알잖아. 내가 요즘 일이 많아서 다른 행동을 할 생각도 못 해."

갑자기 불쌍한 모습을 보인다거나 너무 공손한 태도를 보인다는 느낌이 들 수 있습니다. 실제로 상대에게 문제가 있을지도 모릅니다. 하지만 후퇴 반응일 수 있으니 단서로 수집해 둘 필요는 있습니다.

그리고 어조가 갑자기 내려가기도 합니다. 끝말을 흐리기도 하죠. 이건 상대의 슬픔이나 수치심 등이 원인일 수도 있지만 숨기는 것에 대한 죄책감이 원인일 수도 있습니다.

그리고 시제가 바뀔 수도 있습니다. 예를 들면 이렇습니다.

"내가 어제 집에 일찍 들어갔잖아. 그러면 나는 바로 자."

"당연히 내가 그런 일을 하는 사람이 아니잖아. 너도 알잖아."

주어가 바뀌기도 하죠. 보통 1인칭으로 할 만한 이야기에 그나 그녀 같은 3인칭이 주어로 자꾸 등장하는 경우입니다.

"내가 어제 친구 녀석에게 일찍 들어가자고 했지. 친구 녀석도 집에 가서 일찍 잤다고 하더라고. 원래는 뭐 게임하고 간다고 하더니……."

질문 자체를 따라 하며 대답할 시간을 늦추기도 합니다.

"내가 뭘 했다고?"

이런 식으로 말이죠.
아예 대화 자체를 마무리지으려고 시도하기도 합니다. '아무튼, 그건 그렇고'라고 하면서 다른 이야기를 하려고 하죠. 설명해야 하는 사건의 전후 이야기에 더 비중을 두고 설명하는 것도 같은 심리입니다.
그리고 어떤 질문들에 대해 "예." / "아니오."가 바로 나와 결정되지 않고 뒤로 늦춰지거나 간접적으로만 밝힌다면 그건 거짓일 가능성이 높습니다. 예를 들어, "어제 집에 바로 들어갔어?"라고 물었는데, "응." / "아니."라는 대답 대신 다음과 같이 말하는 것입니다.

"어제 언제쯤?"

"아, 어제 전화 통화하고 그때 거의 그랬지."

체크리스트를 통해 수집한 기준을 떠올려 상대가 후퇴하는 식으로 변하는지 확인해봐야 합니다. 후퇴를 시도하려는 심리로 인해 나타나는 현상들은 다음과 같은 것들이 있습니다.

- 일단 숨으려는 것이기 때문에 목소리가 작아지고, 어조가 낮아지고, 속도가 느려지면서 빼먹는 단어가 늘어나기 시작합니다. 더듬거리는 정도가 더 늘어나기도 합니다.
- 추상적인 단어가 더 자주 등장하고 문장들에 비해 연결어가 더 많이 등장하면서 하는 말에 콘텐츠가 부족하다는 느낌을 줍니다.
- 주어가 생략되거나 바뀌곤 합니다.
- 얼굴을 자주 만지고 표정이 경직된 것처럼 보입니다.
- 턱이 내려가고 시선을 마주치는 횟수가 줄어듭니다.
- 제스처의 빈도나 크기가 줄어들어서 더 차분해진 것처럼 보일 수도 있습니다.
- 몸의 방향이 다른 곳을 향하는 빈도가 더 늘어납니다.
- 자꾸 닫힌 자세를 취합니다.

③ 세 번째, 방황하는 반응입니다.

방황은 이랬다저랬다 하는 것으로 앞의 설득과 후퇴가 혼란스럽게 나오는 것입니다. 말을 예로 들면, 원래 맥락에 잘 맞게 이야기하던 사람이 횡설수설한다는 느낌을 받게 됩니다. 행동에서도 읽을 수 있습니다. 원래 몸의 움직임이 평범한 편이었던 사람이 몸을 갑자기 왔다 갔다 하듯이 안절부절못하는 것처럼 보일 때가 있죠. 그러다 경직되어서 움직임이 줄기도 하고요. 이처럼 변한 것은 확실한데 변화의 방향을 읽을 수 없다는 것은 상대가 불안해하고 있다는 증거가 됩니다.

반응은 좀 혼란스러워도 숨길 것이 있는 상대 입장에서 생각해보면 당연한 반응입니다. 숨기고 싶으니 후퇴하고 싶어질 테고 믿게 하고 싶어질 테니 설득하려 들겠죠.

이런 체크리스트의 모든것을 기억하고 있기는 어렵습니다. 하지만 기준을 잘 세워 두고 후퇴와 설득이라는 방향성을 머리에 넣어 두고 있으면, 상대가 평소와 다른 태도를 보일 때 그 방향에 따라 심리를 유추하기가 더 수월해집니다. 그것이 눈치나 육감이라고 볼 수 있겠죠. 느낌이 온다고 표현하는 사람도 있습니다. 느낌이 온다는 것은 정보들이 취합되고 변화를 의식하게 되었다는 말이겠죠. 익숙해질수록 보다 더 많이 받아들이고 처리하는 것이 가능해집니다.

그리고 추가로 체크해볼 만한 것들이 있습니다.

먼저 제스처의 타이밍입니다. 원래 제스처는 보통 말보다 0.5초 정도 빠릅니다. 근데 상대가 의도적으로 제스처를 표현하려고 하면 제스처가 말과 같거나 혹은 조금 늦게 나타납니다. 이런 분야에 경험과 지식이 있는 사람 입장에서는 '이 사람의 제스처가 평소에는 0.5초 빠른데 지금은 제스처랑 말이 똑같아졌네.' 이렇게 느끼는 거죠. 근데 이 차이는 카메라로 촬영해서 분석하거나 실제로 시간을 재면 확실히 알 수 있지만 실제로는 명확히 알아내긴 어렵습니다. 뭔가 제스처가 어색하다는 느낌 정도가 들 수 있습니다.

영화를 볼 때 자막의 타이밍이 0.5초 정도 차이가 나면 불편하긴 한데 정확히 어느 쪽으로 안 맞는 건지 헷갈리잖아요? 그걸 맞추는 것이 생각보다 어려운 일입니다. 하지만 안 맞는다는 것은 알 수 있죠. 제스처에 관해서도 마찬가지입니다. 어색함을 느낄 수 있어요. 그게 제스처 타이밍인 겁니다. 그 느낌이 오면 상대의 제스처의 타이밍이 안 맞게 된 것은 아닌지 단서로 가져가야 합니다.

물론 원래 제스처 타이밍이 좀 어색한 사람들이 있습니다. 이 경우는 기준선을 잡을 때 잘 기억해 둬야 합니다. 그리고 제스처를 어색하지 않게 꾸며내는 사람도 있습니다. 이런 경우는 다른 단서들로 판단해야겠죠.

사례 ① '지니어스' 프로그램 거짓 윷놀이

'지니어스'라는 프로그램에서 거짓 윷놀이라는 게임을 한 적이 있습니다. 이 게임의 방법은 윷 대신 도, 개, 걸, 윷, 모가 적혀 있는 주사위를 던져서 그 주사위에 적혀 있는 것만큼 이동하는 윷놀이였습니다. 특이한 점은 그 주사위에 무엇이 나왔는지는 자신만 안다는 것이었어요. 내가 윷이 나왔다고 하고 아무도 의심하지 않으면 다른 것이 나왔어도 윷만큼 이동할 수 있었죠. 뻔뻔하게 거짓말을 잘하거나 타인의 거짓말을 잘 간파해 의심을 외치는 것이 승리의 열쇠였습니다.

그런데 이 시즌에서 우승까지 했던 장동민 씨가 남휘종 씨의 거짓말을 캐치해내는 장면이 나옵니다. 어떻게 알았을까요? 팔짱을 끼고 침을 삼키는 등의 변화를 보이기도 했습니다. 하지만 그보다 더 결정적인 단서가 있었죠. 바로 말 자체였습니다.

남휘종 씨는 진실을 말할 때는 이렇게 말했습니다.

"모입니다.", "도입니다."

　(진실일 때는 이렇게 말했습니다.)

"걸 가겠습니다."

　(진실은 "이것입니다."라고 편하게 말할 수 있는데 이게 진실이 아니니까 "걸입니다."라고 말을 못하는 거죠. 무의식적으로 걸은 아니지만 "걸 가겠습니다."라고 말하게 된 것입니다. 이것은 일종의 후퇴 반응이라고 볼 수 있겠죠.)

이렇게 상대의 거짓을 간파하고 진실을 밝혀내는 것은 프로파일러의 기술이 있다고 해도 100% 맞는 것은 아닙니다. 지식과 경험이 쌓일수록 촉이 좋아진다고 하죠. 그런 촉이 더 빨리 올 수 있습니다. 하지만 그것이 아직은 가설임을 기억해야 합니다. 아직은 단서일 뿐이에요. 이것이 곧 상대의 거짓을 뜻하는 것은 아닐 수 있습니다. 단서 1개를 발견하면, 바로 상대를 압박하고 싶겠지만 참아야 해요. 더 많은 단서를 모을수록 유리하고 정확해집니다. 스스로 편향에 빠지지 않을 수 있습니다.

4단계로 넘어가기 전에 여러 가지 질문들을 던지며 더 많은 정보와 단서를 계속 수집해 둬야 합니다. 모르는 척, 단서가 없는 척하는 것이 유용할 때도 많습니다. 그렇게 하면 상대는 내가 진짜 모르는 줄 알고 안심하고 신나서 더 많은 단서들을 흘릴 가능성이 생기죠.

그러면 그걸 다 모아서 4단계 최종 단계로 넘어가는 겁니다.

▆— 4단계. 종합 단계 (압박, 심문)

자, 이제 마지막 단계입니다. 여기까지 왔다는 것은 라포도 잘 쌓아서 상대에게 믿음을 주었고, 상대의 기준을 기억해 유효한 단서들을 잘 모았다는 이야기겠죠.

그렇다면 이제는 차분한 대응과 좋은 질문 한 개로도 충분한 단계입니다. 마치 연인이 되기 위해서는 고백을 잘하는 것이 중요한 것이 아니라 고백 전에 관계를 어떻게 만들었느냐가 중요한 것처럼 말이죠. 고백은 결정적인 역할을 하지만 안 될 관계를 가능하게 만드는 경우는 거의 없잖아요?

그럼, 잠시 앞서 1단계로 돌아가 떠올려보도록 하죠. 상대가 나의 말을 신뢰하도록 프레임을 잘 짜고 상대를 그 안에 넣어야 한다고 말씀드렸습니다. 마지막 단계에서 압박할 때 이것이 매우 유용하게 쓰입니다. 이것을 다시 한 번 언급함으로써 이후 진행된 압박 질문에 힘을 실을 수도 있겠죠.

그러면 예를 들어, 상대가 진실을 말하도록 하려면 어떻게 다시 언급할 수 있을까요? 먼저 나는 간파가 빠른 사람이라고 암시를 줄 수도 있습니다. "형사 생활하면서 느는 거라고는 촉밖에 없어." 이렇게 말하는 것도 이런 암시를 줄 수 있겠죠. 계속 거짓을 말한다면 우리 관계가 깨진다거나 더 잃는 것이 있을 것이라고 암시를 할 수도 있습니다.

그리고 서로 눈을 보고 이야기하는 것도 상당히 유용한 방법입니다. 꿰뚫어 보인다는 느낌에 더 진실을 말할 확률이 높아지죠. 그 외에 진실을 말할 것을 맹세하는 것이 실험을 통해 더 진실을 말할 가능성이 높다는 것은 밝혀졌지만, 실생활에서 이를 적용해 맹세시키는 것은 좀 무리가 있겠죠.

자 그럼, 본격적으로 어떻게 상대가 진실을 말할 수 있도록 유도할 수 있는지 질문 방법에 대해 알려드리겠습니다.

① **거짓을 가려내는 질문 방법**

단서를 다 모은 상태라도 여러 질문을 하며 최종 압박 질문으로 나아가야 합니다. 이를 위한 질문에도 단계가 있습니다.

- 일상적인 질문 : 단서가 모인 시점에도 악의를 드러내지 말고 열린 질문을 하는 것이 좋습니다. 곧 최종적인 압박 질문을 할 것이라는 인상을 주면 압박에 대해 심리적으로 대처를 하기 때문에 강력한 효과를 볼 수 없습니다. 상대가 긴장하지 않도록 유도해 두는 것이 더 효과적입니다. 이미 확보한 단서들은 일단 좀 뒤로 빼 두고, 평범하고 사소한 것에 대해 질문하며 상대가 여유를 갖도록 유도하는 것이죠. 그리고 이렇게 하면 상대가 더 많은 단서를 흘리기도 합니다.

"어젯밤에 기온이 많이 내려갔었는데 몸은 괜찮아?"

"참, 밥은 잘 먹었어? 뭐 먹었어?"

- 패턴을 깨는 질문 : 이 질문은 상대의 인지 부하를 높이는 것이 목적이긴 합니다만 해도 되고 안 해도 좋습니다. 심문하는 입장이라면, 진술을 다른 관점에서 다시 묻거나 거꾸로 말해보도록 지시하는 등, 다른 방식으로 여러 번 질문하면서 모순을 찾기도 하고 상대의 뇌에 피로감을 줄 수도 있습니다. 하지만 일상적으로는 이렇게 하기 어렵기 때문에 패턴을 깨는 질문을 통해 비슷한 효과를 만들어내는 것입니다. 패턴을 깨는 질문이란 상대가 예상치 못한 것이나 맥락에서 벗어난 질문을 뜻합니다.

"참, 어제 새벽에 천둥치던데, 천둥 무서워하던가?"

"일찍 자려면 낮에 햇빛 보면서 산책 많이 하라던데 회사에 볕이 잘 드는 곳에 있어?"

이렇게 일부러 맥락에서 벗어난 이상한 질문을 해도 거짓을 말하는 사람은 대답을 아주 열심히 합니다. 평소보다 과하게 설명하면서 그쪽으로 빠져나가려고 시도할 수도 있습니다. 보통은 아무리 침착한 사람이어도 맥락에서 벗어나는 질문에는 당황하기 마련이거든요. 그런데 거짓을 말하는 중에는 맥락에서 벗어나는 것을 반깁니다. 그래서 더 성실하게 대답하려 하기도 하죠. 물론 이것도 개인차가 있으니 기준점을 잘 고려해야 합니다. 그리고 상대가 나를 좋아하거나 나에게 잘 보이고 싶을 때도 어떻게 해서든 친절하게 답을 하려고 애를 씁니다. 그러니 친절한 답을 한다고 꼭 거짓이라는 것은 아닙니다.

그리고 이건 하나의 기술적 트릭입니다만, "내가 정말 모를 거라 생각하는 거야?" 이렇게 물어서 상대를 압박하는 방법도 있습니다. 여기에 대한 반응이, "무슨 말을 하는 거야?"라는 식이면 일단 거짓이 아닐 가능성이 높습니다. 그런데 무언가 설명하려 들거나 친절하게 말을 이어 가려고 하면 거짓일 수 있습니다. 저런 질문에 "예" / "아니오" 식의 결론이 나는 대답이 돌아온다면 거짓을 감추고 있을 가능성이 큽니다. 보통은 거짓말을 하는 사람들은 친절합니다. 내가 맥락에서 벗어나거나 대답하기 힘든 질문을 던져도 애써 답을 하려고 하는 경우도 많습니다.

- 진실을 듣기 위한 질문 : 위 질문들까지 해서 단서가 다 모이고 확신이 든 상태이고 상대를 압박할 준비가 되었다면, 이제 마지막 질문을 던질 차례입니다. 최종심문이라고 할 수 있겠네요. 상대에게 핵심을 찌르는 질문을 하면서 진실을 밝히게 만드는 것이 목적입니다. 이때 압박하는 요령은 다음의 순서에 따릅니다.

1. 나는 이미 다 알고 있다.
2. 하지만 너에게 기회를 주는 중이다.
3. 지금 이 기회를 얻는다면 이 압박에서 벗어날 수 있다.
4. 이걸 놓친다면 너는 정말 큰 잘못을 저지르는 것이다. 나아가 더 많은 것을 잃을 것이다.
5. 그러니 이제 말해줘. 진실이 뭐야?

이런 압박을 위해 마지막으로 상대에게 줘야 하는 기회들이 있습니다. 바로 말할 기회입니다. 마지막 단계이고 상대를 압박하면 되는데 왜 들어줘야 할까요?

첫째, 충분히 들어주면 상대가 듣게 할 수 있기 때문입니다. 그리고 둘째, 듣는 것으로 상대의 정보가 수집되기 때문에 모순들에 대해서도 충분히 확보해 둘 수 있습니다. 특히 압박을 느낄수록 상대는 더 많은 모순을 쏟아낼 가능성이 크기 때문입니다. 더 강력한 압박의 단서를 추가로 얻을 수도 있게 됩니다. 그래서 상대가 이미 압박받고 있다면 다시 질문하며 실토할 기회를 주는 것도 좋습니다. 이를 통해 관계도 해치지 않고 신뢰도 유지할 수 있습니다. 많은 사람들은 압박에서 벗어나고 싶어 하기 때문에 기회를 주면 실토할 가능성이 커집니다.

"나도 믿고 싶지. 내가 믿을 수 있도록 설명해줄 수 있겠어?"

"나야 네 편인 거 알잖아. 그냥 사실만 말해주면 난 괜찮아."

이를 위해서는 질문을 하고 적당히 시간을 주며 기다리는 것도 좋은 방법입니다. 질문을 하고 "정말?", "그래요?"라고 말하고 상대의 반응을 살피는 것이죠. 시험한다는 느낌이 들지 않도록 정말 궁금한 것처럼 보여야 합니다.

마지막으로 꼭 줘야 하는 것은 바로 도망갈 구석입니다. 상대의 잘못이 아니고 이해하니 편하게 이야기하라는 식으로 말하면서 질문하는 것입니다.

"솔직히 말하지 못한다 해도 네 잘못은 아니라고 생각해. 어쩌면 내가 너무 힘들게 했던 것 같기도 하다. 그래서 이해해."

"네가 그냥 실수한 것뿐이라고 생각해. 난 단지 솔직한 얘기를 듣고 앞으로 신뢰하는 관계가 되었으면 하는 마음이야."

"내가 이런 마음으로 너에게 기회를 주는데도 솔직하지 못하다면 너는 정말 나쁜 거야."

② 압박의 팁

- 압박을 위해서는 잘 들어 둬야 합니다.

이건 계속 강조하고 있는 것이죠. 왜냐하면 이 책에서 배우는 모든 기술에서도 다 똑같이 필요한 것이기 때문입니다. 정보는 곧 총알입니다. 총알은 많을수록 좋겠죠.

- 침묵과 제스처로도 압박을 할 수 있습니다.

거짓을 말하는 사람에게 흔들리지 않는 제스처로 침묵을 보내면 상대는 불안을 느낍니다. 후퇴 반응을 보일 수도 있고 설득이 되지 않았다고 생각해 더 과한 시도를 할 수도 있습니다. 스트레스를 받을 때 보이는 행동을 보이기도 하죠. 예를 들어, 질문을 하고 상대의 대답을 듣고 그냥 "그래?"라고 말하고 침묵을 갖는 겁니다. 그러면 상대는 압박을 느끼면서 뭔가 더 말해야 한다고 느끼거나 도망가고 싶다고 느낄 겁니다. 도망가고 싶다는 마음도 결국 진실을 말하면 편해질 거라는 암시를 주는 것으로 더 진실을 말하게 만드는 데 활용할 수 있습니다.

- 진실을 말하고 편해질 수 있도록 기회를 더 줍니다.

상대가 진실을 말하고 있다는 확신이 생겨도 절대 감정적으로 대응해서는 안 됩니다. 상대가 직접 진실을 말할 수 있도록 기회를 주는 것이 좋습니다. 감정적으로 대응하면 세 가지 문제가 생길 수 있습니다.

첫째, 감정이 평온하지 않은 상태가 되면 이성이 그만큼 힘을 발휘할 수 없습니다. 편견에 빠지거나 단서를 놓치는 등 실수를 저지르고 비이성적인 판단을 하게 될 수 있습니다. 둘째, 상대가 스스로 피해자가 되거나 공격할 여지를 줄 수 있습니다. 이는 논점을 흐트러트릴 수 있습니다. 항상 화를 내는 사람이라 말하기 싫다거나 하는 식으로 말이죠. 셋째, 그대로 관계가 깨져서 진실은 듣지 못하고 후회하는 일이 생길 수도 있습니다. 따라서 상대에게 이런 식으로 말하면서 추가로 기회를 주는 것이 좋습니다.

"나도 네 말을 믿고 싶지. 근데 그런 말을 믿을 수 있도록 좀 설명을 해주면 좋을 것 같아. 나의 이성이 너의 말을 믿도록 말이지."

- 상대가 빠져나갈 구멍은 마련해줘야 합니다.

상대가 용서 못 할 잘못을 했다면 그것이 밝혀진 후에 처벌해도 됩니다. 상대가 진실을 고할 때까지는 퇴로가 있는 것처럼 보이는 것이 좋습니다. 상대가 진실을 말하고도 괜찮을 거라는 생각을 해야 진실을 밝힐 가능성이 커지겠죠. 거짓이 밝혀지면 잃는 것이 많을 때 거짓말을 잘한다는 것 기억하고 계시죠?

이런 식으로 말하는 겁니다.

"네 잘못이 아니야. 네가 어제 그렇게 늦게 귀가하고 밤늦게까지 놀긴 했지만, 난 그게 네 잘못만은 아니라고 생각해. 놀 수도 있지. 그리고 나한테 이런 거짓말하는 것도 그래. 무심코 이렇게 말실수 했는데, 계속 그렇게 말할 수밖에 없는 거 알아. 그동안 받은 스트레스도 있을 테니 좀 풀고 싶은 마음도 있었을 거야. 한편으로는 내가 몰라준 것에 대해 미안한 마음도 있어. 근데 내가 이렇게까지 너한테 말을 하는데 이래도 네가 거짓말을 한다는 건, 너는 진짜 겁쟁이야."

이렇게 퇴로를 주면서 서서히 압박해 나가는 식으로 질문을 세팅하는 겁니다. 다만, 이런 방식은 안 됩니다.

"당장 바른대로 말 안 하면 부숴버릴 거야!"

대신 이런 식으로 말하는 것이죠.

"네 잘못만은 아니고 실수를 한 거니까. 진실을 말해. 말 안 하면 더 나쁜 거야."

퇴로가 있는 것입니다. 마치 진실을 말해도 괜찮은 것처럼 말이죠. 실제로 그게 괜찮을지 아닐지는 그후에 결정해도 됩니다. 경찰이나 FBI가 잘 쓰는 방식이죠. 보통은 말하면 괜찮은 경우보다 말하면 잡혀가는 경우가 많겠죠.

퇴로 주기에 맞는 예시를 좀 더 구체적으로 볼까요?

"내가 잘못한 부분도 있어."

이 말은 상대의 거짓말을 단정하고 있습니다. 상대의 거짓을 전제로 하고 있는 것이죠.('전제'는 이후 최면가의 기술에서 더 자세히 다룰 예정입니다.) 마치 상대를 위하는 것 같지만 저 말에 수긍하는 순간 나의 잘못을 인정하는 것이 되겠죠. 하지만 이 말에 반박하기는 쉽지 않습니다.

"너도 실수를 한 거겠지. 그리고 후회했을 거고."

이 말은 공감을 해주는 것이면서도 상대가 이미 스스로를 압박하면서 느끼는 죄책감을 위로하고 있습니다. 압박에서 벗어나 진실을 토로하고 싶게 유도하는 효과가 있습니다.

"진실을 말 못 하는 건 겁이 나서겠지."

상대의 약한 부분을 건드리면서 압박을 시도하는 것입니다.

어느 정도 근거가 확보된 상태에서 이 정도 말을 하면 보통 진실을 말합니다. 진실을 말하지 않아도 흔들리며 결정적인 단서를 주게 됩니다.

여기까지 프로파일러의 기술에 대해 알아봤습니다. 이는 결국 죄책감이라는 압박에서 벗어나고 싶은 욕망과 스트레스를 이용하는 것입니다. 상대의 욕망과 두려움을 알면 그 상대를 원하는 방향으로 이끌 수 있습니다.

| Summary |

● 1단계. 데이터 수집 단계 (라포 형성하기)
 프레임 짤 때 유의할 점
  (1) 제3자가 봤을 때 자기 이미지와 맞는 것이어야 함.
  (2) 목적에 맞도록 해야 함.

● 2단계. 분석 단계 (기준선 잡기)
 관찰력 체크리스트
  ① 말의 습관
   - 목소리, 단어, 주어 생략 등, 더듬거리는 정도,
    단어적 표현, 이외 말버릇들
  ② 얼굴
   - 표정, 표정이 사라지는 시간, 얼굴을 만지는 정도,
    턱과 머리 위치

| Summary |

③ 자세
- 제스처의 크기가 차분한 정도, 몸의 방향, 다리나 팔의 버릇
④ 영역 (자세의 열린/닫힌 정도)

● 3단계. 심리 평가 단계 (가설 세우기)
기준점과 달라지는 변화의 방향성 3가지
① 설득 반응
② 후퇴 반응
③ 방황 반응

● 4단계. 종합 단계 (압박, 심문)
① 거짓을 가려내는 질문 방법
- 일상적인 질문
- 패턴을 깨는 질문
- 진실을 묻는 질문
② 압박의 팁
- 잘 들어 두기
- 침묵과 제스처로 압박하기
- 진실을 말하도록 기회 더 주기 : 감정적으로 대응하지 않기 (감정적 대응의 문제점 : 이성의 힘이 발휘되지 않음, 상대방이 피해자가 되거나 공격할 여지를 줌, 관계가 깨지면서 진실을 듣지 못하게 됨.)
- 상대가 빠져나갈 구멍 마련해주기

3-3
심리 프로파일링 기법 활용 사례

프로파일링 기법은 일상에서 진실을 찾는 데 활용하기에 매우 좋은 기법입니다. 물론 상대의 정보를 더 많이 수집하는 것만을 목표로 할 수도 있겠죠. 사례를 통해 설명하겠습니다.

사례① 압박하는 대화로 상대를 실토하게 만드는 사례
어제 외박을 한 것이 확실한 애인에게 사실을 말하려고 한다고 해봅시다. 대화 중에도 정보를 계속 충분히 더 수집해야 하지만, 일단 결론을 확신할 수 있을 정도의 단서들이 모인 상태에서 이 대화가 이루어져야 합니다. 이 대화 전에는 심증이 확신을 얻도록 필요한 정보를 모으고, 이 대화 중에는 최종 심문에 쓸 압박 재료를 모은다고 생각하면 됩니다. 그리고 최종 압박 질문 전에는 상대에게 어떤 단서를 가지고 추궁하지 않는 것이 좋습니다. 만약 상대가 말할 때마다 추궁하고 압박하면 상대가 그 압박에 계속 반박하게 되면서 요리조리 빠져나가 버릴 수도 있습니다. 이 상황에서는 SNS나 주변인의 증언으로 상대가 집에 들어간 시간을 확인해 두었다고 가정해보죠. 이미 확증은 있는 상태입니다.

(* 아래 사례에서 단계별로 어떻게 대화가 이루어지고 있는지 판단해보시기 바랍니다. 1단계인 라포 형성에서는 먼저 가벼운 이야기로 편안한 분위기를 조성하면서 시작했습니다. 그리고 연인관계이니 2단계 기준선 잡기는 이전에 이미 이루어져 있었겠죠. 확증이 있는 상태이니 처음부터 상대의 태도를 보면서 3단계 심리 평가가 이루어지도록 기억해 둔 기준선과 상대의 현재를 비교하면서 상대의 태도를 관찰하고 대답을 듣습니다. 특히 상대의 말을 들어보면 전달이 아닌 설득을 하려는 문장들이 나오는 것을 확인하실 수 있습니다. 그리고 마지막 압박 질문 전에 가지고 있던 중요 단서를 내놓으면서 상대가 빠져나갈 틈을 막는 것을 보실 수 있습니다.)

A : "어제는 잘 잤어?"
B : "너랑 통화하고 바로 잤지."

A : "그래? 평소보다 일찍 연락줬길래 영화라도 한 편 보고 자나 했더니만."

B : "아, 내가 영화를 봤다고? 아니야. 왜 그렇게 생각해?"

A : "꼭 그렇게 생각하는 건 아니고 오후에 카톡을 보냈길래."

B : "내가 오후에 카톡을 보낸 건 너 바쁠까 봐 그랬지. 나만 회사 쉰다고 아침부터 연락하면 괜히 자랑하는 거 같잖아."

A : "눈도 충혈되어서 평소 해장할 때 먹는 짬뽕을 시키길래 영화 보면서 맥주 한잔 했나 했어."

B : "왜 내가 숙취 해소로만 짬뽕을 먹는다고 생각해? 내가 좋아하는 거 알잖아? 이번 주만 해도 세 번이나 먹었다니까?"

A : "그랬구나."

B : "…… 눈은 ……"

A : "근데 출근 안 하는 날인지는 몰랐어."

B : "아, 그게 갑자기 정해져서 말을 못 했어."

A : "어제 통화하고 난 다음에?"

B : "어, 어."

A : "오늘 출근 안 하는 날이라고 전날 저녁에 연락이 오는 회사에 다니고 있었다고 말하는 거야? 실은 새벽에 민수는 너와 놀았다고 SNS에 올렸던데 혹시 알고 있어?"

B : "……"

A : "요즘 스트레스 많이 받고 있었다고 생각해. 친구들 만나서 논다고 말하긴 좀 미안했을 수 있어. 이해해. 그렇게 말하게 몰아붙인 내 잘못도 있다고 생각하고 있어. 그 부분은 미안해. 하지만 지금 이렇게 말하는 상황까지도 사실을 얘기하지 않는다면 그건 비겁한 거야. 그럼 다시 물어볼게. 어제 뭐 했어?"

사례 ② 상대가 진실을 말하게 하는 힘 : '지니어스' 프로그램 이상민의 촉

'지니어스' 프로그램에서 등장한 다른 한 장면을 가져왔습니다. 여기서 이상민 씨가 조유영 씨의 거짓말을 간파하는 장면이 나오는데 앞에서 배운 압박 방법을 사용하는 것을 볼 수 있습니다.

이 회차 게임의 룰은 이어지는 숫자를 가진 사람들끼리 모여야 승리하는 것이었습니다. 하지만 서로 숫자가 공개되지 않은 상황이었습니다. 섣불리 자기 숫자가 알려지게 되면 불리한 일이 벌어질 수도 있었죠.

이상민 씨(7)와 이미 서로 숫자를 알아서 한편이 된 유정현 씨(8)가 조유영 씨를 데리고 오며 이야기를 시작합니다.

유정현 : "얘(조유영)가 9래."

(별 의심 없이 9라는 말을 믿고 있습니다.)

이상민 : "확실해?"

(확실하냐는 질문으로 부담을 주면서 답을 들으려 하죠.)

조유영 : "7, 8, 9라고요?"

(이때 "네 / 아니오"라고 하지 않았습니다. 만약 진실을 말하는 중이었다면 "네, 맞아요. 제가 9예요."라고 한 후 저 질문을 했을 가능성이 높습니다. 여기서 위화감을 느낀 이상민은 계속 조유영을 쳐다봅니다. 아무 의심이 없는 유정현 씨는 '쉿' 하는 제스처를 취하며 이야기가 밖으로 새 나가지 않는 데 집중하죠. 하지만 이상민 씨의 의심은 더 커지고 있습니다.)

조유영 : "우리 중에 거짓말하는 사람이 있으면 어떡해요?"

(조유영 씨는 현재 거짓을 말하는 중이기 때문에 굳이 "거짓말하는 사람이 있으면 어떡해?"라고 하면서 걱정하는 척을 합니다. 근데 이상민이 생각하기에 조유영의 캐릭터는 그런 걸 걱정하는 캐릭터가 아니예요. 이상민 씨가 만들어 둔 조유영 씨의 기준선에서 벗어난 행동을 하고 있는 것이죠. 아마 더 의심이 커졌을 겁니다.)

이상민 : "없어, 없어. 없다고."

유정현 : "뭘 이런 걸 거짓말해."

(자신이 진실을 말하고 있으므로 조유영 씨의 질문에 대수롭

지 않게 반응합니다. 하지만 이상민 씨는 조유영 씨의 태도로 거짓이라는 단서들이 모인 상태죠. 압박 질문을 시작합니다.)

이상민 : "너 거짓말이지?"

조유영 : "아니요."

(첫 번째 질문에는 아니라고 확실하게 말로 표현합니다. 하지만 후퇴 반응이 살짝 나오죠. 이상민 씨가 추가로 압박합니다.)

이상민 : "거짓말이면 안 돼. 거짓말이지?"

(이 질문에 조유영 씨는 말 대신 고개를 절레절레 흔드는 것으로 답을 대신합니다. 확실한 후퇴 반응을 보이고 있죠. 거기에 이상민 씨가 퇴로를 확보해줍니다.)

이상민 : "거짓말이면 지금 이야기해. 거짓말이라고. 그러면 용서해줄게."

(이 말에 조유영 씨는 멋쩍은 웃음을 짓습니다. 압박이 먹힌 상황이죠. 이상민 씨가 말을 이어 갑니다.)

이상민 : "진짜로 우리가 정보 뺏긴 걸로 끝낼게. 이 이상 초 치지 마, 거짓말이면. 거짓말이야?"

조유영 : "네."

(결국 조유영 씨가 진실을 말합니다. 이에 대해 이상민 씨가 인터뷰에서 이렇게 말합니다.)

이상민 : "눈빛을 보니까 아니더라고. 저는 항상 저의 능력이라

고 하면 참, 거짓을 가려낼 줄 아는 힘."

(여기서는 '참, 거짓을 가려낼 줄 아는 힘'이라고 좀 거창하게 말했는데 결국 눈치의 힘입니다. 이 힘은 관찰력과 결정적인 순간 압박의 기술에서 나옵니다.)

사례③ 상대를 압박하는 심문 사례 : 드라마 '부부의 세계'

이번에는 한국 드라마 '부부의 세계' 제2화 마지막에서 가져왔습니다. 남편(이태오)의 외도를 알게 된 아내(지선우)가 심문을 하는 장면입니다. 이때 아내는 남편의 외도에 대한 정보들을 모두 확보한 상태입니다. 외도하는 상대 여성이 누구인지는 물론, 남편이 모르고 있는 그 여성의 임신 사실까지도 알고 있었죠. 아내는 평범하게 대화를 시작합니다.

아내 : "일은 잘돼 가?"

(남편은 일에 대한 일상적인 질문이라고 생각하고 이런저런 답변을 늘어놓지만, 아내는 그 대답을 듣고 잠시 생각하더니 묻습니다.)

아내 : "너, 여자 있지?"

(잠시 침묵이 흐르고 남편이 대답합니다.)

남편 : "뭐라 그랬어? 방금?"

(대답하거나 황당해하거나 화를 내야 하는 타이밍에 반문하고 있습니다.)

아내 : "사실대로 말해줬으면 좋겠어. 결혼할 때 우리 그런 얘기 했었잖아. 살다 보면 다른 상대가 눈에 들어올 수도 있지 않겠냐고, 그땐 서로 솔직해지자고. 기억나? 이제라도 태오 씨가 솔직하게 인정하고 깨끗이 정리하면 나 용서할 수 있을 것 같아. 잠깐 육체적으로 끌렸던 것뿐이잖아. 그치? 잠깐 지나가는 바람이라도 견디기 너무 힘들지만 살다 보면 담담해질 날이 올 거야. 인생 기니까. 근데 거짓말은 용서 못 해. 그건 진짜 배신인 거야. 그러니까 솔직하게 말해줘. 당신, 여자 있지?"

(이 문장들은 전형적인 압박 질문으로 이루어져 있습니다. 현재 거짓말한 상황을 알고 있음을 암시하는 것으로 압박하면서도 상대를 이해한다고 말하며 사실을 말하도록 유도합니다. 더 나쁜 것은 거짓말이라고 언급하며 진실을 말하는 것으로 죄책감을 덜도록 시도합니다. 지금 진실을 말하면 압박이 끝날 수 있다는 것을 어필하는 것이죠. 그런데 남편의 반응은 이렇습니다.)

남편 : "여자가 있냐고? 바람피운다고? 내가?"

(아니라고 말하지 않습니다. 오히려 반문합니다. 거짓말의 특성일 수 있습니다. 하지만 아내의 압박에도 진실을 말할 생각

이 없어 보입니다. 현재 외도하는 사람과 헤어질 마음이 없다는 뜻이겠죠. 그래서 아내는 더 화가 나고 허탈해지기 시작합니다. 이미 모든것을 알고 있기 때문입니다.)

아내 : "하. 맞잖아!"

남편 : "아휴. 지난번에도 그러더니 왜 그러냐, 선우야. 나한테 그럴 여자가 어디 있다고 그래?"

(이 상황에서도 '아니다'라고 명확한 단어를 말하지 못하고 부인하려 하고 있습니다. 그럴 여자가 어디 있다는 거냐는 식으로 설득의 태도가 보입니다.)

아내 : "거짓말하지 마, 제발."

남편 : "대체 날 뭘로 보는 거야! 우리 사이에 신뢰가 이것밖에 안돼?"

(남편이 화를 내며 대응합니다. 화를 내고 어조를 높이는 것도 설득 방향으로 변화하는 반응입니다. 그리고 상대가 신뢰가 없음을 지적하며 잘못한 사람으로 유도하고 있습니다. 가스라이팅 기법을 사용해 상대를 설득하려고 하고 있습니다.)

아내 : "더는 나 속이지 마! 실망시키지 말라고!"

(아내도 참지 못하고 감정이 격해집니다.)

남편 : "실망은 내가 했어! 말이 되는 소리를 해야지 대꾸를 하지. 바쁜 사람 붙들어 놓고 뭐 하는 거야, 아침부터?"

(대꾸 못 한다거나 바쁘다는 것은 후퇴 반응입니다. 결국 아내는 울면서 주저앉습니다. 그런 아내에게 다정하게 말합니다.)

남편 : "선우야. 선우야. 나한테 여자는 지선우 하나밖에 없어. 몰라? 너 일이 너무 많아서 그래. 스트레스 때문에. 아무래도 정상적인 감정 상태가 아닌 것 같다."

(부가의문문으로 설득하고 스트레스를 언급하며 상대를 가스라이팅하고 있습니다. 결국 남편에게 진실을 들을 수 없다고 생각한 아내는 실성한 것 같은 웃음을 보이다 말합니다.)

아내 : "그래. 그런 거 같네."

(그렇게 남편의 부인으로 이 대화는 감정적으로 흘러갈 뻔하지만, 일상적으로 마무리됩니다. 아내는 남편의 마음을 알게 되었고 더 확실한 상황에서 상대를 압박하기 위해 기회를 노리려고 판단했겠죠. 이 장면에서 남편은 진실을 말하진 않았지만, 아내의 화법은 상대가 진실을 말하도록 만드는 굉장히 좋은 예시를 보여주고 있습니다.)

3-4
실생활에서 활용하는 방법

이런 프로파일러의 기술은 범죄 수사 외에도 다양한 상황에서 응용될 수 있습니다. 실생활에서 활용하기에 도움이 되도록 분야별로 활용 사례를 보여드리겠습니다.

① 인사관리

- 인적자원 관리 : 많은 조직에서 심리 프로파일링 기법을 사용해 특정 역할에 대한 구직자의 적합성을 평가하기도 합니다. 예를 들어, 인사 관리자가 심리 프로파일링 기술을 사용하면 후보자가 스스로 내세우는 것 외에 실제로는 어떤 리더십을 가졌는지, 표현하고 있지는 않지만 실제로 관심이 있는 세부사항은 어떤 것인지, 어떤 압박을 받았을 때 어느 정도까지 능력을 발휘

할 수 있을지 등과 같은 것을 판단할 수 있습니다.

이를 통해 특정 작업에 필요한 특성과 자질을 가졌는지 여부를 결정할 수 있죠. 어떤 직원이 자신도 제대로 판단하지 못했던 그의 강점과 약점, 동기 등을 이해함으로써 인력을 효과적으로 관리할 수 있습니다. 예를 들면, 직원이 더 많은 팀워크가 필요한 역할이 어울릴지 더 독립적인 작업시간을 주는 편이 좋을지 판단하고, 그에 따라 작업과 책임을 할당할 수도 있겠죠.

'이 직원은 20대 후반의 젊은 남성이야. 그는 매우 협력적이고 다른 사람들과 일하는 것을 즐기는 것처럼 보이긴 하지. 그는 의욕이 넘치고 열정이 있다는 평판을 듣기도 하고. 하지만 그는 팀워크가 강조된 일을 할 때는 항상 야근했어. 그리고 그에 대한 평판처럼 다른 사람들과의 관계가 좋기는 하지만 자기주장을 오히려 잘 펼치지 않았지. 산출되는 결과의 질도 상대적으로 뛰어나진 않은 편이었고. 오히려 그는 독립적으로 일할 때 더 효과적인 사람일 수도 있겠군. 다른 직원들과의 의사소통을 충분히 할 수 있는 팀 단위의 일이면서도 업무 자체는 독립적으로 할 수 있는 일을 맡기는 편이 더 그에게 맞는 일이 될 수 있겠어.'

- 면접 : 면접 중에 프로파일러의 기술을 사용하면 구직자의 표현이나 행동을 통해 성격이나 동기 등을 이해하고, 그들이 직무 및 회사 문화에 적합한지 여부를 결정하는 데 도움을 줄 수도 있습니다.

예를 들어, 면접관은 프로파일링을 활용해 후보자가 실제로 내향적인지 외향적인지 판단하고 후보자의 동기와 작업 스타일을 이해하는 데 도움되는 질문을 할 수 있습니다.

"굉장히 활동적인 일들을 많이 해 오셨네요. 그런 일들을 겪으며 많은 에너지를 써야 했을 것 같은데, 혹시 평소 에너지를 어떻게 충전하는지 말해줄 수 있나요?"

이는 활동적인 이야기를 할 때 수동적이거나 긴장한 제스처가 나오고, 혼자 무언가를 했을 때 더 자연스럽고 전달의 태도가 나오면, 성향을 더 확실하게 판단할 수 있는 질문입니다.

반대로 지원자가 내향적인 표현을 할 때 그것이 긴장한 것 때문인지 확인하려면, 다음과 같은 질문을 해볼 수도 있겠죠.

"지원자께선 내향적인 면이 있는 분이라는 것은 알겠어요. 그럼 혹시 다른 사람들과 팀 프로젝트를 했던 경험을 말해줄 수 있나요? 어떤 보람이 있었는지, 힘든 것은 무엇이었는지 도요."

② 마케팅과 영업

- 소비자 행동 파악 및 광고 개발 : 프로파일링 기술을 사용하면 소비자 행동 및 동기를 이해하고 타깃마케팅 전략을 개발하는 데 도움이 됩니다.

예를 들어, 주 소비자층에 대해 많은 조사를 함으로써 그들이 어떤 성격을 가지고 있는지, 어떤 것에 가치를 두는지 파악할 수 있습니다. 이것을 기준선으로 잡고 그들이 단지 소비하고 있는 것뿐만이 아니라 익숙한 것이 무엇일지, 신선하게 느끼면서 흥미를 가질 만한 것이 무엇일지, 어떤 것에 공감할지 판단해 마케팅 전략을 세울 수 있을 것입니다. 주 고객층에게 어떻게 하면 더 감정적으로 다가갈 수 있을지, 합리적으로 호소할 수 있을지, 그들이 반응할 가능성이 더 높은 것을 선별할 수 있게 되는 것이지요.

"우리의 주 고객층은 10대 후반 청소년 그룹입니다. 그들은 다소 감정적이며 감정에 따라 구매 결정을 내리는 경향이 있습니다. 그리고 이미지에 매우 민감하고 개성을 표현하는 것을 즐깁니다. 미성년 대우를 받기 싫어하면서도 성인이 되는 것에 대한 두려움이 있을 수 있습니다. 효과적으로 그들의 감성과 개성에 호소하고 그들의 가치와 욕구에 공감하는 방식으로 우리 제품을 선보이는 마케팅 캠페인을 개발하도록 합시다."

- 영업 및 고객 서비스 : 영업 전문가는 프로파일러의 기술과 유사한 방식으로 고객 행동과 동기를 이해하고 각 고객에게 맞는 접근 방식을 생각해 전략적으로 접근합니다. 예를 들어, 영업사원은 심리적 프로파일링을 사용해 고객이 개인적이고 감정적인 접근 방식에 더 반응할 가능성이 높은지, 또는 보다 사실적이고 데이터 중심적인 접근 방식에 반응할 가능성이 높은지 판단할 수 있습니다.

매장에서 제품을 판매할 때도 손님이 매장에 들어올 때의 시선 마주침 등의 태도와 질문하는 내용들을 토대로 손님이 혼자서 제품을 고르는 것을 선호할지 대화를 나누며 골라주는 것을 선호할지 판단할 수 있겠죠.

'이 고객은 40대 중반 남성. 항상 자료를 먼저 요청하고 질문은 시간이 흐른 후에 했던 그의 특성으로 보아 그는 매우 분석적이며 데이터와 논리를 기반으로 결정을 내리는 경향이 있다. 과도한 관심은 오히려 그를 멀어지게 할 수 있다. 질문의 내용이 제품 이외의 사항도 있던 것으로 보아 개인적인 관계 구축을 싫어하는 것 같지는 않다. 그를 효과적으로 참여시키기 위해서는 일단 데이터를 기반으로 정보 위주로 전달하는 것을 시작해야겠다. 조금씩 관계가 진전되면서 천천히 개인적인 관계를 구축하도록 애쓰면 장기적인 고객이 될 수 있겠다.'

- 정치공학 : 위와 유사한 분야로 유권자를 분석하고 정책을 결정하는 것도 있습니다. 어떤 정치적 메시지로 유권자의 마음을 얻을지 전략을 세울 수 있습니다.

③ 교육 및 코칭
- 학생 지도 : 선생님은 프로파일링 기법을 응용해 학생의 학습 스타일, 능력 및 동기를 이해하고 개별 필요에 맞는 교육 프로그램 및 교육 방법을 개발하는 데 활용할 수도 있습니다. 예를 들어, 교사는 이 기법을 사용해 학생이 시각, 청각, 촉각 중에 어떤 감각에 더 적합한 학습자일지 판단하고 그에 맞는 학습 스타일을 조언할 수도 있습니다. 그리고 학생들이 실제로 원하는 것과 두려워하는 것을 찾아 효과적으로 수업에 참여하도록 유도할 수도 있겠죠.

'이 학생은 현재 4학년에 재학 중인 남자아이. 또래의 아이들에 비해 집중력은 다소 떨어지고 수업 시간에도 산만해서 전체적인 분위기를 해치는 면이 있군. 그리고 이 아이는 무언가를 설명할 때 시각적인 표현을 많이 쓰지. 아무래도 시각적인 이미지를 설명하려다 보니 두서가 없고 청각적인 수업 방식에 잘 적응하기 어려울 수도 있겠군. 오히려 시각적인 교보재가 있는 수업이나 자기가 좋아하는 캐릭터가 언급된 수업에서는 집중력이 더 높았었지. 그리고 다른 아이들에게 말을 많이 걸면서 선생님의 관심을 끌려는 시도가 보여. 좀 더 관심이 있다는 것을 보여주고 시각적인 과제물을 주는 것으로 수업 진도를 따라올 수 있게 배려해보면 좋겠어.'

- 코칭 및 성과 분석 : 코칭은 상대의 잠재력을 이끌어내고 최선을 다하도록 유도하려는 목적이 있습니다. 스포츠 코치를 예로 든다면, 프로파일링 기술을 사용해 선수의 강점과 약점을 이해하고 개인의 필요에 맞는 훈련 및 성과 전략을 개발할 수 있겠죠. 실제로 훌륭한 코치들은 선수의 특성을 이해하고 그들에게 적합한 훈련 방식을 고안합니다. 그 과정에서 프로파일링 기법이 활용되고 있습니다.

'이 선수는 20대 초반의 젊은 여성. 그녀는 매우 경쟁적이고 집중력이 있으면서도 매우 창의적이고 상상력이 뛰어나지. 트레이닝 전에는 항상 이미지를 그리는 시간을 가지고 매번 결과를 보여주는 것으로 경쟁 의지를 활용해야겠어.'

④ 심리상담 및 치료

- 정신 건강 진단 및 치료 : 심리상담가 등 정신 건강 전문가는 기본적으로 상담 기법 이외에 프로파일링 기법을 일부 활용해 정신 건강 상태를 진단하고 치료하기도 합니다. 특히 심리적인 것은 내담자나 환자가 스스로 잘못된 진단을 이미 내리고 찾아오는 경우가 많기 때문입니다. 실제의 문제는 전혀 다른 곳에 숨어 있을 수 있습니다. 상대가 의도적으로 거짓을 말하는 것은 아니지만 진실을 찾기 위해서는 프로파일링 기법이 유용합니다.

"지금 말씀하신 대로 번아웃 상태라면, 예전에는 무기력하고 일을 미루는 버릇이 없었나요? 만약 있었다면 혹시 지금 번아웃 상태가 아닌 것은 아닐까요? 그럼 한번 과거로 돌아가 그런 무기력이 시작된 지점을 떠올려볼 수 있을까요?"

- 관계 상담 : 관계에 관한 상담은 부부나 연인, 가족이 친밀하

면서도 충돌하는 상황과 그렇게 행동하게 되는 동기, 의사소통 스타일을 이해하는 것이 필요합니다. 그리고 각 개인에 맞는 의사소통이나 행동 전략을 제시해주죠. 이 과정에서 프로파일링 기법은 아주 유용할 수 있습니다. 상대를 향한 불만들이 너무 치사하다고 느끼지만 좀 더 거창한 다른 이유로 포장하는 경우도 있고, 자신이 어려서부터 가지고 있던 결핍이 나타나는 경우도 있기 때문입니다.

예를 들어, 상대의 문제를 이야기하지만 실제로 자신이 불안하고 항상 싸움이 잦았던 가정환경에서 자랐기 때문에 무의식적으로 그것을 원하는 경우도 있습니다. 상대의 도덕적인 성향이나 가치관을 문제삼지만 실제 문제는 스킨십인 경우도 있죠. 당연히 그 반대도 있습니다.

⑤ 일상적인 관계에서 활용하기

- 상대의 무의식과 성격에 대한 이해 : 상대의 욕망과 두려움을 알면 어떤 행동에 숨은 동기들을 이해할 수 있습니다. 정확히 언급하지 않았어도 무엇을 선호하는지 어떤 패턴으로 행동하는지 예상하는 데 도움이 될 수 있겠죠. 다양한 상황에서 상대의 반응을 예측할 수 있게 됩니다.

'요즘 시간을 많이 보내긴 했지만, 상대가 원하는 것을 하지는 못했으니 서운했을 수 있겠어. 그래서 말로 한 적은 없지만 스트레스를 받을 때 보이는 태도들이 나오고 있지. 그 사람은 활동적인 일들을 같이할 때 함께 시간을 보낸다고 느끼는 면이 있으니까 정적인 시간들로는 좀 답답함이 느껴졌겠지. 이번 주말에는 여행을 한번 제안해볼까? 상대가 바로 말하지 않아도 실제로 원하는 것을 이야기하도록 이끌어봐야겠다.'

- 갈등 관리 : 갈등의 원인이 되는 실제 근본적인 이유와 갈등이 시작되는 패턴을 이해하는 데 도움이 될 수 있습니다. 이를 통해 갈등을 해결하기 위한 효과적인 전략을 개발하는 데 도움이 될 수 있겠죠.
- 의사소통 개선 : 파트너가 선호하는 커뮤니케이션 스타일을 이해하는 데 도움될 수 있으며, 파트너의 필요와 선호도를 더 잘 충족하도록 커뮤니케이션을 조정하는 데 도움될 수 있습니다.

CHAPTER 4

콜드리더는 어떻게 상대의 신뢰를 얻어낼까?

4-1
콜드리딩의 비밀

▶— 손금의 달인이 되었던 기억

세 번째로 소개할 직업을 이야기하기에 앞서 제 군대 시절 이야기를 좀 하려고 합니다. 군대 얘기한다고 하면 다들 책을 덮으려 하겠지만 잠시만 참아주세요.

저는 좀 특별하게 군 생활을 시작했었습니다. 입대하자마자 이등병 시절을 굉장히 대우받으면서 지냈거든요. 이유는 손금을 잘 본다고 소문났었기 때문입니다. 한번 손금을 본 선임들의 후기가 좋아 입소문을 타면서 옆 대대 대대장까지 손금을 봐주고 지낼 정도였습니다. 거의 잠을 못 잘 지경이 되자, 선임들이 나중에는 저를 배려해서 전역 일주일 앞둔 사람만 손금을 보도록 규칙을 정해주었습니다. 맡은 직무와는 전혀 상관없는 일이었는데 어쩌다 보니 정말 많은 사람 손금을 보고 살았었네요. 이 정도 실력이면 지리산에서 10년은 수행했을 것같죠? 처음 손금을 본 날로 거슬러 올라가면 고등학교 2학년 축제날이 됩니다.

저는 당시 국제문화부라는 클럽의 일원이었습니다. 딱 와닿지 않는 이름처럼 좀 애매한 클럽이긴 했습니다. 그런데 축제 때는 가장 많은 활동을 했었죠. 그중에서도 제일 중요한 건 손금 보는 사람이 누구냐 하는 것이었습니다. 저는 운 좋게도(?) 손금을 보는 역할을 맡아 우리 학교에 축제를 보러 온 다른 학교 학생들에게 즐거움을 주는 임무를 맡게 되었죠. 손금을 보는 방은 어둡고 제 앞에만 촛불 두 개가 딱 켜져 있었습니다. 신뢰를 주는 비주얼이죠. 그중 한 초 앞에는 손금을 본 사람들이 복채를 낼 수 있는 그릇이 놓여 있었습니다. 조선시대부터 놓여 있었던 것 같은 느낌을 주는 아주 오래된 비주얼이었죠.

그런데 이실직고하자면, 그래서 손금을 제대로 배웠냐? 안 배웠어요. 배우지 않고 그냥 제일 손금 잘 볼 것처럼 생긴 사람 2명에 뽑혔던 것뿐이죠. 손금 전선에 나가기 전에 속성으로 짧게 배우긴 했습니다. 어쨌든 그렇게 야매(?)로 손금을 배우고 나서 느낀 것은 재미있다는 것이었습니다. 그래서 그 뒤로는 손금이나 다른 역학에 대해서도 조금 더 공부하기는 했습니다. 하지만 그런 지식을 더 많이 알게 된 이후 제게 손금을 본 사람들의 믿음이나 만족도가 모르던 시절보다 올라갔느냐? 그건 아닌 것 같습니다. 오히려 아무것도 모르고 손금을 볼 때의 만족도가 더 높았던 것 같기도 합니다. 축제라는 특수성과 손금실의 분위기, 또래로서 공유되는 고민을 알고 있었기 때문일 수도 있겠죠.

지금 생각해보면 손금에 관한 공부보다(혹은 그만큼) 중요했던 것은 콜드리딩이었습니다. 상대가 내 말이 맞는다고 여기게 만드는 것이죠. 그렇다고 손금이 사기라는 이야기는 아닙니다. 고등학교 시절 멋모르고 시도했던 것이, 손금을 보는 것이 아닌 콜드리딩임을 깨달은 것이죠. 여전히 어떤 분들은 가끔 손금을 봐 달라고 합니다. 그러면 이제는 그 신기가 없어져서 못 본다고 말해요. 제가 손금을 잘 보는 것처럼 느끼게 할 수는 있을 것 같은데, 그게 그분들 인생에 큰 도움이 될 거라고 확신은 못 하기 때문이죠.

■— 점성가의 마법, 콜드리딩이란 무엇인가?

이제 저를 마치 점성가처럼 보이게 해주었던 기술, 콜드리딩에 대해 자세히 파헤쳐 알려드리겠습니다.

'콜드리딩(Cold Reading)'이라는 단어는 '콜드'와 '리딩'이 합쳐져 있죠. 차갑게 읽기. 여기서 차갑다는 것은 정보가 없는 상태를 뜻합니다. 정보가 없는 상태에서 상대를 읽어 나간다는 뜻이죠. 반대말로는 '핫리딩(Hot Reading)'이 있습니다.

예전 농담인데, 점을 보러 가서 이름과 생년월일을 말하면 점성가가 책상 밑에서 싸이월드(Cyworld, 2000년대에 크게 유행했던 SNS의 일종)를 뒤져본다는 얘기가 있었어요. 지금은 페이스북이나 인스타그램을 슬쩍 보는 것이겠죠. 최근 심리 마술쇼 같은 데에서는 CCTV를 활용해 개인정보를 추출하고 그것으로 쇼 중간에 핫리딩을 하면서 마술인 것처럼 보이게 했다는 소문도 있었습니다. 이처럼 알면서 모르는 척 읽어 나가는 것이 핫리딩입니다. 반면, 콜드리딩은 모르면서 아는 척 읽어 나가는 것이죠.

그럼 왜 콜드리딩을 알아야 할까요? 꿰뚫어 보는 것으로 보여 아는 척과 잘난 척으로 상대 기를 죽이기 위해? 절대 아니죠. 상대를 속여 그를 조종하기 위해서? 더더욱 아닙니다. 이런 것들은 순간적으로 쾌감을 줄지는 몰라도 결국은 인생에 도움이 되지 않을뿐더러 자신을 해칠 수 있습니다.

콜드리딩을 알아야 하는 이유는 다음과 같습니다.

첫 번째는, 상대에게 빠르게 신뢰를 얻기 위함입니다.

'이 사람이 나를 좀 잘 알아주는구나. 그러니 이 사람한테는 나를 좀 더 오픈해도 되겠다.'라고 말이죠. 빠르게 라포를 형성할 수 있죠. 그래서 상담이나 프로파일러의 기술과 함께 활용할 수 있습니다.

두 번째는, 상대가 원하는 것을 파악하고 관계 자체를 더 강화하기 위함입니다. 콜드리딩을 통해 상대가 무엇을 원하는지 알아내고 그것을 잘 활용해서 상대와 더 좋은 관계를 만들고 유지할 수 있습니다.

세 번째는, 악의적인 목적으로 콜드리딩을 사용하는 이들의 시도를 무력화하기 위해서입니다. 알면 당하지 않을 수 있죠. 하지만 만약 상대가 선의를 가지고 날 편하게 해주려는 목적으로 콜드리딩을 사용하고 있다면 모르는 척 따라가 줄 필요도 있습니다.

그런데 혹시 상대가 콜드리딩임을 알아채고, 내가 상대에 대한 정보가 없으면서 아는 척하는 것이라는 사실을 눈치채면 어쩌나 걱정되지는 않나요? 그런 걱정은 인간의 심리를 알면 내려놓을 수 있습니다.

■─ 콜드리딩을 안전하게 만들어주는 인간의 심리들

콜드리딩이 안전한 이유 중 하나는, 사람은 믿고 싶은 것을 믿는다는 사실입니다. '확증편향'이라고 하죠. 그래서 스스로 믿고 싶은 것의 근거를 찾습니다. 그 근거들을 토대로 확률적으로 가설을 세우고 믿음을 보류했다가 결정할 수 있는 과학적 사고 능력을 가진 사람은 많죠. 하지만 그럴 능력이 있다고 해서 항상 그렇게 생각하는 것은 아닙니다.

일상에서는 보통 근거가 부족해도 결론을 내립니다. 결론이 난 상태가 아니면 심리적으로 불안하기 때문이죠. 일단 결론이 나면 상황이 통제 속에 있다고 착각하게 되며 불안이 줄어듭니다. 이건 의식적으로 일어나는 일이 아닙니다. 뇌가 에너지를 덜 쓰고 불안을 제거하기로 선택하는 일이죠. 그래서 첫인상이 많은 것을 결정하는 것입니다.

이런 '확증편향'에 저항하려면 뇌의 에너지를 많이 쓰고 뇌가 쉬려는 시도에 저항해야 합니다. 인간은 효율적으로 에너지를 쓰도록 설계되어 있어서 편한 것을 좋아합니다. 물론 과학적 사고도 계속 시도하다 보면 훈련이 되어 더 쉽게 잘하게 됩니다. 섣불리 결론 내리지 않고 근거를 잘 모으고 그에 따라 가설을 세우는 식으로 사고하게 되는 것이죠. 누구나 연습하면 할 수 있죠.

그런데 이 내용 어디서 많이 보지 않았나요? 앞에서 배우신 프로파일러의 기술입니다. 프로파일러처럼 사고하는 것은 뇌의 에너지를 키우고 확증편향에 저항하는 방법이기도 합니다. 그런데 이런 훈련은 근육을 키우는 것과는 달리 눈에 보이는 변화가 없습니다. 근력 운동을 처음 하면 근육이 커지는 것을 볼 수 있는 보상이 있어야 지속할 수 있죠. 변화가 눈에 보이지 않으면 그런 훈련의 고통을 이겨내기가 어렵겠죠. 그런데 뇌를 쓰는 훈련은 좀처럼 눈에 보이지 않습니다. 그래서 쉽게 하기가 어렵죠. 그런 이유로 인해 대부분의 사람은 뇌의 편안한 선택을 따라가면서 거기에 맞는 이유를 찾습니다.

예를 들어, 첫인상만 보고 별로 안 좋은 사람이라고 판단한 후 그 사람의 사소하거나 지나쳐도 될 만한 것들을 보면서 계속 내가 나쁘게 판단한 이유를 더 많이 찾는 것이죠. 그리고 거기에 더해 한번 믿은 것을 믿으려는 심리가 있습니다.

믿음을 바꾸는 데에도 뇌의 에너지가 필요하죠. 그동안 수집한 근거들을 부정해야 할 수도 있습니다. 심리적인 매몰비용이 발생하는 거죠. 그만큼 스트레스입니다. 그래서 믿고 싶은 것을 믿고, 한번 믿어서 신념처럼 가지고 있는 생각에 모순되는 정보는 무시해버리는 경향이 있습니다. 권위가 있다고 생각되는 사람이 기존에 믿었던 것과 같은 정보를 주면 뇌는 매우 환영합니다. 생각하지 않아도 되기 때문입니다.

사람들은 생각하는 것보다 주장하는 것을 더 좋아합니다. 생각하는 것은 뇌가 피곤한 일이죠. 믿음에 관해 주장하는 것은 에너지가 쓰이는 것 같아도 뇌가 새로운 생각을 받아들이는 것에 비해 편한 일입니다. 그래서 생각하는 노력 대신 원래 믿음을 주장하고 스스로 믿음을 믿기 위해 노력합니다.

콜드리딩에서는 여러 가지 방식으로 해석될 수 있는 모호한 말을 던지고 상대의 반응을 살피는 것으로 확증편향을 이용합니다. 상대가 어떤 것을 사실로 받아들이는지, 받아들이기를 원하는지 찾아내죠. 그리고 상대가 원하는 것을 들려주면서 친밀감이나 신뢰가 쌓이면 콜드리딩은 더 효과적으로 상대에게 더 큰 믿음을 주게 됩니다. 그러면 상대가 이런 생각을 하게 되겠죠. '이 사람은 나를 알아주는구나!' 그런 믿음이 생기면 알아주는 사람에게 또 협력하고 싶어집니다. 알아주는 사람의 말이 다 맞다고 인정하고 싶은 욕망이 생기는 거죠.

이와 좀 유사한 심리 중에는 '흔들다리 효과'가 있습니다. 흔들다리 위에서 고백하면 고백 성공률이 높아진다는, 너무 유명한 심리 현상이지요. 왜 그럴까요? 두근거리는 상태에서 고백받기 때문이죠. 실은 높은 곳이 무서워서 두근거렸던 것인데, 이성이 고백하면 '이 사람의 고백 때문에 두근거리는 걸까?'라고 무의식이 근거를 찾으면서 고백을 수락하게 되는 것입니다.

그런데 고백의 성공 확률은 평지보다 흔들다리 위에서가 더 높지만, 다시 일정 기간이 지나고 일상으로 돌아와서 확인해보면 사귀고 있는 커플의 수는 평지에서 고백한 경우와 거의 비슷해졌다고 하죠. 그러니까 흔들다리에서 고백을 수락했어도 평지에 내려와서 두근거림이 멈추니 오히려 이별을 선택하는 경우가 많았다는 뜻입니다. 확증편향과는 달리 흔들다리 효과는 지속되지는 않습니다. 새로운 것을 선택하는 스트레스보다 끌리지 않는 사람을 계속 만나야 하는 스트레스가 더 컸기 때문일지도 모르죠.

콜드리딩이 안전한 인간의 두 번째 특성은, 인간은 기억하고 싶은 것을 기억한다는 것입니다. 자신이 인상적으로 본 것 위주로 기억에 남기죠. 그래서 똑같은 영화를 봤어도 시간이 지나면 기억하는 장면이 달라질 수 있는 것입니다. 운전할 때도 왠지 자꾸 내 차를 추월하는 차가 많게 느껴지는 것도 이런 원리입니다. 내가 추월한 것보다 추월당한 것을 더 인상적으로 느끼고 그것을 더 기억에 남기기 때문이죠.

무언가를 기다릴 때도 내 차례에서 꼭 중단되고 한참 기다리게 되는 것도 마찬가지죠. 시계를 보면 왠지 시계가 4시 44분에 자주 멈춰 있는 것 같은 느낌을 줍니다. 시계를 봤다 하면 4시 44분인 거죠. 실은 시계를 보는 많은 순간 중에 4시 44분이었던 순간을 인상적으로 기억하는 것이죠. 하지만 어느 순간 그것이 믿음으로 정착되어버립니다. 혹시 '나에게 4시 44분과 관련된 초능력이 있는 건 아닐까?', '어떤 저주가 걸린 걸까?' 등의 생각을 하게 되기도 하죠.

그래서 주변에 긍정적인 사람이 많은 것이 좋습니다. 부정적인 사람은 자꾸 부정적인 것을 인상적인 기억으로 남기고 그것들을 얘기합니다. 자신만 특별히 부정적인 것을 많이 겪는 것처럼 말이죠. 물론 운이 없는 사람도 있죠. 하지만 어떤 기억을 인출하는가는 각자의 선택에 달려 있습니다.

이처럼 사람들은 자신에게 인상적인 것만을 취사선택해서 기억에 남깁니다. 그러니 약간 부족한 부분이 있어도 괜찮습니다. 오히려 필요한 것은 자신감입니다. 자신감 있는 태도가 인상으로 남아 신뢰가 생기는 것이죠. 이것은 다른 직업들의 기술에서도 모두 공통되는 것입니다. 라포를 잘 쌓아야 하는 목적 중에는 나의 자신감을 높이기 위함도 있죠. 그것이 또 신뢰를 주니까요. 그래서 자신감 있는 연기를 하는 것도 필요합니다. 그것을 통해 신뢰를 얻으면 진짜 자신감이 생기게 되니까요.

그리고 자신감을 높이는 좋은 방법의 하나는 관찰을 잘하는 것입니다. 관찰은 총알을 만드는 것이라고 말씀드렸죠. 무기가 든든하면 자신감이 생기기 마련입니다. 자신감 있는 태도는 신뢰를 부릅니다. 특히 콜드리딩은 상대가 나를 신뢰해야 성공할 수 있는데, 콜드리딩을 하면 상대가 나를 신뢰하게 되겠죠. 그러니 일단 자신감을 가지고 잘 관찰하며 시도하는 것이 중요합니다.

'확증편향'과 기억하고 싶은 것을 기억하는 원리가 적용된 것들이 많은데, 그중 예를 하나 들어보겠습니다.

미래에 갑자기 들이닥칠 사고에 대해 불안해했던 사람이 사고수라는 단어를 들었다면 어떨까요? 사고수라는 말 자체가 사고를 미리 알 수 있다는 믿음 혹은 착각을 불러일으킵니다. 평소 사고 등의 생각으로 불안했다면 솔깃할 단어죠. 인간은 원래 미래가 불안해서 이런 것들이 쉽게 뇌로 침투합니다. 더구나 많은 사람이 그것을 믿고 있고, 권위 있어 보이는 이들도 그 얘기를 한다면 쉽게 믿음이 강화되겠죠. 그러다 사고수가 있던 날 진짜로 사고가 났다면, 그 기억이 아주 강하게 남습니다.

사고수가 없던 날 사고가 난 기억이나 사고수가 있어도 사고가 나지 않았던 기억은 잊힙니다. 사고수를 따져보기 위해 지불했던 비용이나 시간이 매몰비용이 되죠. 그래서 사고가 나지 않아도 그냥 자신이 조심해서 사고가 나지 않았다고 강하게 믿으면 그만입니다. 믿음을 깨는 것보다 믿는 것을 믿는 것이 뇌가 편하고 불안을 줄여주기 때문입니다. 그리고 그동안 믿어 왔던 시간과 노력이 점점 그 믿음을 더 확고하게 만들어줍니다. 그리고 그 믿음은 쉽게 전염됩니다. 평소 불안하거나 어떤 고민으로 인해 생각할 수 있는 에너지가 바닥나고 감정적으로 힘들다는 등의 이유로 이성적 사고를 하기 힘든 사람일수록 이런 정보에 쉽게 빠져들겠죠.

그런데 사고수는 반드시 사고가 날 것이라는 얘기가 아니라 그럴 수도 있다는 뜻이다. 인생의 일기예보와도 같은 것이니 들어둘 필요가 있다고 말하는 사람들도 있습니다. 그런데 일기예보와는 결정적인 차이가 있습니다. 다음 문장들을 비교해보세요.

1. 내일 날씨가 80% 확률로 안 좋을 것입니다.
2. 내일 날씨가 안 좋으니 사고가 날 수 있습니다.
3. 내일 날씨가 안 좋으니 사고가 날 거예요.

이 중에 어떤 것이 예보인가요? 당연히 1번이죠. 2번은 각자가 판단할 일입니다. 날씨의 확률을 사고예상지수로 발표하지는 않습니다. 그래서 사고 예보가 아니라 날씨 예보입니다. 날씨가 안 좋아서 사고가 날 수 있다면 그건 사고수라고 말하면 안되겠죠. 말 그대로 날씨 예보라고 해야 합니다. 이런 것들이 통계라면 어떤 상황이 몇 %의 확률로 펼쳐져 왔다고 수치가 제시되어야 합니다. 통계라고 말할 수 있는 조건을 충족하지 못하는 것들에 통계라는 단어를 붙여 과학적인 척하는 것들에 현혹되면 안 됩니다. 어떤 이유로 사고가 나는지 그 근거가 제시되고 근거별로 발생확률이 나오지 못하는 것들은 통계가 아닙니다. 사고수가 일기예보와 같아지려면 사고라는 말 이전에 어떤 부분이 취약해지는 기간이라고 예보되어야 합니다. 그런데 그럴 수 없죠. 확실한 근거나 통계적인 수치를 제시하면 불안한 사람들이 귀 기울이지 않으니까요. 제시할 수 없는지도 모르지만 제시해서도 안 됩니다. 근거는 막연하고 결과가 충격적일 때 더 공포를 자극할 수 있기 때문입니다. 사고수는 듣는 사람이 3번에 가깝게 생각하도록 만들 때 더 강력한 효과를 발휘합니다.

그런데 사고수 같은 것들이 심리적으로 주는 효용이 있긴 합니다. 사고수를 알면 평소 사고가 날까 봐 불안해하는 마음이 줄어들겠죠. 사고수가 있는 날만 조심하면 된다고 생각할 수 있어서 불필요한 걱정을 안 해도 될 겁니다. 이런 면에서는 불안이 크고 이성의 힘이 약한 사람들에게 도움이 되는 것도 사실입니다. 자신의 의지로 미래에 대한 걱정이나 평소 불필요한 불안을 이겨낼 수 없다면, 권위 있는 사람이 말하는 사고수 있는 날만 조심하면 된다고 생각하게 만들어줄 테니까요.

미래가 불안하고 현상에 대한 이해가 부족할 수밖에 없었던 시대의 사람들에게는 필요한 조언이었을 수도 있습니다. 하지만 이런 것에 쉽게 믿음을 가지는 이들은 타인의 통제로 들어가기도 쉽습니다. 이성의 힘이 약하고 스스로 선택하고 결정 내리는 것을 불안해하기 때문입니다. 항상 누군가 자기 삶의 중요한 선택을 대신해주길 기다리고 있는 것이나 마찬가지입니다. 그래서 이들은 사소한 결정이나 선택에 더 집중하고 신경씁니다. 이 사람들은 선택할 수 있는 자유가 있어서 불안합니다. 콜드리딩은 그 불안을 해소해주는 방식으로 상대를 공략하기도 합니다.

마지막으로, 인간에게는 또 하나의 중요한 특성이 있습니다. 모든 인간은 원래 양면성을 가지고 있다는 것입니다.

예를 들어, 휴식을 좋아하는 사람과 놀이를 좋아하는 사람이 따로 있는 것이 아닙니다. 그냥 적절한 균형이 필요한 것이죠. 그 균형을 맞추는 정도의 차이가 있는 것이지 한쪽의 특성만 갖는 사람은 거의 없습니다. 안정감을 원하다가도 안정적인 상황만 가득하면 스펙타클하고 도전적인 무언가를 바라게 되죠. 그래서 여행이 즐거운 건지도 모르겠습니다. 대부분의 보편적인 인간은 우울한 면도 있고 즐거움을 좇는 면도 있습니다. 사람이 많은 것을 좋아하면서도 적은 것을 좋아하기도 하죠. 나만 특별한 존재가 되고 싶으면서 남들과 비슷하고 싶어 합니다. 그렇게 원래 다양한 요소들이 모여 균형을 이루고 있는 것이죠.

특히나 현대인들은 다양한 역할을 수행하면서 살아가기 때문에 더더욱 다양한 면을 가질 수밖에 없습니다. 예를 들어, 회사원인 나는 엄격하더라도 부모로서의 나는 인자할 수 있고, 친구로서의 나는 밝고 다정한데 애인으로서 나는 좀 더 예민하고 의존하려는 성향이 있을 수도 있습니다. 더구나 역할마다 공통적으로 겪게 되는 감정이나 상황이 있습니다. 나만 겪는 것 같지만 누구나 한 번쯤 거치는 일일 수도 있고 비슷하게 품고 있는 감정일 수도 있습니다.

이런 특성을 통해 누구에게나 그 사람 한 명을 위한 특별한 메시지를 준비한 것처럼 느끼게 해줄 수 있죠. 보편적인 이야기인데도 상대는 자신을 읽고 말하고 있다고 느끼게 되는 것이죠. 콜드리딩의 핵심입니다.

이를 뒷받침하는 효과가 있습니다. 워낙 유명한 것이기 때문에 간단히만 소개하겠습니다.

심리학자 버트럼 포러(Bertram Forer)가 발견한 '포러 효과(Forer effect)'입니다. 인간의 보편적 특성에 기반한 일반적이고 모호한 정보를 주면, 사람들은 자신의 특별한 이야기로 받아들인다는 것입니다. 그런데 보통 '바넘 효과(Barnum effect)'로 더 널리 알려져 있죠. 바넘(P. T. Barnum)은 조작으로 유명했던 서커스 단장이었습니다. 바넘에게는 이런 캐치프레이즈가 있었습니다.

"We've got something for everyone. (우리는 모든 사람을 위한 무언가가 있습니다.)"

인간의 보편적 특성을 이용해 개별화된 만족감을 줄 수 있다는 의미가 포러 효과를 잘 설명해주고 있습니다.

여기까지 콜드리딩을 썼을 때 상대가 믿게 될 가능성이 큰 심리적 이유에 대해 알아봤습니다. 이어서 바넘 효과가 적용된 문장들에 대한 예시 등, 단계별 활용 방법에 대해 자세히 알려드리겠습니다.

| Summary |

● 콜드리딩을 알아야 하는 세 가지 이유
    (1) 콜드리딩을 통해 상대에게 신뢰를 얻을 수 있음.
    (2) 상대가 원하는 것을 파악하고 관계를 더 강화하기 위함.
    (3) 악의적인 목적으로 콜드리딩을 사용하는 이들의 시도를 무력화하기 위함.

● 콜드리딩을 안전하게 만들어주는 인간의 심리들
    (1) 확증편향 : 믿고 싶은 것을 믿는 심리
    (2) 기억하고 싶은 것을 기억하는 심리
    (3) 양면성 : 보편적인 정보를 개별화된 정보로 인식하는 심리

4-2
단계별 콜드리딩 익히기

이제 본격적으로 단계별로 방법을 배워볼 차례입니다.

■— 1단계. 라포 형성 단계

이제 라포 형성에 대해서는 자세히 말씀드리지 않아도 되겠죠? 그래도 하나만 더 짚고 넘어가겠습니다.

사람들은 자신이 다 드러나는 것을 원하지 않으면서도, 누군가는 나보다 나 자신을 더 잘 알고 내게 알려주길 바라는 마음이 있습니다. 아무나 알아주는 것보다는 권위가 있거나 신뢰가 가는 사람이 자신을 알아주길 원하죠. 그래서 라포는 미리 마련해 둘 수 있는 안전장치인 것입니다. 친근한 라포가 쌓인 사람이 농담을 하면 더 웃기죠. 내 농담에 웃어줬던 사람이 농담을 하면 더 웃어주고 싶고요. 웃어주다 보면 더 웃기게 느껴지기 쉽습니다. 평소에 다른 사람의 농담이나 말에 별다른 반응을 해주지 않다가 내 말에 좋은 반응을 바라기는 좀 어렵겠죠.

인간관계를 잘 맺는 사람들은 단순히 재미있고 말을 잘해주는 사람이 아닙니다. 좋은 라포를 많이 쌓는 사람이죠. 마찬가지로 내가 좋아하거나 인정하고 신뢰하는 사람이 조금 틀린 말을 해도 그 사람의 말이 맞다고 생각하고 싶어집니다. 맞는 부분을 더 기억해주고 자신을 알아주기를 바라게 됩니다. 즉, 라포가 형성되어 있으면, 상대는 내 말이 맞기를 바라고 그쪽으로 생각하려 애씁니다.

그러면 콜드리딩을 시작할 때 상대에게서 얻어야 하는 중요한 것이 무엇일까요? 두 가지입니다.

하나는 상대가 자신을 드러내고 싶어 할 정도로 느껴지는 특별한 '친밀감'입니다. 이것은 일상적인 관계에서 친한 것과는 다릅니다. 예를 들어, SNS로 항상 보던 유튜버 같은 인플루언서는 친한 사이는 아니지만 친밀하게 느껴지죠. 점성술가를 선택하고 그에게 어떤 질문을 던지려고 하는 사람들은 일단 친밀감이 있다고 볼 수 있죠. 최소한 점성술 자체에 대한 친밀감이 있습니다. 개인적으로 모르는 사이라 할지라도요.

다른 하나는 마치 모든 것을 아는 것 같은 '권위'입니다. 그래서 나의 말을 믿고 싶게 만들어야 하죠. 결국 넓은 의미의 라포 형성이 필요한 것입니다. 이 권위는 어떤 경력이나 자격이 있는 것 외에도, 그저 권위가 있어 보이는 것으로도 비슷한 효과를 볼 수 있습니다. 오히려 보여지는 쪽의 효과가 더 강력할 때도 많습니다. 예를 들어, 초라한 옷을 입고 말을 더듬는 박사보다 깔끔한 정장을 입고 어려운 단어를 써 가며 쉬지 않고 말하는 비전문가가 더 권위 있다는 첫인상을 주죠. 그리고 그 첫인상은 확증편향을 만들며 그의 권위가 더 커지게 됩니다. 제가 고등학교 때 손금을 보던 방이 두 개의 촛불로 적당한 어둠을 유지하고 있었던 것도 같은 이유였을 겁니다.

사람들은 스스로 생각하고 싶어 하고 자유를 사랑합니다. 하지만 정말 그럴까요? 니체와 함께 대표적인 실존주의 철학자 쇠렌 키에르케고르(Søren Kierkegaard)는 자유를 절벽에 선 현기증에 비유했습니다. 그만큼 완벽한 자유는 모든 선택의 가능성이 열려 있고 짜릿하지만, 누구에게도 선택을 맡길 수 없고 온전히 책임져야 하는 불안이 있다고 한 것이죠. 그 절벽에서 뛰어내리는 선택처럼 위험을 감수하고 결과에 책임지는 선택이 온전한 자신의 자유를 보장한다고 말이죠. 그래서 사람들은 자유롭고 싶으면서도 자신의 자유를 누군가에게 맡기고 싶어 하는 심리가 있습니다. (그래서 이후 소개할 최면 기술이 권위를 확보하는 것으로 강력한 효과를 발휘하는 것입니다. 상대의 생각에 과부하를 걸어 생각할 에너지를 소진시켜버리거나 생각의 자유를 누릴 권리를 이양받습니다.) 자신을 스스로 규정하고 정해지지 않은 미래를 탐험하고 싶으면서도 누군가 결정된 미래를 얘기해주길 바라죠. 권위가 있는 누군가가 그렇게 해준다면 사람들은 기꺼이 협조할 겁니다. 자신의 자유의지를 내려놓고 그가 결정해준 길을 믿으면서 말이죠. 스스로 선택하지 않아도 되고 생각하지 않아도 가장 옳은 길일 것으로 생각할 수 있으니까요.

그러면 우리가 이런 것들을 일상에서 얻으려면 어떻게 해야 할까요? 항상 촛불 켜진 방으로 초대할 수는 없잖아요. 그리고 상대가 점성술가를 찾듯 제 발로 찾아온 것이 아닐 수도 있고요. 이때는 콜드리딩에 맞는 첫인상을 주면 됩니다.

앞서 배운 라포의 기술들을 다시 떠올려보세요. 단호하고 자신감 있는 말투, 단정하고 열린 자세, 맥락에 맞는 차분한 미소와 자신감 있게 시선을 잘 마주치는 것은 언제나 신뢰를 부르는 힘이 됩니다. 상대가 하는 말에 자주 고개를 끄덕이며 반응을 해주는 것 같은 차분하고 호의적인 태도를 보여야 합니다. 거기에 더해 깔끔하고 신뢰가 가는 옷차림이나 치장을 하는 것도 큰 도움이 되겠죠. 친절하면서도 단호한 태도를 보이는 것이 좋습니다. 물론 강하거나 사나워 보일 필요는 없습니다. 오히려 자신을 낮춰도 됩니다. 칭찬과 배려를 통해 상대가 더 자신을 드러내도록 만들어야 합니다. 물론 하려는 말에 있어서는 확신을 두고 해야 합니다. 그래야 신뢰가 생길 테니까요. 무조건 상대 말이 맞는다는 전략은 안 되지만, 상대가 충분히 말하도록 유도하면서 상대가 대화의 쾌감을 느끼고 친밀감을 높이는 것은 매우 좋습니다. 상대의 깊은 이야기를 들을 수 있으면 나중에 그것을 정보로 활용하고 다른 정보들과 조합해 새로운 예측이나 더 깊은 이야기를 들려줄 수도 있습니다. 결국 친밀감, 자신감을 보이는 것이 중요합니다.

그럼, 처음 라포를 형성하는 사례들을 좀 보겠습니다. 암시를 담아 자신감을 표현하는 것인데, 어디서 많이 봤죠. 프로파일러의 기술에서 상대의 생각을 프레임 안으로 넣는 것입니다. 이런 문장이 있을 수 있겠죠.

"저는 보이는 것을 얘기해줄 뿐입니다. 누구나 노력하면 알 수 있지만 저는 좀 더 선명하게 볼 수 있는 힘이 길러졌어요. 덕분에 앞날이 불투명한 사람들이 삶의 길을 찾고 싶어 할 때 많이 찾아오더군요."

무슨 암시가 들어있나요?

'내 직관력이 대단해. 나는 이미 많은 사람들에게 예측을 해준 검증된 사람이야.'

자기 직관력과 예측력이 뛰어남을 암시하며 신뢰를 주고 있습니다. 그리고 '보이는 것을 이야기할 뿐'이라는 것으로 마치 사실을 전달하는 것처럼 말을 시작해서 반박할 여지가 줄어들었습니다. 처음 말에 수긍하면 뒷말에도 반박할 생각이 줄어들게 됩니다. 일상적으로 바꿔 쓴다면 다음과 같이 수정해볼 수도 있겠죠.

→ "나는 네가 원한다면 경험을 들려줄 뿐이지. 누구나 겪을 수 있는 일들일지 모르지만 나는 나대로 그것들을 통해 배운 게 있으니까. 그런 덕분인지 종종 조언을 얻으려고 오는 사람들이 있더라고."

그럼 다른 예시를 또 보죠.

"제가 해드릴 수 있는 건, 보고 싶은 것을 보도록 함께 찾아드리는 것뿐이죠."

이 말은 겸손한 표현 같지만, 상대가 직접 선택했다는 것을 암시하면서 반박할 여지를 줄입니다. 그리고 도움을 주는 존재라는 것을 강조하고 있죠. 그리고 보고 싶어 한다면 볼 수 있으니 보고 싶어 하라는 암시가 있습니다. 이는 뒤에서 다룰 최면의 전제와도 같습니다. 일상적인 언어로 바꾸어볼까요?

→ "나야 네가 하려는 걸 더 잘되게 도우려는 데 최선을 다할 뿐이지."

또 하나 더 볼까요?

"제가 모든것을 꿰뚫어 본다고까지 말씀드릴 수는 없죠. 다만 함께 대화하면서 원하는 것을 얻을 수 있도록 조언드릴 수는 있죠. 막혀 있는 어떤 것이 뚫리는 데 도움이 되실 겁니다."

여기에는 최면가의 기술이 들어 있습니다. "제가 모든것을 꿰뚫어 본다."라는 문장으로 시작하면서 그 말이 암시로 작용할 수 있게 살짝 강조해서 말하는 것이죠. 여기서 상대에게 하고 싶은 말은 결국 내가 모든 것을 꿰뚫어 본다는 것입니다. 그것을 마치 그렇게까지는 아니라는 식으로 포장했죠. 그다음으로 원하는 것을 얻도록 돕는다고 말해 두었죠. 이로써 상대는 이미 자신을 꿰뚫어 보고 있으며 최면가는 자신이 원하고 필요한 얘기를 들려준다고 기대하게 됩니다. 착각이죠. 그리고 마지막에 막혀 있는 어떤 것이라는 추상적인 표현을 쓰면서 상대는 자신의 문제에 맞춰 해석하도록 했습니다.

자, 이제 그럼 다음 단계로 넘어가보겠습니다.

■― 2단계. 주제 좁히기 단계

주제 좁히기를 알려드리기 위해서 제가 과거 손금으로 유명해질 수 있었던 비결을 알려드려야겠군요. 저는 처음에 꼭 했던 질문이 있습니다. 카테고리를 주고 선택하도록 만듭니다. 이렇게 물어보는 겁니다.

> "많은 것을 봐 드릴 수도 있지만 가장 궁금해하시는 것에 더 집중해서 알려드리려고 하는데, 혹시 연애 등 사랑, 건강, 돈, 마지막으로 직업 등 사회적 성공 중에서 지금 어떤 것이 가장 궁금하세요? 그것에 대해 더 먼저 상세하게 알려드릴게요."

이 질문에 대한 대답까지 들으면 이미 많은 정보가 수집되는 겁니다. 성별과 나이대는 이미 알고 있고 부가적으로 상대의 소품이나 표정, 태도 등도 수집되었을 것입니다. 상대가 고르는 관심이 있는 카테고리뿐 아니라 카테고리를 고를 때 망설이는 정도와 고르는 태도까지 볼 수 있습니다.

이런 것들을 통해 상대가 어떤 확실한 고민이 있는지, 많은 망설임이 있는지, 그 성별과 나이대에 맞는 고민을 하고 있는지, 좀 특별한 고민을 하고 있는지 유추할 수 있죠. 이런 것들을 통해 해줄 말을 골라낼 수 있습니다. 새로운 말을 해준다기보다는 기존에 있던 손금 풀이 중에 상대에게 적절한 것을 선택해 들려주는 것이죠. 그래서 이렇게 카테고리를 좁히면 '이 사람이 저쪽에서, 이런 유형의 사람이 저런 고민을 저런 식으로 하고 있구나.'를 알게 되고, '이 사람은 어느 카테고리에 들어가는 어떤 유형의 사람이겠구나.'까지 알 수 있는 것입니다. 나머지 정보는 이것을 토대로 이야기를 풀어나가면서 서서히 수집하면 되죠.

예를 들어, 전역을 앞둔 병사라면 보통 돈이나 직업을 많이 고릅니다. 전역하고 앞날이 불투명하기 때문이죠. 그런데 뜬금없이 건강을 먼저 골랐다면 어떨까요? 그러면 둘 중 하나죠. 지금 몸이 어디가 안 좋거나 아니면 부모님이나 가까운 사람 중에 아픈 사람이 있거나 그런 가능성이 있는 거죠. 이런 식으로 조금씩 가설을 세우고 예측을 해 두는 겁니다. 가능성을 만들어놓는 거죠. 그리고 그런 가설로 파고드는 거예요.

다른 예로 어떤 젊은이가 연애를 골랐다면 어떨까요? 애인이 있어서 힘들거나 애인이 없어서 힘든 상황이겠죠. 이럴 때는 일단 가설만 세워 두고 상대의 반응을 이끌어낼 수 있는 질문을 던져보는 겁니다.

"사랑 때문에 스스로는 힘든 순간을 지났다고 생각되겠지만 아직 더 단단해져야 할 일이 있겠는데요?"

이러면 그 힘든 순간에 관한 이야기를 스스로 할 수도 있겠죠. 스스로 그렇게 느낄 수 있다고 말했으니 그냥 지나갔다고 해도 별문제가 안 됩니다. 연애를 해보지 않았다고 해도 그것이 힘든 순간일 수 있으니 괜찮죠.

"사랑에 대한 목마름이 있네요. 이게 사람으로 채워질지 모르겠는데……."

인간은 원래 외롭죠. 그런 부분을 공략한 문장입니다. 상대가 연인이 있다고 해도 통용될 수 있는 문장이죠. 이렇게 대상의 정보를 토대로 알맞은 카테고리를 찾은 다음에 포괄적인 내용을 언급하면서 상대가 구체적인 정보를 제공하게 만드는 기술을 '스톡스필(Stock Spiel)'이라고 합니다. 범위 좁히기 단계에서 카테고리를 좁히는 것과 함께 쓰기 좋은 기술이죠. 상대가 일정한 패턴을 보이도록 만드는 효과도 있습니다.

만약 나이가 많은 사람이 연애를 골랐다면 어떨까요? 이때는 고를 때 단어도 잘 들어 둬야 합니다. "연애요."와 "사랑이요."라고 말하는 것에 따라 부부간 문제일지 연인에 대한 문제일지 유추할 수 있습니다. 이때는 이런 질문으로 좀 더 구체적인 이야기를 끌어낼 수도 있죠.

> "사람이 곁에 있어도 외로운 순간들이 많군요. 왜 이런 외로움이 주변을 맴돌고 있는 거죠? 그 이유를 스스로 알고 있나요?"

이런 식의 질문으로 마치 외로운 이유를 알고 있지만 확인하려는 인상을 주며 더 많은 정보를 얻어낼 수 있습니다.

이와 함께 쓸 수 있는 기술 중에 '줌 인-줌 아웃(Zoom In-Zoom Out)'이라는 것이 있습니다.

카테고리를 정하고 상대가 정보를 제공하게 만드는 과정에서 상대 반응에 따라 포커스를 두는 곳을 좁혔다 넓혔다 하는 것이죠. 상대 모르게 진행하는 일종의 스무고개입니다.

예를 들어, 콜드리더는 "사는 곳이 어디세요?"라고 묻지 않고 이미 나온 정보들을 잘 조합해 다음처럼 예측합니다.

"사는 곳이 도심 혹은 서울과 가까운 곳이군요."

상대의 연령대와 고민 유형 말투나 제스처, 의상 등으로 이동 수단과 도시에 사는 것까지 유추했다면 일단 도시로 줌 인하고 가장 확률이 높은 서울로 더 좁혀서 접근하는 것이죠. 그런데 상대의 반응을 보면서 '서울과 가까운'이라는 말로 서울에서 살짝 줌 아웃하는 겁니다. 그런데 여기서 상대가 부산이라고 하면 어떨까요? 부산은 서울과 지리적으로는 멀지만, 환경적으로는 가까운 곳이라고 표현하면서 말을 이어갈 수 있겠죠. 좀 더 특별한 예측도 할 수 있습니다.

"사는 곳이 도심이지만 뭔가 남들과 다른 이유로 결정된 곳이군요."

사람들은 누구나 자신만의 이유가 있습니다. 그리고 자신은 특별하다고 생각하죠. 자기 또래는 부모님 집에서 사는데 자신만 혼자 사는 것 같다거나, 반대로 나만 부모님과 사는 것 같다고 생각합니다. 동네의 차분한 분위기가 좋았다거나 예전 추억이 있는 등의 이유가 있기도 하죠. 그리고 상대의 패션과 태도 등을 고려해 평범해지고 싶지 않은 사람이라는 판단일 때 더 적중률 높은 예측이 될 수 있습니다.

앞의 사랑에 대한 목마름으로 말했던 '스톡스필'에 '줌 인-줌 아웃' 기법을 얹으면 이렇게 할 수도 있습니다.

> "뭔가 목마름이 있네요. 이게 사람으로 채워질지 모르겠는데……, 이게 육체적인 고통으로 나타나기도 하니까요. 어쩌면 과거 어떤 사람에 대한 기억. 그게 지금 아픔일 수 있겠죠."

목마름이라는 단어를 시작으로 과거 기억으로 줌 인했다가 아픔으로 줌 아웃하면서 상대의 반응을 이끌어낼 수 있습니다.

다른 예시를 좀 더 보겠습니다. '스톡스필'과 '줌 인-줌 아웃'이 모두 쓰인 문장입니다.

> "당신은 지금보다 좀 더 자유롭고 창의적인 일을 원하고 있군

요. 그것이 꼭 예술 계통의 일이라고까진 할 수 없지만…….''

이 말은 어떤가요? 상대의 고민 카테고리가 직업으로 한정되었을 때 더 구체적인 정보를 얻어낼 수 있는 말입니다. 이 말은 다양한 상황에 처한 사람이 딱 자신에게 맞는 이야기라고 생각하게 될 수 있습니다.

예를 들어, 지금 답답하고 지루한 일상을 반복하고 있어서 새로운 일을 찾고 싶은 경우가 있겠죠. 하지만 직업을 가진 사람 대부분은 이런 느낌을 갖고 지냅니다. 아니면 자신의 존재가 부족하게 느껴져서 뭔가 더 의미 있는 일을 하고 싶거나 자신이 시키는 일만 하는 존재인가 하는 걱정이 있을 때도 딱 맞는 이야기처럼 들리겠죠.

아예 반대로, 현재 일을 구하고 있는 상황이라면 어떨까요? 지금 일이 없어도 구직을 하고 있을 테니 더 자유롭고 창의적인 일을 하고 싶다는 생각을 하고 있겠죠. 만약 예술 계통 일을 원한다면 계통이 중요한 것이 아니라 일의 창의성을 중요하게 생각하는 것으로 이야기할 수 있을 겁니다. 반대로 예술 계통을 원하지 않는다 해도 예측이 틀렸다고 느끼지는 않을 것입니다. 그렇다고까지 할 순 없다고 말했으니까요. 이런 언급을 하기 전에 상대의 의상이나 헤어스타일을 통해 현재 하고 있는 일을 유추해 두었다면, 상대가 이 말을 정확한 예측으로 느끼게 될 확률을 더 높일 수 있겠죠.

예를 들어, 이미 확보한 정보가 있다면 "왼손에 흉터가 있는 것 같습니다."와 같이 줌 인된 내용으로 문장을 시작할 수도 있을 테고, 만약 그것이 확실하지 않다면 "아직 지워지지 않은 큰 상처가 있군요. 그게 새겨진 곳은 다른 사람 눈에는 보이지 않지만, 자신은 언제든 느낄 수 있군요."라고 말하며 상대의 반응을 이끌어낼 수도 있습니다. 저것은 그냥 과거 기억을 이야기하는 것일 수도 있고, 실제 몸에 난 흉터를 표현하는 말이 될 수도 있습니다.

> "이 상처는 삶에서 새로운 일을 겪으며 자신을 더 단단하게 만든 결과이지만 아팠던 기억으로 남아 있군요."

이런 말을 추가해서 신뢰를 더 높이는 것도 가능합니다. 개인적 경험으로 줌 인하고 아팠던 기억처럼 보편적인 말로 줌 아웃한 것입니다.

여기에서 그 상처에 관해 이야기해 달라고 말하며 상대가 구체적으로 상처를 얘기하도록 직접 부탁할 수도 있습니다. 실제로 상대가 상처를 정의하고 그에 관한 이야기를 다 하게 되어도 마치 콜드리더가 미리 그 상처를 알고 있었던 것 같은 인상을 주게 됩니다.

줌 인 - 줌 아웃의 포인트는 개인의 특별함과 일반화를 오고 가면서 균형을 맞추는 것입니다. 여기에는 상대의 반응을 잘 살피는 것이 중요합니다. 일반적인 이야기를 할 때 상대가 자신의 이야기를 흘리고 그것을 조합해 특별한 이야기를 들려줍니다. 특별한 이야기를 중의적으로 언급하고 반응을 보면서 의미를 좁혀 더 특별하게 만들거나 다시 일반적인 이야기로 넓혀 갑니다. 상대의 반응이라는 파도를 타는 것처럼 말입니다.

카테고리를 좁혀 가면서 줌 인으로 특별함을 찾고, 스톡스필로 상대의 정보를 이끌어내고, 그것으로 줌 인을 할지 줌 아웃을 할지 결정하는 것입니다. 이는 지도에서 어떤 특정한 위치를 찾을 때와 비슷합니다. 줌 인하면서 지도를 세밀하게 보았다가 아닌 것 같으면 줌 아웃해서 좀 넓은 지역을 보고, 그 안에 원하는 목적지가 있으면 아까 줌 인한 것을 살짝 보정해서 다시 줌 인하고, 이런 식으로 반복하면서 세밀한 목적지가 드러나도록 만드는 작업과 유사하죠.

그럼, 예시를 더 보겠습니다. 먼저, 예전부터 유명한 문장을 예로 들면, 물에 관한 예측이나 예언 같은 것들이 있죠.

"물 근처에 가지 마. 물 때문에 큰일 날 수 있어. 과거에도 물이 안 좋은 영향을 미쳤다니까."

이 말을 들으면 듣는 사람이 물의 범위를 강이나 호수처럼 좁혀 생각할 수도 있고, 과거의 영향은 강남역처럼 지역명을 가리키는 것으로 넓혀서 받아들일 수도 있겠죠. 심지어 물과 관련된 한자가 들어가는 사람 이름이나 비나 눈이 오는 날씨까지도 연결 지을 수 있습니다. 그리고 과거에 자기 경험과 엮어 기억을 떠올리면서 스스로 신뢰를 높여 가게 됩니다.

다음 단계로 넘어가기 전에 좀 더 많은 예를 보여드리겠습니다. 점성가들이 주로 쓰는 문장들이지만 응용하면 일반상황에서도 활용할 수 있을 것입니다.

"왜 이렇게 숫자 2가 반복해서 보이는 것 같을까요? 혹시 당신에게 숫자 2는 어떤 의미가 있나요? (반응을 살피면서 숫자 2 자체를 떠올리지 못한다면) 이건 선택의 갈림길을 의미하는 것일 수도 있고 두 개의 큰 장애물을 나타내는 것일 수도 있습니다."

"과거에 당신과 알던 사람이 당신과 소통하고 싶어 하고 있네요. 제법 가까웠지만, 부정적인 감정도 섞여 있군요. (주어가 명확하지 않게) 주변에 해결되지 않은 많은 감정이 있고요. 당신에게는 어떤 의미가 있는 마무리가 필요한 것 같아 보여요. (주어 생략하고) 손을 내밀고 싶어 합니다. 가족? (반응을 빠르게 살피고) 만큼이나 자주 만났던 적도 있는 그런 관계의 사람일 수 있겠네요."

"당신에겐 파란색이 느껴지는군요. 파란색은 여러 가지 의미를 담고 있을 수 있습니다. 보통은 슬픔이나 외로움, 아니면 차가운 것 혹은 물에 대한 이미지를 담고 있기도 하죠. 이 색은 당신에게 특별한 의미가 있거나 감정적으로 강하게 연결된 특정한 장소와 연관된 것일 수도 있는 것처럼 느껴집니다. 당신에게 보이는 이 파란색은 어떤 의미인가요?"

"최근 혼자 서 있는 형상이 보이는군요. 어쩌면 강한 책임감이나 의무감을 느끼고 계신 것일지도 모르죠. 회사에서 자신이 나서서 책임져야 한다고 느끼는 특정 상황과 관련이 있는 것 같습니다. 어쩌면 거기서 느끼는 고립감이나 외로움과 연관이 있는 것일지도 모르겠네요. 특히 최근 외부적으로 단절된? 어쩌면 단절되고 싶은? 그걸 바라면서도 바라지 않는 그런 마음이 들 수도 있겠군요."

"길을 잃었던 중요한 기억이 있군요. 눈앞에 목적지가 사라지고 어디로 가야 할지 확신을 갖지 못하는 순간이 있었네요. 길은 찾으셨나요?"

실제로 길을 잃었던 어린 시절의 기억이나 방황했던 순간, 선택이 어려웠던 순간들까지 떠올리게 할 것입니다.

"지금 삶에 안개가 껴 있군요. 그 안개는 어떻게 해야 할지 생각하지 못하게 만들고 불확실함을 계속 느끼게 만들죠. 지금 길이 맞는지 내 곁에 있는 사람이 어떤 사람인지 모르게 만들기도 하죠. 어떤가요?"

"지금 당신에게 큰 영향을 미친 존재에 대한 감각이 느껴지네요. 3이라는 숫자와 함께요. 강하게 영향을 미친 존재들. 지금 당신에게 영향을 끼친 사람들과 3은 어떤 관계가 있나요?"

"과거의 관계에서 아직 해결되지 않은 감정이 많이 떠오릅니다. 다음으로 넘어가기 전에 해결해야 할 일이 있네요. 그게 지금 당신 마음에 망설임을 만들고 있어요. 해결되지 않은 감정은 지금 떠오른 그 생각과 연결되어 있겠네요. 들려줄 수 있나요?"

"일할 때 불안과 스트레스가 점차 더 쌓여 가고 있는 것이 느껴지는군요. 그런데 그것을 피하거나 돌아가려고 하진 않고 있네요. 한걸음 물러서서 바라보아야 할 시점 같은데……, 혹시 지금 당신을 많이 걱정하게 만드는 것에 대해 이야기를 들려줄 수 있나요?"

위의 사례들을 보면 일반적인 설명과 유도 질문을 섞어서 사용하고 있음을 알 수 있습니다.

일반적인 설명은 요즘 스트레스를 많이 받은 것 같다거나 삶에 상처가 있다는 식으로 많은 사람들에게 적용될 수 있는 공통적인 것입니다. 앞서 보았던 포러 효과(바넘 효과)를 이용한 것이기도 합니다. 최대한 모호하고 보편적인 내용으로 구성하는 것이 좋습니다. 이 과정에서 상대의 신체 언어, 표정 및 언어 신호에 주의를 기울이면서 상대의 반응을 관찰해야 합니다. 이 정보를 사용해 후속 내용을 조정하고 예측하고 있다는 환상을 끌어낼 수 있습니다. 상대가 그런 환상을 가진 후 유도 질문을 합니다. 이미 예측했다는 환상이 있기 때문에 질문을 그냥 확인 정도로 이해하게 되죠. 실제로 콜드리더는 모르는 것을 질문했던 것뿐인데 말이죠. 그 질문에 자세히 답하는 사람은 자신이 꿰뚫려 보였다고 착각하고 콜드리더는 그제야 실제 정보를 얻게 되는 것입니다. 마치 계획서만으로 일단 투자받고 그 돈으로 사업을 시작하는 것 같군요.

위의 사례들을 일상에서도 적용할 수 있게 만들어보았습니다. 아이디어를 얻으시고 각자 자신의 상황에 맞는 문장들을 더 만들어보시기 바랍니다. 그리고 이런 활용들은 앞에서 배운 상담이나 프로파일링과도 접목해서 쓸 수 있습니다.

"그러고 보니 여기 카페도 이름에 2가 들어가네? 저번에 만났던 곳도 그랬는데, 그게 우리 둘에게 어떤 의미가 있는 건가?"

꼭 의미를 찾을 필요는 없습니다. 의미가 있는 것 같은 인상을 주는 것으로 충분합니다. 아니면 대화 소재를 얻는 것만으로도 잃을 것은 없죠. 상대가 정말 우리로 묶인 어떤 의미를 찾는다면 큰 효과가 있는 것이고요.

"요즘 뭔가 할 말이 있는 건지, 생각이 많은 건지, 이야기를 하고 싶은 것이 있다고 느껴질 때가 있어. 꼭 지금이 아니어도 혹시 들려주고 싶은 이야기가 있다면 언제든 해줘."

"요즘 좀 힘들지? 혼자 해내느라 고생 많은 것 같은데. 어때?"

이 질문은 특정하거나 구체적인 정보를 포함하고 있지 않습니다. 그래서 듣는 이가 자기 환경에 맞춰 해석하고 더 많은 정보를 담아 답변할 수 있게 됩니다. 물론 그렇게 되기 위해서는 이 말 전에 라포가 형성되어 있어야 합니다.

"잘 안 된다는 느낌 받을 때가 있지. 어쩌면 너도 그런 느낌을 받고 있는 건가 하고 생각이 들 때가 있어. 혹시 그런 느낌이 들 때는 어떻게 해? 나에게 해줄 말이 있다면 해줄래?"

상대가 약간 힘든 일이 있다는 직관이 있을 때, 마치 나도 그렇다는 인상을 주고 역으로 상대에게 조언을 해줄 기회를 주는 말입니다. 상대방의 생각이나 감정을 이해하고 있음을 암시하고 상대가 원한다면 더 많은 것이 공유될 수 있습니다.

■─ 3단계. 믿음을 얻는 단계

거의 첫인상이 생기는 시점과 함께 이뤄지는 첫 믿음은 라포 형성 단계에서 시작됩니다. '이 사람은 뭔가 다르구나.'라거나 '뭔가 알 수도 있는 사람이구나.'라는 느낌의 믿음이었죠.

이번에는 더 구체적인 믿음을 얻는 단계입니다. '이 사람이 정말 나에 대해 속속들이 알고 있구나.'라는 식의 믿음을 만드는 겁니다. 이는 앞의 범위 좁히기 단계에서도 어느 정도 함께 이뤄지는 작업입니다.

특히 줌 인-줌 아웃 기법은 상대의 정보를 얻어내는 데에 활용되기도 하지만 믿음을 주는 데에 사용할 수도 있습니다. 한번 믿은 것을 계속 믿고, 인상적인 것 위주로 기억하고, 원래 다양한 면을 가진 인간의 특성을 다시 떠올려보세요. 그 인간의 심리를 이용하는 것입니다.

대표적인 방법 세 가지를 알려드리겠습니다.

① 첫 번째, 일반적인 정보를 이용하는 것입니다.

보편적인 내용을 언어적으로 포장한 후 상대에게 뿌린다고 생각하면 됩니다. 사람은 보편적인 정보라 해도 자신에 대한 설명 같다고 여기면 그것이 자신에게만 적용되는 특별한 말이라고 이해해버립니다.

그럼, 특별한 것 같지만 일반적인 물건이나 경험을 한번 볼까요? 나만의 것 같지만 실제로 사람들 대부분이 거의 가지고 있는 것들입니다.

- 부모가 모르는 일탈의 경험
- 부모에게 충분히 사랑받지 못했던 것 같은 순간의 기억
- 비밀을 공유했지만 배신당했던 기억
- 타이밍을 놓쳐 맺지 못한 사랑의 기억
- 물과 관련된 지역의 경험(이것은 폭넓게 주소명, 건물명까지 합하면 대부분 있습니다.)
- 무릎이나 이마에 난 흉터

이 외에도 정말 많을 겁니다.

이런 것들을 대화에서 어떻게 배치하느냐에 따라 상대의 신뢰가 결정되는 것이죠. '이 사람이 어떻게 나를 이렇게 꿰뚫어 보는 거지?'라고 생각하게 만들 수도 있습니다. 일상적인 대화에서도 이런 일반정보를 소재로 삼으면 쉽게 상대에게 동질감을 주며 대화를 이어 나갈 수 있습니다.

그럼, 이런 단어들로 문장을 만들어보겠습니다.

"당신에게 오래된 몸의 상처에 오래된 기억이 묻어 있네요. 부모님과 연관이 있고. 상처의 기억이네요. 아팠겠어요. 울고 있는 아이에 대해 들려줘요."

"말할 수 없는 비밀이 있군요. 그것을 아는 사람이 배신⋯⋯한 건가요?"

"세상이 아는 것만큼 스스로 좋은 사람은 아니라고 생각하고 있는 것 같군요. 부모님이 모르는 일탈의 경험도 있고. 혹시 좀 더 선명해지도록 들려줄 수 있는 이야기가 있나요?"

"이유를 떠나 뭔가 막혀 있는 그런 재능이 있네요. 그걸 키우고 싶다는 바람도 좀 있고. 힘들게 애써보려 했던 기억이 있나요?"

인간은 누구나 잠재력이 있고 그것을 키우고 싶은 마음은 있습니다. 단지 그것을 풀어서 말했을 뿐입니다. 그래서 자기 내면을 잘 들여다보고 자기 욕망에 대해 깊게 이해하면 콜드리딩에 큰 도움이 될 수 있습니다.

"무언가 도전적으로 시도하려는 바람이 있으시지만, 그 근원에는 삶에 안정이 찾아오길 바라는 깊은 속내가 존재하는군요. 안전하게 살고 있다는 마음도 보여요."

인간은 원래 다양한 것을 추구합니다. 한 가지를 바라지 않습니다. 그래서 중요한 것은 균형입니다. 도전하려는 시도를 꾸준히 해 왔건 하지 않았건 마음 한구석에 어떤 도전에 대한 생각이 전혀 없는 사람은 없습니다. 그리고 안정과 안전은 당연히 대부분의 사람들이 기본적으로 보장되길 바라는 근원적인 욕망입니다.

이런 일반적인 정보들로 마치 상대의 이야기인 것처럼 말하면, 사람들은 그게 자신을 위한 특별하고 딱 들어맞는 말이라고 인식해버립니다. 다음의 문장들을 보면서 나에 대한 설명 같은지 생각해보세요. 이 문장들은 유형별로 첫인상에서 정보를 얻고 난 후 그에 적합한 것으로 선택하면 거의 100% 들어맞는다고 여길 수 있는 문장들입니다. (이미 누구에게나 해당될 수 있다는 걸 알았으니, 혹여 반발심에 나오는 다른 이유를 먼저 찾으려 하고 있을 수도 있겠군요. 마음을 열고 봐주세요.)

"당신은 항상 자신과 주변 환경이 더 좋아지는 방법을 찾아다니는 사람이잖아요. 창의력과 상상력도 있어서 남들과는 다른 관점으로 세상을 보는 힘도 잠재되어 있네요. 삶에는 도전이 있었지만 극복하고 더 강해지는 경험을 했군요. 진정성과 정직함을 중요하게 여길 줄 알고 항상 더 나은 자신이 되려고 애쓰는 사람이네요."

"솔직하신 분이군요. 그런데 가끔은 너무 솔직해서 탈일 때도 있네요. 그러면서도 어떤 특정한 상황이 되면 더 많은 것을 판단하고 제대로 선택하기 위해 애쓰는 신중한 면도 있고요."

"당신은 타인의 감정에 매우 민감한 사람이네요. 원래부터 공감하는 힘과 따뜻한 마음이 있어서 훌륭한 경청자이자 지지하는 친구가 될 수 있는 사람이군요. 그런 관계의 힘은 당신이 겪는 힘든 순간에 힘이 될 수 있을 것 같아요. 항상 세상에 긍정적인 영향력을 미치고 싶은 마음을 가지고 있군요."

"당신은 원래 매우 호기심이 많고 세상에 흥미를 느끼는 사람입니다. 지식에 대한 갈증과 주변 세계를 이해하려는 바람의 흔적이 느껴집니다. 그리고 자신을 보호할 수 있는 회복력을 가지고 있네요. 좌절을 극복하고 장애물을 이겨내려는 노력이 보이네요."

"당신은 완벽하지는 않아도 충분히 인간적인 면을 가졌네요. 스스로 정한 나름의 규칙이 있고 최대한 그에 맞춰 살려고 애를 쓰고 있군요. 좋은 인간관계의 중요성에 대해서도 알고 있고, 특히 신뢰가 얼마나 중요한지 잘 알고 계시는군요."

"당신은 어떤 일을 시작할 때 어려움을 겪기도 하지만 일을 시작하면 완벽하게 해내려고 노력하는 사람이군요. 당신은 전반적으로 신뢰를 줄 수 있는 면을 가진 사람입니다."

어떤가요? 많은 문장들이 자신의 이야기 같지 않았나요? 이 책에서 원리를 모르고 이런 말을 들었다면 용하다고 하지 않았을까요? 정확히 자신을 설명한다고 느껴지는 문장들이 좀 있었지요? 만약 상대의 외적인 정보, 현재 고민을 유추할 수 있도록 카테고리 좁히기가 되어 있다면, 이 중에서 더 적합한 것으로 선택해서 말할 수도 있습니다. 그랬다면 훨씬 더 용해 보였겠죠?

② 두 번째, 대조 정보입니다.
일반 정보는 그냥 보편적인 내용을 주고 상대가 자신만의 특별한 것이라고 여기도록 만들었다면, 대조 정보는 대조적인 두 가지 정보를 한 번에 뿌리는 것입니다. 그러면 상대는 자신에게

적합한 설명과 더 인상 깊은 것을 기억합니다. 두 정보 중 맞는 것 위주로 기억하기 때문에 다 맞는 이야기처럼 느껴지게 됩니다. 말은 글과 달리 휘발성이 있기 때문에 세세하게 확인하기 어렵습니다. 대조 정보는, 글로 보면 찾을 수 있는 모순점을 말로 들으면 거의 알아내기 어렵습니다.

예를 들어, 가장 심플하게 대조 정보를 뿌리면 이렇습니다.

"가족 중에 친한 사람도 있고, 안 친한 사람도 있군요."

그런데 이렇게 대조되는 정보를 단편적으로 쓰면, 상대는 너무 당연한 말을 한다고 생각하겠죠. 따라서 대조되는 정보를 대조되지 않는 것처럼 보이기 위해 형용사 등 수식하는 단어들에 변화를 줘야 합니다. 다음과 같이 말할 수 있습니다.

"가족 중에는 그래도 마음이 통한다는 느낌을 주는 사람도 있고, 좀처럼 이해하기 힘든 면이 있다고 생각되는 사람도 있군요."

어떤가요? 좀 더 자신에게 딱 맞는 문장 같다는 느낌이 들고 의심이 지워지는 것 같지요?

"다른 사람과 있을 때는 주도권을 잡고 싶지만 모임 같은 곳은 좀 지치는군요."

이런 면이 없는 사람은 거의 없죠. 근데 라포가 쌓인 상태에서 상황에 맞는 분위기로 말하면 상대는 신뢰하게 됩니다. 몇 가지 예시 문장을 더 보겠습니다.

"당신은 매우 독립적이고 자립적인 사람입니다. 하지만 주변 사람들과 어울리는 것이 필요하고 그것을 통해 안정감을 얻기도 하죠. 그렇다고 지나치면 안 되는 균형감각을 중요하게 생각하는군요."

"당신은 적응력이 뛰어나고 유연한 면이 있는 사람입니다. 새로운 상황에 적응하고 문제에 대한 창의적인 해결책을 찾는 데 잠재력이 있습니다. 하지만 변화 자체는 당신에게 큰 스트레스를 주는군요."

"당신은 주변 사람들을 편안하게 만드는 타고난 따뜻함과 친절함을 가지고 있습니다. 가끔은 그것이 과해 자신을 힘들게 할 때도 있지만 자신만의 선을 잘 지키며 살아가고 있습니다.

때로는 그 선에 대한 불안이나 걱정, 압박을 받을 때도 있지만 아직까지는 잘 이겨내는 편이군요."

"당신은 매우 자신감 있고 단호한 사람으로 살아가기를 꿈꾸는군요. 존재감과 카리스마를 뽐내고 인간관계의 중심에 서고 싶은 욕망이 보입니다. 하지만 그 그림자에는 누구의 눈에도 띄고 싶지 않고 깊은 관계를 맺기 두려워하는 어둠이 느껴지는군요."

"당신은 매우 자기성찰적이고 사색적인 사람입니다. 당신은 자신의 생각과 감정을 검토하고 경험을 통해 성장하는 경향이 있습니다."

③ 세 번째, 여러 정보를 뿌리는 겁니다.

인간은 원래 다양한 면이 있으면서 보편적인 공통점이 있기 때문에 여러 정보 속에는 자신에게 해당되는 것이 존재하기 마련입니다. 그리고 자기에게 맞는 정보가 등장한 것을 인상적으로 기억하게 됩니다. 그렇게 스스로 믿음을 키워 갑니다.

이는 앞 단계에서 보았던 '줌 인-줌 아웃' 기법과 함께 쓰면 더 효과적입니다. 콜드리딩에 익숙해지면 이런 기법들을 따로

때서 쓰지 않습니다. 자신도 모르게 동시에 쓰게 되는 경우가 많습니다.

그럼, 먼저 짧은 예시를 보시죠.

"올해가 끝날 무렵에 뭔가 변화가 예상되는군요. 그동안 해오던 일과 많이 다른데, 새로운 것에 대한 두려움도 있지만 기대도 있군요. 이걸 몇 월쯤이라고 볼 수 있을까요?"

변화, 새로운 일, 두려움, 기대, 몇 월이라는 정보들이 쭉 나열됩니다. 듣는 사람은 이것을 인상적인 것 위주로 기억하고 재배열합니다. 맞는 이야기만 선별해 기억하고 그에 대해 대답하며 상대가 나를 꿰뚫어 보았다는 환상을 키워 가죠.

"사는 곳은 서울. 근처. 아~주 중심가는 아니긴 하네요."

서울이라고 해놓고 근처라고 했다가 아주 중심가라고 했죠. 서울과 근처 사이에 살짝 퍼즈(pause, 잠시멈춤)를 주고 말해서, 서울이면서 근처가 아주 중심가가 아닌 곳이라고 해도 말이 되고 서울 근처도 말이 되도록 표현할 수 있습니다. 이런 식으로 여러 정보를 한 번에 뿌리면, 보통 듣기에 이 중에 어느 하나가

비슷하게 맞아 들어가게 되어 있습니다.

이번에는 대화를 통해 살펴보겠습니다.

사례①

콜드리더 : "지금 당신에게 많은 다른 것들이 느껴지는군요. 자, 한번 보죠. 먼저 깊은 곳에 상실감이 존재하고 있군요. 최근에 친밀하거나 소중한 무언가를 잃었나요?"

고객 : "네, 얼마 전에 할아버지께서 돌아가셨어요."

콜드리더 : "역시 그렇군요. 저에게도 그 상실감이 전해지네요. 그런데 그 마음의 상실감 가까이에 불안이 놓여 있는데……, 혹시 뭔가에 대해 스트레스를 받고 있나요?"

고객 : "글쎄요, 제 직업이 걱정됩니다. 할아버지가 돌아가시는 것을 보면서 인생에서 하고 싶은 일도 못하고 먹고살려고 하는 일을 계속할 수나 있을는지……."

콜드리더 : "확실히 흔들림이 있군요. 그런데 가지고 계신 불안이 한 가지 색이 아니군요. 그냥 불안과는 좀 다른, 새로운 무언가……."

고객 : "아, 맞아요. 사실 전 사업을 시작하려고 생각하고 있었어요."

콜드리더 : "역시 그렇죠! 새로운 것을 앞둔 불안이어서 그런지

훨씬 밝은색이네요. 주변에선 걱정도 많지만 응원도 있군요. 그래도 주변에 사람을 잘 남긴 편이라 힘이 되어주고 있어요."

(밝고 긍정적인 태도에서 가설을 세워 둠.)

고객 : "맞아요! 제가 딴 건 몰라도 정말 좋은 친한 친구들이 있어요."

콜드리더 : "네. 잘 알고 있어요. 그들의 응원과 걱정 모두 귀 기울여야 해요. 그들은 당신이 성공하는 것을 보고 싶을 테니 당신이 중심을 잘 잡고 나아가야 하죠. 실패를 두려워하진 말아요. 그들이 당신 곁에 있을 테니까요. 그리고 당신은 한층 더 단단해질 겁니다. 당신은 매일 더 단단해지기 위해 애쓰고 있잖아요? 그런 노력도 알고 있어요."

고객 : "그걸 어떻게 아셨죠? 맞아요. 전 요즘 매일 운동하고 명상도 틈틈이 하고 있어요."

콜드리더 : "대단하군요. 꾸준히 해낸다는 건 쉽지 않은 일인데. 당신 내면의 힘과 지혜가 아주 천천히, 하지만 꾸준히 늘어가고 앞으로도 늘 것이라는 게 보여요. 그리고 어떤 예술 같은 것이 보이네요. 창의적인 무언가가……."

고객 : "맞아요. 제 원래 전공이 디자인이었거든요. 그런 것까지 아실 줄은 몰랐어요."

콜드리더 : "에너지를 집중하면 더 아름다운 빛을 낼 수 있는 재

능이네요. 꼭 예술 분야가 아니어도 그 감각이 힘이 되어줄 거예요."

대화하면서 계속 다양하게, 빠르게, 연속적으로 여러 정보를 뿌리면 상대는 계속 자신과 맞는 부분을 취사선택하며 신뢰감을 높이게 됩니다. 다만 일상에서 너무 과도하게 사용하면 오히려 신뢰가 떨어질 수도 있습니다. 일상에서 응용한다면 예측보다는 자연스러운 대화를 통해 친밀감을 높이는 데 활용하는 것이 더 좋을 것입니다.

사례②

콜드리더 : "지금 당신에게 많은 다른 것들이 느껴지는군요. 자, 한번 보죠. 먼저 깊은 곳에 상실감이 존재하고 있군요. 최근에 친밀하거나 소중한 무언가를 잃었나요?"
고객 : "네, 얼마 전에 남자친구와 헤어졌어요."
콜드리더 : "역시 그렇군요. 하지만 그 이별의 고통과 슬픔의 색이 완전히 슬픈 색은 아니네요. 좀 다른 색으로도 칠해지기 시작했어요."
　(새로운 사랑이나 미련에 대한 정보를 얻기 위한 시도를 함)
고객 : "네. 요즘은 그래도 뭐라도 하고 최대한 긍정적인 태도

를 유지하고 내 삶과 미래에 집중하려고 노력하고 있는 상황이에요."

콜드리더 : "대단하군요. 스스로 슬픔에 밝은색을 칠할 수 있다는 건 정말 잘하고 있는 거예요. 그런데 혼자라는 느낌은 좀 더 깊은 곳에 자리를 잡아서 아직 못 칠하고 있는 건가요?"

고객 : "앗, 네. 그 사람과 사귈 때도 외로워서 헤어지자고 했는데 헤어진 후에 더 외로웠어요."

> ('외로워요'가 아닌 '외로웠어요'이기 때문에 현재 무언가 변화가 있을 수 있음.)

콜드리더 : "이해합니다. 하지만 이제 거기에서 벗어나 새롭게 나아가 보려고 하는 도전과 탐험의 감각이 느껴지는데요."

고객 : "맞아요. 실은 제가 여기 온 이유도 그런 거예요. 원래는 집 밖으로 나오는 것도 싫었는데 이제는 뭐라도 해보려고 하고 있어요. 여행을 가든 새로운 뭔가를 해보든, 해보려고요."

콜드리더 : "역시 그렇군요. 아주 멋지네요. 아직은 망설임도 있고 작은 불씨지만 계속 커지고 있고 커질 것이 확실히 느껴져요. 정말 예술적이네요. 당신의 풍부한 감정처럼 말이에요. 당신이 따뜻하고 친절한 사람이라는 것도 느껴집니다. 혼자서라도 어떤 것을 만들어내는 것도 좋아하고 그것이 힘들 때도 있지만 재능이 있는 것 같군요."

('연애에서 외로움을 느꼈다', '힘들 때 혼자 있는 시간을 택했다' 등에서 유추함.)

고객 : "엇, 어떻게 알았죠? 전 글쓰기 좋아해요. 1년 정도 소설을 쓰려고 해본 적도 있고. 나름 즐겁게 창작의 고통을 마주했었죠."

사례③

콜드리더 : "갈림길이 보이는군요. 이건 과거에 존재하던 것인가? 지금도 영향을 미치는? 선택이 어려워서 고민이 되는 마음, 지금 존재하고 있군요. 무언가 답을 내리기가 어려운 상태, 맞나요?"

고객 : "네. 맞아요. 이직을 할지 고민하고 있어요."

콜드리더 : "당신은 항상 당신의 마음을 따르려 하고 가능하면 주변에 피해를 주지 않은 선에서는 언제나 원하는 것을 좇는 사람이 가질 수 있는 열정과 결단력을 내면에 가지고 있네요. 지금은 그게 좀 숨어 있는 것처럼 깊은 곳에 자리잡고 있군요."

고객 : "여기 입사할 때만 해도 정말 열정이 넘치고 집중했었죠. 확실히 요즘은 좀 무기력해요. 예전에 있던 그런 것들이 다 없어진 것 같아요."

콜드리더 : "알고 있어요. 그렇게 느껴질 거라는 거 말이에요. 그

런데 방금 말했듯 지금 깊은 곳에 있을 뿐이에요. 그런 힘은 애초에 없어지는 게 아니에요. 당신이 관계를 맺은 소중한 사람들, 소중하지만 연락이 뜸한 그 사람들과의 관계처럼, 언제든 다시 불러올 수 있는 거예요. 그런 유대감 말이에요."

고객 : "네. 그러고 보니 요즘 친구들과도 연락이 뜸했네요. 그래도 엄청 친한 애들인데."

콜드리더 : "알고 있어요. 당신 주변에 친밀한 사람들의 지지가 잘 만들어져 있어요. 당신의 도전을 더 안전하고 확실하게 만드는 데 힘이 되어줄 거예요."

이번에는 콜드리더와의 대화가 아닌 일상적인 대화 상황으로 살펴보겠습니다.

사례 ①

A : "요즘 새로운 업무들이 많아졌을 텐데, 어때? 그래도 표정 보면 항상 긍정적으로 애쓰는 것 같아서 훌륭하다고 생각해."

B : "맞아. 요즘 좀 업무들이 늘긴 했는데 그래도 익숙해지는 과정이라고 생각하고 긍정적으로 생각하려 하고 있어."

(생각하려 하고 있다는 말은 현재 긍정적인 상황은 아님을 유추할 수 있음.)

A : "그래. 항상 넌 주변에 긍정적인 에너지를 주려고 노력하는 사람이니까. 실은 나도 모르게 힘이 나. 항상 주변에 좋은 영향 끼쳐줘서 고맙다는 생각이 들어. 그런데 가끔은 혼자 힘들어하고 있을까 봐 걱정될 때도 있어. 네 노력을 모르는 사람도 있을 테고……."

B : "하……. 그러게, 너무 나만 일하는 것 같아. 팀장님도 나한테만 뭐라 하고……."

(상대의 진짜 고민에 접근했음.)

사례②

A : "그럼, 무슨 일을 하세요?"

B : "저는 그래픽 디자이너예요."

A : "오, 멋져요! 그래서 이렇게 예술적인 감각이 느껴졌던 거군요. 의상뿐 아니라 말하는 것도 정말 깊고 세련되었다고 생각했거든요. 창의적이고 새로운 것을 하길 좋아하시나요?"

B : "네, 그럼요. 저는 제 일에 저만의 창의력을 발휘할 수 있는 것이 좋아요."

A : "굉장히 멋지네요. 관리되는 것보다 자율적으로 해내는 그런 독립적인 부분이 느껴지네요. 저도 창의적이고 싶긴 한데 그건 좀 능력이 안 되네요. 하지만 저도 독립적인 상황일 때 더 잘

하는 사람이긴 한 것 같아요."

B : "맞아요. 어떻게 아셨어요? 전 확실히 저 스스로 일할 수 있고 저 스스로 결정을 내릴 수 있는 그런 자유로운 분위기를 좋아하는 것 같아요."

A : "그렇군요. 그래도 해야 될 일을 잘 마치는 집중력도 있고 책임감도 있으시니 상사들이 자유로운 분위기를 알아서 만들어주겠어요."

B : "엇, 상사들이 그렇게 좋진 않지만, 뭔가 책임감은 좀 있는 것 같아요. 일이 남아 있으면 잠을 잘 못 잘 것 같은 그런 기분이 들어요. 실제로 못 자진 않아요."

A : "잘 자는 사람들은 하루를 충실하게 보낸 사람들이라고 하던데. 그런가요?"

B : "그건 모르겠지만, 전 항상 새로운 일을 찾아다니긴 해요. 사람들 만나는 것도 좋아하고 좀 보람된 일을 많이 하고 싶다는 생각을 해요."

    (봉사활동을 하고 있을 가능성이 있다고 가설을 세움.)

A : "저는 그 정도로 부지런한 것은 아니지만, 저도 가능하면 틈날 때 봉사활동 같은 걸 하면서 에너지를 얻고 와요."

B : "어, 저도 그래요. 와, 우린 정말 공통점이 많군요!"

■— 믿음을 얻는 단계에서 추가로 쓸 수 있는 기술들

다음 단계로 넘어가기에 앞서 이 단계에서 쓸 수 있는 몇 가지 기술이 더 있어 알려드리고자 합니다.

이 기술들은 정보를 얻어낼 때 상대의 신뢰를 깨지 않으면서 간접적으로 질문할 때 유용한 것들입니다. 질문의 형식은 취하지만 상대는 질문이 아닌 오히려 확인처럼 느끼게 함으로써 신뢰는 그대로 유지될 수 있습니다. 단, 이런 방식의 질문들은 처음부터 하면 신뢰가 오히려 깨질 수 있으니, 앞의 사례들처럼 충분히 라포를 쌓고 신뢰를 얻은 후에 사용하는 것이 안전합니다. 일단 분위기가 먼저라는 말씀이죠.

① 미묘하게 질문하기 (서틀 퀘스천, Subtle Question)

질문의 목적은 기본적으로 모르는 것을 알고자 하는 것입니다. 하지만 다른 목적의 질문들도 많습니다.

예를 들어, 상대가 아는 것이 어디까지인지 확인하거나, 지금 말한 것을 제대로 이해했는지, 나의 말에 공감하는지 등 알고 있어도 질문을 하는 경우들이 있습니다. 상대의 사고를 더 넓게 가지도록 유도하거나 동기를 부여하기 위한 목적일 때도 있죠. 수업을 하고 있는 선생님이 학생에게 질문하는 것을 떠올려보세요. 그 질문은 몰라서 묻는 것이 아니겠죠. 학생이 얼마만큼 아는지 확인하고 다음 단계의 수업으로 넘어가기 위한 준비 작업 등일 수도 있습니다.

서틀 퀘스천의 서틀은 '미묘하다'는 뜻으로 주로 쓰입니다. 이 질문의 목적이 미묘하다는 것이죠. 콜드리딩을 할 때 질문을 하는 주목적은 마치 프로파일러처럼 상대의 정보를 이끌어내는 것입니다. 하지만 미묘하게 질문을 하는 것으로 그 목적을 숨길 수 있습니다. 마치 상대가 느끼기에 선생님처럼 이미 다 알고 있지만 확인차 질문하는 것으로 보이거나, 혹은 콜드리더가 어느 정도 예측하고 있지만 더 듣고 싶은 것에 대해 좀더 구체적인 말을 해주면 좋겠다는 뜻을 전달할 수 있습니다.

방법은 간단합니다. 앞의 예시들에서도 많이 보여드린 방식입니다. 일단 내가 추상적인 진술을 하고 상대가 구체적인 이야기를 이어 가도록 질문하는 것입니다. 다음과 같이요.

"당신 마음에 어떤 상실감이 느껴져요. 그건 무엇일까요?"

"당신은 사람들 사이에 있지만 홀로 빛을 비추는 등대 같군요. 그게 의미하는 바를 당신도 알고 있나요?"

"불안하다고 말했지만, 그 불안에 다른 색도 존재하네요. 혹시 이게 무엇인지 알고 있나요?"

"새로운 것을 하려고 하는군요. 떠오르는 것이 있나요?"

"오늘 얘기하고 싶은 마음. 생각하면 떠오르는, 그래요. 지금 그 사람. 그건 누구인가요?"

처음에 추상적으로 유추했어도 그것을 듣는 사람은 이미 구축된 신뢰로 인해 그것이 올바른 예측처럼 느껴집니다. 그래서 모든 정보를 담아 대답해놓고 콜드리더가 놀라운 예측을 한 것이라고 오해하게 됩니다. 가끔 이런 유추 뒤에 붙는 질문을 상대가 부인하는 예도 있습니다. 이 경우 대응 방법은 다음 단계에서 알려드리겠습니다.

② **미묘한 부정의문문**(서틀 네거티브, Subtle Negative)
원래 서틀 네거티브는, 좋은 말 같지만 일종의 부정적인 의견이나 비판을, 꼭 질문이 아니더라도 미묘하고 간접적인 방식으로 말하는 방식입니다. 예를 들어, 집안을 어질러놓은 아이에게 "아이고, 참 잘했네."라고 말하는 것도 일종의 서틀 네거티브이

죠. 하지만 콜드리딩에서는 크게 3가지 방식으로 쓰입니다.

첫째, 어떤 추측을 그냥 부정의문문으로 질문하는 방식입니다. "OOO는 아닌가?", "설마 OOO는 아니지?" 하는 식으로 묻죠. 부정하며 질문을 했기 때문에 어떤 대답이 나와도 예측이 틀린 것은 아닌 겁니다. "예스"든 "노"든, 결국 모두 맞힌 것으로 몰고 가는 방법입니다. 예를 들면 다음과 같습니다.

"지금 그에 대해 아주 큰 불안이 있는 건 아니겠죠?"

불안이 없다고 하면 "역시 없군요. 다행입니다."라는 식으로 말하고, 불안이 있다면 나도 있긴 한데 큰지 아닌지를 물어본 것처럼 이야기를 이어 나가면 됩니다. 어떤 대답이건 나의 예측 이미지에 손상을 주지 않습니다. 다음과 같은 예시가 있습니다.

"그 사람과 이별까지 고민하는 상황은 아니겠죠?"

"에이, 설마 이직할 생각까지 하는 건 아니겠죠?"

둘째, 애매하게 질문이 아닌 것처럼 물어서 상대가 그냥 대화처럼 대답하도록 유도하는 방식입니다. 이것은 일상에서도 활용하기 쉬운 방법인데, 입장을 드러내지 않고 상대의 입장을 확인하는 것입니다. 앞의 질문 방법에서 한 걸음 더 나아간 방식이라고 생각하시면 됩니다. 부정의문문과 마찬가지로 상대가 어떻게 말을 하든 내가 그것을 다 꿰뚫고 있는 것처럼 얘기를 이어갈 수 있어요.

A : "그럼, 그 영화는 아직은 안 보셨을 수도 있겠네요."
B-1 : "아니요. 봤어요."
　A → "역시 빠르시네요. 그런 콘텐츠에 대해 많은 흥미가 있으신가 봐요."
B-2 : "네. 안 봤어요."
　A → "역시 그렇군요. 아무래도 요즘 바쁘실 테니. 그럼 혹시 보실 계획이 있으세요?"

A : "어떤 환경에 변화를 계획하고 있으신가 보군요."
B-1 : "아니요. 전 이대로가 좋아요."
　A → "저도 어떤 상황에서 섣불리 변화를 선택하는 것보다는 현재 상황에서 균형을 찾는 방식이 더 좋다고 생각해요."
B-2 : "네. 어떻게 아셨어요?"
　A → "저는 왜인지 당신 생각이 잘 보여요."

셋째, 상대가 말한 것을 인정하면서 미묘하게 그것을 부정하는 방식으로 말을 이어 가는 것입니다. 이는 상대가 말한 어떤 특성의 이면을 들춰내려는 목적으로 쓰는 방식입니다.

누구나 어떤 것에 대해 양가적인 감정을 가지기 쉽습니다. 아무리 좋아하는 것도 질리기 마련이고, 너무 행복하면 그 행복이 사라질까 봐 불안하기도 하죠. 너무 좋아하면 기대감이 커지고 사소한 것에 실망할 수도 있고요.

또한 세상 대부분의 것도 양면성을 가지고 있습니다. 그래서 상대가 말한 것에 이면을 끌어내면, 그 사람은 스스로 놓쳤던 부분을 다시 떠올리게 도와줄 수도 있고 그 사람이 말했던 것을 원래 잘 알고 있었던 것처럼 보이게 할 수도 있습니다. 물론 이것은 상담처럼 사람을 상대해본 경험이 좀 필요한 방법입니다. 예를 들면 이렇습니다.

"당신은 이런 영적인 일을 하지 않는 사람치고는 굉장히 영적인 힘이 강한 사람입니다."

"나는 당신의 선택이 훌륭했다고 생각하지만, 조금 다른 선택이 함께 있었다면 더 훌륭한 선택으로 기억될 수 있었을 것 같군요."

"당신은 창의력과 예술적인 재능이 있어요. 그래서 지금이 당신 최고의 시간이라고 생각하지 않습니다."

"열심히 했네. 이젠 더 잘할 수 있을 것 같은데?"

이런 양면을 언급하는 것은 자칫하면 비꼬기가 될 수 있으니 조심해야 합니다. 예를 들어, 다음처럼 말하면 비꼬는 것으로 들리게 되죠.

"당신의 도움에 감사하지만, 좀 더 빨리했으면 좋았을 텐데 말이죠."

"맛있긴 한데 내 입맛에는 좀 짜다."

(상황에 따라 애매한) "멋진 옷이네. 다른 신발과 매칭하면 더 좋아 보일 것 같은데."

그럼, 실제 대화 사례를 보시죠.

사례 ①

콜드리더 : "당신이 정말 친절하고 항상 다른 사람을 배려하는 사람이라는 것을 느낄 수 있어요. 하지만 때때로 사람들은 당신의 좋은 본성을 이용하고, 결국 당신은 이용당하거나 인정받지 못한다고 느끼게 됩니다. 당신은 그것을 이미 느낀 상태인가요?"

고객 : "맞아요! 항상 느끼죠. 매번 힘들어요. 사람들을 위해 아무리 노력해도 충분하지 않은 것 같아요."

콜드리더 : "이해합니다. 항상 베풀기만 하고 보답을 받지 못하는 일이 많다는 것은 힘든 일이죠. 하지만 혹시 이것도 느끼고 있나요? 서서히 당신을 점점 더 단단하고 회복력이 있는 존재가 되도록 해준다는 것. 아직 그것이 느껴지지 않을 수 있죠. 도착지가 보이지 않아도 가까워지고 있는 것처럼 말이에요."

사례 ②

콜드리더 : "당신은 무언가에 집중할 수 있는 능력이 있고 디테일에도 감각이 있는 사람이라는 느낌을 주는군요. 일이 올바로 처리되는 데 큰 관심이 있어요. 다만 긴장을 풀고 현재를 즐기는 것에 좀 어려움을 겪는 면이 있군요. 그에 대해 설명해줄 수 있나요?"

고객 : "네. 맞아요. 확실히 제가 그런 것 때문에 삶이 힘든 것 같아요. 항상 완벽하지 않을까 봐 걱정돼요. 그냥 다 손놓고 싶을 때도 있는데 절대 안 되네요. 마음이 항상 힘들어요. 매번 쫓기는 것 같고요."

콜드리더 : "얼마나 어려울지 상상이 되네요. 혹시 이것도 알고 있을지 모르겠네요. 지금 그런 생각의 방식이 당신을 성공으로, 원하는 곳으로 이끌어주는 엔진이 되어주고 있다는 것. 당신은 안주하지 않잖아요? 그건 당신의 자부심이라는 큰 힘으로 곁에 머물 거예요."

사례③

콜드리더 : "당신은 창의적이고 상상력이 풍부한 사람이군요. 항상 새로운 것을 생각해내고 그런 상상들이 아주 즐겁죠. 그런 상상을 구현하는 것에는 좀 어려움이 있을 수는 있겠지만요. 이에 대해 이야기해줄 수 있나요?"

고객 : "저에 대해 다 아시네요. 생각만 많아서 산만하다고 항상 혼나요."

> ('혼났어요'가 아닌 '혼나요'라는 것은 이 사람의 나이에 맞춰 혼내는 대상과의 관계도 유추해볼 수 있겠죠. 어린 시절 혼냈던 부모님과 현재 배우자 모두에게 혼나는 경험이

존재할 가능성에 대한 가설을 세워 두고 이후 대화를 이어 가야 합니다. 그리고 구현에 대한 어려움을 이야기했는데, 자신의 산만함과 혼남을 떠올렸다는 것은 그런 것들이 내면에 상처로 남아 있다는 증거일 수도 있습니다.)

콜드리더 : "창조적이고 예술적인 그림에 큰 상처가 나 있네요. 한 번도 치료되지 않고 그냥 그 아픔을 껴안고 지내고 있어요. 혼자 구석에서 남몰래 울고 있는 아이가 보여요. 하지만 그 아이가 가진 특별함은 그 아이의 잠재력이에요. 세상에서 빛나게 이끌어줄 거예요."

③ 이중 구속 (더블 바인드, Double Bind)

이중 구속은 제법 많이 알려진 기법이죠. 상대에게 어떤 선택지를 주지만 그 선택지들은 모두 말하는 사람이 원하는 방향으로 가도록 정해져 있는 것들이죠. 어떤 선택을 하든 결국 내가 원하는 것을 하도록 만드는 것입니다.

이것은 최면에서도 유용하게 쓰이는 기술입니다. 최면을 위한 더블 바인드는 상대를 원하는 방향으로 이끄는 것이 목적입니다. 반면에 콜드리딩의 질문으로 활용할 때는 상대가 고를 선택지를 주고 미리 알고 있다는 것을 나타내려는 목적이 추가됩니다. 예시를 보겠습니다.

"우리 프로젝트에 들어오면 최종 발표를 맡을래, 아니면 자료 조사를 맡을래?"

참여한다는 것을 전제로 두 가지 선택지를 주었습니다. 참여하지 않는 옵션이나 그외 역할 분담에 대한 선택지가 없습니다.

"그럼, 한번 말해줄래요? 지금 오랫동안 알고 지낸 사람이 있나요? 아니면 없나요?"

신뢰가 높아져 있는 상황이라면, 그런 사람이 있든 없든 다 알고 질문하고 있는 것 같은 느낌을 받습니다. 믿고 싶은 마음이 강하기 때문에 있을 때는 있냐는 질문을, 없을 때는 없냐는 질문을 더 인상적으로 기억하게 되죠. 이때는 상대에 반응에 따른 다음 말도 중요합니다. 이것은 다음 밀어붙이기 단계에서 자세히 다루겠습니다. 그럼, 예시를 더 보죠.

"당신은 의욕이 잠재되어 있는 사람입니다. 당신은 많은 목표를 가지고 나아가려는 시점입니까, 아니면 지금은 현재를 다지고 숨을 돌리는 중입니까?"

"감정이 풍부한 당신에게 사랑하는 사람은 큰 의미가 있군요. 지금 그 사랑이 당신에게 어떤 의미인가요? 기억 속 상처인가요? 아니면 지금 당신의 아픔인가요?" (사랑 고민이라는 것과 감정이 풍부한 사람이라는 정보가 있을 때.)

"지금 당신 마음은, 힘들지만 지금 하는 일을 참고 계속 하는 것과 이제는 새로운 도전을 시작하는 것 중에 어느 쪽에 더 비중을 두고 있나요?"

"당신의 일에 어느 정도 만족을 하시나요? 아니면 역시 견디기 힘든 문제가 있다고 느끼나요?"

이런 식으로 상대에 대한 정보를 얻은 것을 토대로 확실치 않은 부분을 더블 바인드로 체크하는 겁니다. 라포를 쌓고 정보를 얻은 상태에서 질문을 하는 것이기 때문에 상대에게 맞는 내용이 있을 수밖에 없습니다.
여기까지 왔으면 이제 거의 다 온 겁니다. 이제 마지막 단계로 넘어갑니다.

■— 4단계. 밀어붙이기 단계

자, 이제 밀어붙이기 단계입니다.

이 단계는 기존 단계들을 얼마나 잘 쌓아 왔는가가 중요합니다. 앞의 프로파일러의 기술에서도 그랬죠? 사랑을 고백하는 순간처럼, 앞의 과정이 부실하면 이 단계에 와서야 잘하려고 해도 실패합니다. 이 단계는 콜드리딩의 열매라고 볼 수 있어요. 앞에서의 노력을 통해 이후로도 상대에게 영향을 미치는 강력한 내용을 전할 수 있죠. 이 단계에서는 밀어붙인다는 말처럼 자신감(일종의 뻔뻔함)과 연기력이 매우 중요합니다.

이 단계에서 쓰기 좋은 기술 세 가지를 소개해보겠습니다.

① 첫 번째는, '인디언 기우제'라는 이름의 기술입니다.

인디언 기우제는 무조건 성공하는 것으로 잘 알려져 있죠. 왜 그럴까요? 인디언들의 영적인 힘이 강하기 때문일까요? 아닙니다. 비가 올 때까지 기우제를 지내기 때문이죠. 당연히 성공률 100%입니다. 이와 같이 상대가 맞다고 할 때까지 질문하는 거예요. 결국 맞을 수밖에 없도록 말이죠.

사례를 들어 살펴보겠습니다.

사례①

콜드리더 : "예전에 만난 사람 중에 당신에게 여전히 영향을 미치고 있는 사람이 있습니다."

고객 : "그런 사람은 없는 것 같은데……."

콜드리더 : "지금 그리워하고 보고 싶다는 뜻이 아니라 지금 마음가짐이나 행동에 영향을 미치는 사람이죠."

고객 : "…… 딱히 떠오르는 사람은 없어요."

콜드리더 : "인생에서 멘토만이 나의 삶에 영향을 미치는 것은 아닙니다. 해서는 안 되는 것을 보여주는 사람도 나의 삶에 강하게 영향을 미치죠."

고객 : "아, 네. 작년에 만난 선배인데 너무 꼰대여서 전 정말 저렇게 안 돼야겠다 생각했어요."

콜드리더 : "역시 그렇군요. 그 마음이 처음에는 긍정적으로 작용했지만, 지금은 오히려 자신의 위치에서 해야 하는 것을 방해하고 있는 면이 있어요."

콜드리더의 처음 질문 의도는 선배나 반면교사의 의미가 아니었는데, 점차 상대에 맞춰 의미를 넓혀 갔습니다. 결국 예스를 얻어냈죠.

좀 더 직접적인 예시를 하나 더 보죠.

사례②

콜드리더 : "최근에 헤어스타일 바꾼 적 있지 않나요?"

고객 : "없는데요."

콜드리더 : "그러면, 언제쯤에 바꿨죠?"

고객 : "헤어스타일을 바꾼 적이 없는 것 같은데……."

콜드리더 : "변화를 시도했던 적이 있는 것 같은데 혹시 그 시점이 언제죠?"

고객 : "아, 맞다. 제가 저번에 앞머리를 한번 자르려고 했던 적이 있어요. 완전히 자르지는 못하고 스타일만 좀 바꿨던 적이 있었네요."

콜드리더 : "그렇죠. 맞아요. 그 시점에 대해 이야기를 좀 해야 할 것 같아요."

이런 식으로 풀어나가는 겁니다. 이때 자신감과 연기력이 매우 중요하겠죠. 끝까지 밀어붙이는 거예요.

② 두 번째, '미묘한 예측(서틀 프리딕션, Subtle Prediction)'입니다. 미래에 대해 불확실하고 미묘한 예측을 하는 겁니다.

여러 가지로 해석의 여지가 있는 예측을 들려줍니다. 그러면 그걸 들은 사람은 이후 어떤 일이 벌어졌을 때 그 해석이 맞다고 여길 가능성이 큽니다. 인간은 인상적인 것을 기억하기 때문이죠. 4시 44분을 자꾸 보게 되는 것 같은 착각을 나중에 스스로 만들면서 이 콜드리더가 한 말이 맞다고 계속 확신해 갈 겁니다. 그래서 이건 콜드리더들이 아주 많이 쓰는 기술입니다. 콜드리더 입장에서도 앞에서 신뢰를 잘 쌓아 두었으면, 이 순간에는 리스크가 없이 구사할 수 있기 때문입니다.

미래에 관한 이야기는 무슨 얘기를 하든 그 자리에서는 상관이 없습니다. 물론 언제 지구가 멸망한다는 것처럼 매우 인상적인 사실에 대해 예언한다면, 그날이 되었을 때 예언이 맞았는지 아닌지 확인할 수 있기 때문에 이보다는 좀 더 해석의 여지를 남겨 두는 방식으로 말하는 것이 좋습니다. 이렇게요.

"머지않아서 당신의 오랜 친구의 소식을 듣게 될 겁니다."

어떤가요? 이 말을 다음과 비교해보면, 비슷한데 해석의 여지가 더 있음을 알 수 있습니다.

"올해 안에 오랜 친구가 연락할 겁니다."

어떤 식으로든 오랜만에 친구에게서 연락이 오거나 간접적으로 소식을 듣게 되는 경우는 아주 많죠. 하다못해 초등학교 동창이 유튜버가 되어 영상으로 접할 수도 있잖아요.

다른 사례도 하나 볼까요?

사례①

콜드리더 : "최근 삶의 방향을 잃은 것처럼 보이네요. 지금 있는 곳은 그래도 안전하지만 앞으로 나아가야 할 곳에 안개가 가득하군요. 확신이 서지 않는 곳에서 갈팡질팡하고 있군요."

고객 : "맞아요. 그게 제 마음이에요. 요즘 너무나 그렇게 느껴 왔어요. 언제까지 이 일을 할 수 있을지 너무 걱정돼요."

콜드리더 : "네. 정확히 그게 보이네요. 그리고 당신의 앞날을 좀 보니 지금 안개가 걷히는군요. 당신의 걸음에 맞춰 서서히 걷혀요. 그래도 확실히 걷히긴 해요. 좀 더 힘든 길이 될 수도 있지만. 지금도 당신은 큰 변화를 생각하고 있군요. 그래서 이런 길을 걷게 되는 거군요. 당신 삶을 뒤흔들 변화를 얼마 전부터 마음에 품고 있네요. 그게 뭔가요?"

고객 : "맞아요. 실은 제가 사업을 해보려고 하고 있습니다."

콜드리더 : "그렇군요. 아직은 생각 차원이니 이렇게 안개가 가득하지만, 조만간 스스로 발로 뛰게 될 거예요. 탐색과 공부를 좀 하는 안개의 길을 걷고 난 후, 조만간 작더라도 자기 일을 시작하

게 될 겁니다."

③ 세 번째, 내 말이 무조건 맞다고 밀어붙이는 겁니다.

이건 일반 대화 상황에서 응용해 쓰기는 좀 어렵겠지만 콜드 리더는 자주 쓰는 방법입니다. 그런데 그냥 무조건 맞다고 밀어붙이면 안 되겠죠. 앞의 미묘한 예측 방식처럼 상대 마음에 의심을 심는 방식으로 풀어나가야 합니다. 예를 들어보죠. 만약 상대가 어떤 예측에 대해 이렇게 말했다고 해보죠.

"그런 적 없는데요?"

등줄기에 식은땀이 흐르지만, 자신감을 연기하며 밀어붙입니다.

"그럴 수 있죠. 잊었을 수도 있습니다. 내가 말하는 건 영혼에 새겨지는 것이지, 기억에 새겨지는 것은 아니니까. 이것이 다시 떠오르는 순간이 찾아올 겁니다."

"그렇게 느낄 수 있죠. 하지만 당신 집에 기억 저편으로 놓아버린 그 물건이 놓여 있는 것을 언젠가 알게 될 겁니다."

"그렇게 기억할 수도 있습니다. 하지만 내가 말하는 것을 기억하는 사람을 찾아요. 그리고 대화를 나눠봐요. 당신 가족 중에 그것을 기억하는 사람이 있을 겁니다. 안타깝지만 어쩌면 이미 상실(喪失)한 분들께서 그 기억과 함께 떠나셨을지도 모르겠네요."

이런 식으로 말하는 겁니다. 신뢰가 어느 정도 쌓인 상태라면 반박할 마음이 들지 않습니다. 현재 증명할 수 있는 것도 아니고요. 콜드리더의 말이 맞을지 모른다는 의심이 생기겠죠. 다른 것들에서 신뢰가 크다면, 이것도 콜드리더의 말이 맞다고 여기게 됩니다.

차근차근 분위기를 만들고 이런 방법을 쓴다면, 그럴 리 없다고 말하는 사람은 아마 거의 없을 겁니다. 일부러 싸우자고 덤비는 경우가 아니라면요.

여기까지 단계별로 콜드리딩의 기술을 알아봤습니다. 예시를 반복해서 읽어보고 실생활에 응용하는 연습을 해보면 충분히 익히실 수 있습니다. 굉장히 신비로운 기술처럼 여겨지기도 하지만 단계별로 패턴을 익히면 다른 기술들과 함께 활용가능할 겁니다.

| Summary |

◐ **1단계. 라포 형성 단계**
콜드리딩 시작할 때 상대에게서 얻어야 하는 중요한 두 가지
    (1) 상대가 자신을 드러내고 싶어 할 정도의 특별한 '친밀감'
    (2) 모든 것을 아는 듯한 '권위'

◐ **2단계. 주제 좁히기 단계**
    (1) 스톡스필(Stock Spiel) : 포괄적인 내용을 언급하면서 상대가 구체적 정보를 제공하게 만드는 기술
    (2) 줌 인-줌 아웃(Zoom In-Zoom Out) : 상대 반응에 따라 포커스 두는 곳을 좁혔다 넓혔다 하는 기술

◐ **3단계. 믿음을 얻는 단계**
믿음을 얻는 방법(3가지)
    ① 일반적인 정보를 이용하는 것
    ② 대조 정보를 제시하는 것
    ③ 여러 정보를 뿌리는 것
믿음을 얻는 단계에서 추가로 쓸 수 있는 기술
    ① 미묘하게 질문하기 (서틀 퀘스천, Subtle Question)
    ② 미묘한 부정의문문(서틀 네거티브, Subtle Negative)
        - 추측을 부정의문문으로 질문하는 방식 : OOO는 아닌가?, 설마 OOO는 아니겠지?
        - 애매하게 질문이 아닌 것처럼 물어서 상대가 그냥 대화처럼 대답하도록 유도하는 방식
        - 상대가 말한 것을 인정하면서도 미묘하게 그것을 부정하는 방식으로 이어나가는 방식

| Summary |

③ 이중 구속 (더블 바인드, Double Bind)

● 4단계. 밀어붙이기 단계
   ① 인디언 기우제
   ② 미묘한 예측 (서틀 프리딕션, Subtle Prediction)
   ③ 내 말이 무조건 맞다고 밀어붙이기

4-3
악의적인 콜드리딩에 당하지 않는 법

콜드리딩은 자기중심적인 사람과 타인 중심적인 사람 중에 어떤 사람이 더 취약할까요? 답은 둘 다입니다.

자기중심적인 사람은 원래 자신을 특별하다고 여기기 때문에 일반적인 언급도 자신에게 해당되면 특별한 것으로 받아들이기 쉽습니다. 보편적으로 겪을 수 있는 어떤 일들에 대해서도 자신만의 특별한 일이라고 생각하기 십상이죠. 그래서 자신에게만 맞는 특별한 이야기라는 생각에 쉽게 신뢰하게 됩니다.

타인 중심의 사람은 상대적으로 눈치를 많이 보고, 심할 경우 '착한 아이 콤플렉스' 같은 것을 가지고 있기도 하죠. 이런 경우 통찰력 있는 말이나 권위를 내세우면 신뢰를 얻기가 수월합니다. 누군가를 신뢰하기도 쉽고, 신뢰를 준 사람이 틀리기를 바라지 않기 때문에 점점 더 깊이 신뢰하며 빠져들게 됩니다.

그래서 이런 상대 중심의 사람이든 자기 중심의 사람이든 방법만 잘 익혀 두면 콜드리딩을 쓸 수 있기 때문에, 이왕 할 거면 자신감을 가지고 당당하게 해야 합니다. 누군가는 뻔뻔함이 승패를 가른다고도 하더군요. 그럼, 콜드리딩을 쓰기 수월한 대상을 좀 더 세분화해서 구체적으로 살펴보겠습니다.

▬ 콜드리딩에 취약한 사람들

① 스스로 선택하는 것을 두려워하는 사람들

이들은 누군가가 답을 찾아주길 바랍니다. 그래서 어떤 이가 답을 찾아줄 것 같으면, 자신의 정보를 먼저 다 쥐어 주면서 상대가 나의 모든것을 꿰뚫고 있다고 믿어버립니다. 특히 이중에는 정답이 아닐까 봐 두려워하고 꼭 정답을 찾아야만 한다고 생각하는 완벽주의를 꿈꾸는 이들이 있습니다. 그래서 뭔가 절대적인 지식이 있다고 느껴지는 권위 있는 대상에게 정답을 듣기를 열망하죠.

하지만 미리 정해져 있는 정답은 애초에 존재하지 않는 경우가 더 많기 때문에 실제로 이뤄지기는 힘듭니다. 만약 이들이 불안하기까지 하다면, 매사에 항상 확인해야 하고 사소한 것까지 안내받아야 한다고 생각하기도 하죠. 어떤 선택을 할 때도 항상 승인받아야 한다고 생각할 정도로 스스로 무언가 판단하는 것을 어려워하게 됩니다.

② 불안도가 높고 예민한 사람

이들은 불안으로 인해 선택을 두려워하는 사람들입니다. 그래서 ①에 해당하는 사람들처럼 누군가가 답을 찾아주고 선택의 책임까지 그 사람이 대신 지기를 바랍니다. 또 중요한 선택의 기로에 놓인 경우에 비슷한 행태를 보이는 사람들도 있죠. 그들은 원래 불안도가 높진 않지만, 그런 상황에 놓이면 원래 불안도가 높은 사람들과 비슷하게 행동하게 됩니다. 결국 스스로 내려야 하는 선택을 두려워하게 됩니다. 그리고 이렇게 해결하지 못한 문제 때문에 미래를 불안하게 느낄 수도 있습니다.

③ 비판적 사고를 하지 않는 사람

이 경우는 과하게 열린 마음을 가지고 있어서 일단 다 믿고 보는 사람입니다. 비과학적인 것들에 관심이 많거나 강하게 믿고 있는 경우도 있죠. 반면, 비판적 사고가 부족하기 때문에 오히려 회의적이고 주변을 전혀 신뢰하지 못하는 경우도 있습니다. 그래서 회의적이거나 신뢰가 없는 사람들은 그 감정적 허들만 넘으면 오히려 더 쉽게 콜드리딩을 적용할 수 있습니다.

④ 마음에 상처가 있는 사람

최근 충격적인 사건을 경험한 사람일 수도 있고, 과거 상처로 인해 정서적 혼란을 겪고 있을 수도 있습니다. 자연재해, 폭력 범죄 또는 심각한 사고와 같은 충격적인 한 번의 사건 외에도, 벗어날 수 없어서 지속적으로 겪고 있는 문제도 있겠죠. 이런 경우 대체로 무기력하고 좌절해 있는 모습을 보입니다. 그들은 위로해주고 지원해줄 사람을 찾고 있을 겁니다. 콜드리딩을 하는 입장에서는 상처가 무엇인지 알면 쉽게 그들이 나를 신뢰하게 만들 수 있습니다.

⑤ 현재의 삶이 힘든 사람

이들은 우울감이나 스트레스를 겪고 있을 것입니다. 그렇게 되면 자연스럽게 이성적인 사고력이 약해지게 됩니다. 그냥 답을 정해주거나 자기편이 되어 위로해주길 바랍니다. 삶에서 특정한 어려움을 겪고 있을 수도 있겠죠. 원하는 것이 확실한 사람들에게는 원하는 것을 주면 그들을 움직일 수 있습니다. 현재 고통을 알아주는 것만으로 그들의 신뢰를 얻고 그들에게 영향력을 행사하는 것이 가능해집니다.

⑥ 자의식이 매우 높은 사람

이들은 세상이 자기를 중심으로 돈다고 생각합니다. 그래서 자신에게 일어난 일들이 모두 매우 특별한 것이라고 믿어 의심치 않죠. 그래서 보편적인 인간의 경험과 감정을 특별한 것처럼 미묘하게 언급하면, 이들은 자신의 특별한 경험을 다 들여다보고 있다고 착각합니다.

이들 중에는 개인의 성장에 대해 너무 과한 욕심을 내는 사람이 있습니다. 주변을 살피지 않고 더욱 자기에게만 집중하게 되죠. 이런 이들은 보편적인 통찰이 부족하기 때문에 아주 수월한 대상이 됩니다. 간혹 통제 욕구가 높은 이들도 있는데 이들은 미래를 예측해서 통제하고 싶다는 생각에 예언적 메시지나 자신에게 유리한 것을 말하는 이들에게 쉽게 빠져들기도 합니다.

앞의 항목들을 보시면 아시겠지만, 보통의 평범한 사람들이 충분히 가질 수 있는 성향이고 겪을 수 있는 상황입니다. 결국 누구나 취약해질 수 있다는 얘기죠. 하지만 이런 항목들을 보면서 자신을 점검하고 취약한 상황에 무방비로 놓이지 않도록 대비할 수 있습니다. 만약 취약할 수 있는 상황이라고 판단되면, 좀 더 이성의 힘을 발휘할 수 있도록 노력해야 합니다. 뇌의 에너지를 아끼기 위해 휴식을 취하거나 지금 바로 현명한 사고를 못 할 수도 있으니, 즉답이나 즉각적인 판단은 피합니다. 만약 자신의 성향이 취약한 편에 속한다면, 스스로 그런 성향임을 자각하고 감정적으로 곧바로 대응하는 일이 없도록 한 템포 늦추는 연습으로 극복해야 합니다.

▬— 악의적인 콜드리딩에 당하지 않는 프로파일러의 방법

① 자신의 필드로 상대를 끌어내기

처음 대화가 시작되면 서로 자신의 권위를 세우고 상대가 자신을 신뢰하도록 라포 형성에 집중하게 되겠죠. 프로파일러라면 자신이 프로파일러로서 훈련과 경험이 있다는 것을 간접적으로 상대에게 알릴 것입니다.

"매번 취조하다가 이젠 좀 취조당하는 것 같은 느낌이네요."

일상적인 경우에서는 다음처럼 응용해서 말할 수 있습니다.

"이성적으로 생각하려고 애쓰다 보니 뭔가 답이 애매하면 확실히 하게 되더라고요."

"저는 명확하지 않으면 잘 이해가 안 될 때가 많더라고요."

만약 상대가 콜드리딩을 쓰면서 부적절한 신뢰를 만들어내려고 할 때, ① 누구의 목적에 맞는 라포가 형성되고 있는지 먼저 생각해보고, ② 자신의 확증편향적인 잘못된 신뢰를 내려놓고, ③ 나의 이미지에 맞는 라포를 형성하도록 애써야 할 것입니다. 만약 이렇게 하는 것이 힘들다면, 상대가 형성하려는 상대 중심의 라포에만 빠지지 않는 것으로 최소한의 이성적 사고를 할 수 있습니다.

그리고 상대가 선의로 콜드리딩을 시도하는 것이 아니라면 그 의도를 판단하고 끌려가지 않아야 합니다. 물론 상대의 의도를 섣불리 판단할 수는 없겠지만, 상대가 미약한 근거로 어떤 결론을 내리고 나에게 어떤 행동을 유도하거나 생각의 변화를 끌어내려고 한다면 그것은 경계해야 합니다. 이건 마치 어떤 한 명의 목격자가 실제로는 범인의 얼굴을 보지 못했으면서 실루엣만으로 범인을 지목하는 것과 같은 상황입니다. 그것은 수많은 단서 중 하나일 수는 있지만 맹신할 정보는 아닌 거죠.

특히 경계해야 할 것은 유도 질문입니다. 특정한 결론을 끌어내기 위해 단계적으로 하는 질문들입니다. 더블 바인드나 미묘한 문장들이 여기에 포함되겠죠. 이를 벗어나기 위해서는 상대의 질문 외에도 다른 관점이 있음을 기억해야 합니다. 상대가 질문했다고 해서 그에 대한 답을 하는 데에만 집중하면, 원래 자신의 이성적 사고를 잃게 됩니다. 특히나 콜드리딩은 주관적인 해석이 많이 개입될 수 있는 단점이 존재하기 때문에 객관적인 관점을 잘 유지하면서 질문의 맹점을 판단할 수 있어야 합니다. 상대가 칭찬이나 공포스러운 말을 통해 섣불리 현혹하려고 시도하거나 모호한 말로 예측하려 할 때 확실하게 언급하는 것이 좋습니다. 당연히 상대가 시도하는 악의적인 콜드리딩에 당하지 않기 위해서죠.

"객관적으로 확정된 사안은 아니군요."

"통계적으로, 지금 말씀하신 것에 해당되는 사람이 80%는 넘겠는데요?"

② 프로파일러의 방법론 활용하기 (과학적인 방법론)

프로파일러의 기술은 기본적으로 과학적인 방법론을 따릅니다. 데이터를 수집하고 그에 근거해 가설을 세우고 검증하고 판단해 적용하죠. 이런 방법론을 잘 수행할 수 있다면 상대에게 끌려가지 않을 수 있습니다. 예를 들면, 다음과 같은 규칙을 준수하는 것이죠.

콜드리딩은 단기간에 수집되는 비언어적 단서와 기존의 비슷한 패턴을 가진 사람들 정보에 상대적으로 많이 의존합니다. 하지만 프로파일러는 통상적으로 더 다양한 정보를 수집합니다. 현장 증거, 목격자의 진술, 기타 관련 데이터와 같은 것들 말이죠. 섣불리 결론을 내리거나 검증되지 않은 예측을 하려들지 않습니다. 오히려 경계합니다. 상대에 대해 포괄적이고 검증할 수 있는 근거를 찾으려 애씁니다. 콜드리더가 신뢰를 통해 예측해주고, 또 그것으로 신뢰를 얻는 것과는 대조적이죠.

그래서 일상에서는 종종 콜드리딩이 더 유용한 것처럼 보일 때도 있습니다. 결론에 이를 수 있는 필요한 정보의 양도 적고 단기간에 상대의 신뢰를 얻는 경우가 많기 때문이죠. (물론 두 방법 모두 상황에 맞게 잘 활용해야 합니다.) 콜드리딩에 휘둘리지 않으려면 과학적인 방법론을 잘 생각하며 중심을 잡고 판단해야 합니다. 여기에 도움되는 것이 세 가지 있습니다.

첫째, '단서와 증거'를 찾고 그에 따라 판단합니다.

일상적인 상황이라면 논리적인 근거를 찾고 그것에 오류가 없는지 생각하는 것이겠죠. 단서가 없이 느낌으로 답이 도출되는 것 같은 흐름을 경계해야 합니다. 기분에 따라, 나에게 좋은 말 같으니 그냥 믿어서는 안 되겠죠.

둘째, '비판적 사고'입니다.

비판적 사고의 핵심은 섣불리 결론을 내리지 않는 것입니다. 콜드리딩은 주관적인 해석과 추측에 의존해 상대의 신뢰를 얻으려고 시도합니다. 프로파일러는 그런 해석이 실제로 유효한 것인지 객관적인 것인지 판단하고 그것의 신뢰성을 평가하는 사고를 하기 때문에 콜드리딩에 쉽게 당하지 않을 수 있습니다.

셋째, 이번에는 좀 뜬금없지만 '공부'입니다.

지금 이 책을 읽는 것도 하나의 공부죠. 상대의 기술에 대한 지식이 있으면 대처할 수 있습니다. 또한 최신의 심리 관련 지식들을 알고 있으면, 상대가 말하는 지식에서 맹점을 찾을 수도 있고 자기 행동 변화나 심리에 대해 이해할 수 있게 됩니다. 새로운 지식을 계속 흡수할 수 있다는 것이 프로파일러나 과학자의 방법론이 가지는 장점입니다.

③ 쉽게 결론 내리지 않기

이것은 앞의 과학적 방법론과도 연결되는 것인데, 어떤 결론이 나온 것 같아도 그것이 현재는 일종의 가설임을 기억해야 합니다. 인간의 뇌는 결론이 나 있지 않으면 불안하고 힘듦을 느끼기 때문에 빨리 결론 내리기를 바랍니다. 콜드리더들은 이런 점을 이용하죠. 신뢰를 얻고 상대가 빨리 결론을 얻을 수 있다는 환상을 심어줍니다. 이것을 이겨내기 위한 몇 가지 방법을 알려 드리겠습니다.

첫째, 지나친 일반화를 피하는 것입니다.

콜드리더는 상대의 편견을 적극적으로 활용하려 듭니다. 상대가 스스로 믿도록 만들고 인상적인 것을 더 기억하게 유도하죠. 그렇기 때문에 작은 단서들로 편견을 가지고 답으로 몰아 가는 것을 경계해야 합니다. 특히 많은 사람에게 적용될 수 있는 지나치게 일반화되거나 광범위한 내용의 이야기는 질문을 통해 구체화해 두는 것이 좋습니다.

둘째, 쉽게 가정하지 않는 것입니다.

가설을 세우는 것은 중요하고 필요한 일이지만 '그 안에 근거가 없이 그럴 것이다', '저런 유형은 사람들은 보통 이렇다'는 식으로 가정해버리는 일은 조심해야 합니다. 콜드리더는 상대의 외모나 질문을 통해 유추된 배경, 기타 피상적인 것들을 기반으로 상대에 대해 가정할 수 있습니다. 하지만 프로파일링 기법은 이런 가정을 멀리하고 정황과 상대의 말과 행동에서 드러나는 개인의 고유한 생각과 감정에 초점을 맞추려 합니다. 이런 노력으로 콜드리더의 필드에서 벗어날 수 있습니다. 개인마다 자신만이 가진 특별한 배경이나 문화가 있음을 염두에 둬야 합니다. 그런 차이를 인식하고 상대의 행동을 해석하는 것이 결과적으로는 잘못된 판단을 예방하고 논리적이고 구체적인 정보를 얻을 수 있는 방법입니다.

셋째, 비언어적 단서에 너무 큰 의미를 두지 않는 것이 좋습니다.

프로파일러도 신체 언어나 표정과 같은 비언어적 단서에서 많은 정보를 얻는 것이 사실입니다. 하지만 다음 두 가지 이유로 인해 비언어적 단서에 너무 의존하는 것은 좋지 않습니다.

먼저 비언어적 단서보다 더 중요한 단서들이 많기 때문입니다. 예를 들어, 정황적인 증거가 있습니다. 거짓을 말하는 상대는 그 거짓에 많은 것이 걸려 있을 때, 거짓말을 더 잘하게 된다고 말씀드렸죠. 그래서 비언어적 단서들을 어느 정도 의도적으로 통제할 수 있죠. 그리고 맥락도 비언어적 단서보다 중요합니다. 앞뒤에 하고 있는 이야기들, 그것을 통해 알게 된 상대의 생각 등, 수집하고 기억해야 하는 정보들은 매우 많죠. 상대가 쓰는 단어가 더 중요할 수 있습니다. 그래서 경험이 많은 사람은, 오히려 비언어적 단서들을 하나하나 살펴보고 분석하기보다 그런 부분은 감각적으로 이질감을 느끼고, 상대의 말과 정황적 단서들을 기억하고 분석하는 데 더 많은 노력을 기울입니다.

그리고 또 하나의 이유는 상대가 콜드리딩의 전문가라는 것입니다. 상대는 경험과 지식이 많기 때문에 자신의 어떤 비언어적 단서가 어떻게 해석될 것이라는 걸 알고 어떤 단서들을 목적에 맞게 통제하기도 합니다. 그래서 섣불리 비언어적 단서로 답을 내리는 것은 잘못된 결론으로 흘러갈 수 있습니다.

물론 비언어적 단서도 중요합니다. 여러 정보를 균형 있게 수집하고 이성적으로 생각하는 것이 필요합니다.

여기까지 악의적인 콜드리딩에 대해 알아보았습니다.

그러면 콜드리딩은 나쁜 것일까요? 그렇지는 않습니다. 도구의 선악은 쓰는 사람의 의지에 달려 있는 것입니다. 사람을 해칠 수 있는 검이나 총이 나쁜 것이라면, 검도장이나 사격으로 메달을 주는 올림픽은 합법적으로 존재해서는 안 되겠죠. 검에 다치지 않기 위해서 검을 배워야 합니다. 그리고 검을 배워서 잘 쓰게 되면 나와 주변 사람을 지킬 수 있죠. 그래서 콜드리딩도 프로파일링 기법도 모두 잘 익혀 두어야 합니다.

콜드리딩은 얼마든지 선의를 가지고 활용할 수도 있습니다.

선한 목적으로 콜드리딩 기법을 쓸 수 있는 가장 좋은 예시 중 하나는 바로 상담입니다. 상담에서 콜드리딩을 함께 활용하면, 빠르게 라포를 형성하고 상대가 스스로 바뀔 결심을 함으로써 긍정적인 변화를 시작하도록 이끌어줄 수 있습니다.

| Summary |

◐ 악의적인 콜드리딩에 당하지 않는 프로파일러의 방법
    (1) 자신의 필드로 상대를 끌어내기
    (2) 프로파일러의 방법론 활용하기 (과학적인 방법론) : 데이터 수집, 가설 세우기, 검증하고 판단하기
        도움되는 3가지
            - 단서와 증거를 찾고 그에 따라 판단하기
            - 비판적 사고
            - 공부
    (3) 쉽게 결론 내리지 않기
        쉽게 결론내려는 것을 이겨내기 위한 방법
            - 지나친 일반화 피하기
            - 쉽게 가정하지 않기
            - 비언어적 단서에 너무 큰 의미를 두지 않기

4-4
일상 활용 사례

자신의 내면을 잘 들여다보고 자기 욕망에 대해 깊게 이해하면 콜드리딩에 큰 도움이 될 수 있습니다. 이제, 일상에서 활용할 수 있는 사례를 살펴보시죠.

사례①

(20대 후반 여성)

A : "내 손금도 봐줄 수 있어요?"

B : "네. 근데 우리가 손금 얘기만 할 수는 없으니까 가장 궁금한 것 위주로 얘기해줄게요. 다음 중에 하나 골라볼래요? 건강, 사랑, 재물, 공부나 성공. 이 중에 어떤 것이 가장 듣고 싶어요?"

A : "음……, 성공이요."

(20대 후반 여성이 고를 확률은 다소 낮은 주제라고 볼 수 있습니다. 그렇다는 것은 주변 사람들과 자신을 비교하며 이 분야에 대한 고민이 상당히 크다는 것을 유추할 수 있습니다.)

B : "그렇군요. 한번 볼까요?"

(이때 손을 대지 않고 펜이나 기물을 이용해 상대의 집중을 유도하는 방식을 사용하는 것이 좋습니다. 단순히 스킨십이 목적이 아님을 암시할 수도 있고 전문적인 느낌을 줄 수 있기 때문입니다.)

B : "성공운이 강하게 뻗어 있긴 하네요. 그런데 이게 초년과 중년 사이를 가로막고 있는 것들이 있어서 지금도 그렇고 과거부터 한동안 좀 만족스럽지 않은 상황이었어요. 하려는 것들이 좀 아쉽게 잘 안 되고."

(보편적인 진술입니다. 그리고 현재가 좋지 않기 때문에 고민하고 있는 것임은 당연히 예측 가능하죠.)

A : "아, 맞아요. 지금 좀 그래요."

B : "이게 생각을 관장하는 감정선들과도 연결되어 있는 건데……"

(당연히 마음대로 일이 풀리지 않으면 생각이 많아지겠죠. 그리고 생각이 많기 때문에 주변과의 비교 등으로 마음이 더 힘들 테고 고민으로 남아 있을 것입니다.)

B : "생각이 굉장히 많아요. 복잡하게 얽혀서 감정이 힘들 때가 많아요. 그러다 보니 마음의 갈등이 많군요. 하려는 일을 밀어붙여보려 하면 두려움이 가로막고 선택이 두려우면서도 완벽하게 해내고 싶다는 열망도 크고……."

A : "네네, 어떻게 아셨어요? 너무 정확하네요!"

B : "저야 그냥 손금에 있는 내용을 읽는 거죠. 아까 본 것을 좀 더 자세히 보니 가로막고 있는 것들은 과거에서부터 이어져 온 결과네요. 그게 뭐였든. 원래 드러났어야 할 본인의 장점이 그냥 잠재된 상태로 머물러 있어요."

    (손금에 이미 있다는 언급으로 마치 운명은 정해져 있는 것이라는 암시를 줍니다. 상대의 신뢰가 더 높아지겠죠. 그리고 대부분의 일들은 과거에서부터 이어진 결과로 벌어집니다.)

A : "맞아요. 제가 실은 언니가 있는데 걔한텐 다 지원해주고 저에겐 너무 방임이에요. 전 대학도 제가 알바해서 다녔는데……. 그렇게 지원은 다 받아놓고 참 나……."

B : "역시 그렇군요. 좀 여담이지만 손을 이렇게 보면 이 선 보이죠? 이게 형제 운입니다. 어때요? 길지 않고 흐트러져 있죠? 형제 덕을 볼 일은 많지 않겠어요. 오히려 본인에게 형제들이 의지하는 모양새네요. 아직은 아니지만요."

    (언니에게 아쉬움이 있다는 것은 상대적으로 박탈감을 느끼

고 있고 언니가 배려를 하지 않는다는 불만이 있을 가능성이 있습니다.)

A : "그런데 제가 의지할 만한 조건이 아니라……."

B : "알고 있어요. 아직은 아니죠. 하지만 이건 어떤 사회적 성공이나 돈으로 결정되는 것은 아니에요. 오히려 마음가짐에 달려 있는 것입니다. 벌써 마음의 차이가 생겼고 본인의 잠재력이 깨어나는 시점에서는 가족들이 의지하는 것이 더 느껴질 겁니다."

A : "아, 맞아요. 언니는 받은 것을 감사히 여길 줄도 몰라요. 엄마도 보통 저와 다 상의하고 그래요. 근데 정말 신기하네요. 어떻게 그렇게 다 아세요? 제 형제 얘긴 한 번도 한 적이 없는데!"

B : "저야 모르죠. 그냥 읽은 것뿐이에요. 손금 보면 이쪽이 잠재력이 좋은데……, 아직까진 좀 아쉽군요. 근데 이건 시간 문제예요. 여기 손금 보면 막혀 있긴 해도 끝까지 뻗어 있잖아요. 그런데 이 막혀 있는 것들을 지나긴 해야 해요. 여러 번 고통을 감수해야 뻗어 있는 곳까지 갈 수 있어요. 이젠 고통을 회피하지 마세요. 깨지더라도 맞서야 뻗어나갈 수 있어요."

A : "그것도 맞아요. 제가 항상 회피해 왔어요. 이번에도 그랬네요."

B : "두려워하지 마세요. 항상 이 뻗어 있는 선을 기억하세요."

CHAPTER 5

최면가는 어떻게 상대의 무의식에 말을 걸까?

5-1
최면의 심리적 원리

▆— 최면을 배우기 위해 서커스단에 들어가야 했던 시절

벌써 마지막 직업의 기술을 소개할 차례군요. 바로 최면가의 기술입니다.

    최면의 역사나 여러 일화는 최근 많은 분들이 최면에 관심을 가지면서 많이 알려져 있습니다. 협회도 활발한 활동을 하고 있고요. 예를 들어, 정신분석학의 아버지인 프로이트(Sigismund S. Freud)가 최면을 시도했었지만 실제로는 잘 못했다는 유명한 일화가 있죠. 기원을 거슬러 올라가면 기원전 10세기경 고대 이집트나 그리스에서도 최면을 유도하는 듯한 기록이 남아 있다고 하니 정말 오래된 기술인 것은 확실합니다. 이 책에서는 잘 알려지지 않은 국내 사례를 소개하며 시작해볼까 합니다.

우리나라에서 최면이 대중적으로 알려지기 시작한 것은 1970년대였습니다. 당시 최면술사들이 서커스단이나 차력단에 속해 무대최면을 공연하면서부터 사람들이 관심을 갖게 되었죠. 아무래도 쇼의 콘텐츠로서의 최면은 과장되어 있고 화려해야 하기 때문에 초능력이나 신비한 어떤 것으로 포장해야 했습니다. 이것이 대중들에게 널리 퍼지게 된 계기이다 보니 여전히 미신 같은 것 혹은 그냥 마술의 일종이라고 생각하는 사람들이 많습니다.

그래서 무대최면이 주였던 당시, 최면을 배우려면 차력단에 들어가야 했었습니다. 당시에는 최면학과가 있었던 것도 아니고 지금처럼 협회도 없었으니까요. 미국의 경우 1958년에 최면을 대체의학으로 인정하고, 1960년에 미국심리학회에 최면 분야가 생겼습니다. 하지만 한국에서 그렇게 학문적으로 접근할 수 있는 기회는 거의 없었습니다. 물론 최면을 배우기 위해 꼭 협회나 관련 학과에 가야 하는 것은 아닙니다. 최면도 하나의 언어라고 볼 수 있으니 얼마든지 도제식으로 배울 수도 있고, 실력도 개인의 재능이 미치는 영향도 상당히 다르죠.

최면 상태로 들어가고, 최면을 경험하길 스스로 원하고, 최면가가 충분한 시간을 들여 암시를 주고, 최면언어에 맞게 대화하면 누구나 최면 유도가 가능합니다.

그런데 이 무대최면은 순간적이고 강력한 퍼포먼스가 필요하죠. 그리고 치료나 상담이 목적인 경우와는 달리, 걸리는 사람만 걸리면 됩니다. 최면에 걸리고 싶은 사람을 손을 들게 하고 무대 앞으로 나오게 하는 과정에서 이미 최면은 시작되는 것이죠. 최면을 선택하고 많은 사람들의 시선이 꽂히는 무대로 걸어 나오면서, 심리적 압박을 받고 최면술사에게 더 의존하는 마음을 갖게 됩니다. 스스로 선택했으니 최면에 걸릴 확률은 더 높아지고요. 그래서 최면이 극적이지 않은 경우, 즉 최면에 걸리는 사람이 자신도 느끼지 못하게 대화를 통해 자연스럽게 최면을 유도하는 것, 시간이 오래 걸리는 최면으로 오랜 시간에 걸쳐 서서히 최면에 걸리도록 암시하는 것, 내담자가 원해서 스스로 최면을 경험하는 것도 모두 무대최면에는 적합하지 않았습니다. 좀 더 강한 암시를 주고 상대를 압박하는 식의 최면이 필요했죠. 그러다 보니 당시에는 대화라기보다 쇼에 가깝게 강한 최면을 걸어서 압박하는 스타일의 최면이 대부분이었습니다.

당시 많이 쓰던 최면 유도 방법 중에는 이런 것도 있었습니다.

손을 펴라고 해놓고 손가락 끝을 살짝살짝 때리며 "손 오므라든다, 오므라든다." 하면서 반말로 지시해요. 손가락 끝을 살짝살짝 맞으니 자동적으로 조금씩 오므라들죠. 그러다 보면 상대에게 복종당하는 심리가 생겨요. 그렇게 이성적 사고를 마비시키고 혼란해져 있을 때 이마를 탁! 치면서 최면에 빠뜨립니다. 과거 차력단에 있던 최면술사들이 많이 쓰던 최면 방식입니다. 패턴을 깨면서 순간적으로 유도하는 최면 기술이죠.

물론 이것은 타이밍과 제스처 등을 알아야 하고 많은 연습이 필요한 기술입니다. 이런 기술을 배우기 위해 차력단 최면술사의 제자로 들어가 수행하는 거죠. 처음에는 배우는 것 없이 그냥 옆에서 돕는 일을 합니다. 좋게 말해서 제자나 부사수겠죠. 어느 정도 시간이 흐르면 하나씩 전수를 받습니다. 이때 제일 처음 전수받는 것은 뭘까요? 처음에는 촛불을 보면서 눈을 감지 않고 버티는 것을 배웁니다. 눈으로 상대에게 압박을 주고 심리적으로 당황시키면서 최면을 유도하는 방식의 기본입니다.

하지만 지금은 다릅니다. 과거의 최면이 이런 무대최면의 모습이었다면, 지금은 오히려 차분한 대화에 가깝습니다. 물론 트랜스(Trans) 상태(어떤 것에 몰입되어 지각력이 평소와 달리 왜곡되는 현상)로 유도하기 위한 기법들을 여전히 활용하지만, 지금은 가이드에 가까운 방법을 씁니다. 처음에는 상대 이야기를 듣다가 어느 순간 상대가 내 이야기에 쫙 몰입해 가고, 그러면 내 말에서 강한 암시를 얻고 생각의 변화가 시작되는 거죠. 무언가에 강력하게 몰입된 상태도 일종의 트랜스 상태라고 할 수 있습니다.

■─ 200만 명이 경험한 원격 최면, 심리 실험을 보는 최면의 원리

참고로 저는 '심리대화 LBC'라는 유튜브 채널을 운영하고 있는데, 보통 심리와 대화에 대한 강의 콘텐츠를 다룹니다. 그런데 가장 인기 있는 영상 중에는 조회수가 200만 뷰가 넘는 것도 있습니다. 제가 영상으로 최면을 거는 콘텐츠예요. 물론 영상의 한계로 인해 딱 맞는 타이밍에 개별화된 메시지를 드릴 수는 없지만, 많은 사람들이 간접적인 방식으로 경험하고 있습니다.

그럼 과연 최면이 뭘까요? 그것을 설명하기 위해 세 가지 실험을 소개해보려고 합니다.

첫 번째 실험은, 앞서 언급한 '흔들다리 효과'입니다.
두근거림의 원래 이유는 높은 곳인데, 고백을 받고 나서는 고백 때문에 두근거린다고 인식해버리는 것이라고 설명해드렸죠. 사람은 무의식적으로 어떤 행동을 하고 무의식적으로 어떤 감정이나 생각을 갖기도 합니다. 그런데 자신을 움직이는 그것을 설명하고 이유를 찾고 싶어 하죠. 합리적이라 생각하는 어떤 이유를 만들어내고 스스로 그것을 믿기로 합니다. 자신도 속을 만큼 말이죠.

두 번째 실험을 보죠. 같은 원리를 다른 관점에서 설명해주는 실험입니다.

길에서 한 실험입니다. 한 사람에게 두 이성의 사진을 보여주고 더 매력적인 여성을 고르라고 제안합니다. 그러면 그 두 장을 보고 자신이 더 매력적이라고 느끼는 사진을 선택하죠.

그런데 여기에 트릭이 있었습니다. 그 두 장의 사진을 보여준 사람이 마술사였던 겁니다. 그래서 처음 보여준 A, B 두 장의 사진에서 피험자가 A 사진을 고르면 그것을 남겨 두는 척하면서 테이블에 B 사진을 남겨 둡니다. 상대가 모르게 사진을 바꿔치기하는 거죠. 그러면 피험자가 사진이 바뀌었다고 말할까요? 물론 알아채는 사람도 있죠. 하지만 대부분은 모릅니다. 그리고 자신이 B를 골랐다고 믿어요. 그러고는 B를 선택한 이유를 설명하죠. 처음 골랐던 A 사진의 인물은 갈색 머리였는데 바꿔치기 된 B 사진의 검은 머리를 보며 자신이 원래 좋아하는 고혹적인 헤어컬러라거나 눈빛이 마음에 들었다는 등, 이유를 설명합니다. 자기가 선택한 이유를 어떻게든 합리화하려고 하는 겁니다.

세 번째 실험도 유명한 것입니다. 극장에서 상영 중에 눈에 안 띌 정도로 아주 짧은 순간 콜라 이미지를 넣었더니, 그 사진을 넣은 것을 눈치챈 사람은 없는데, 목마름을 느끼고 콜라를 사 먹은 사람의 비율이 늘었다는 실험이죠. 물론 이에 대해서는 과장된 해석이라는 관점도 있고 과학적으로 증명된 것이라고 보기는 좀 어렵습니다만, 의식하지 못하는 것도 선택에 영향을 미치는 것은 확실하죠.

최면의 원리를 설명하기 위해 이 세 가지 현상을 보여드린 것입니다. 이 현상들은 무엇을 이야기하고 있나요? 바로 현재의식과 잠재의식의 존재와 관계입니다.

각 실험의 현재의식과 잠재의식은 다음과 같습니다.

'고백받았네. 두근거린다' - '높은 곳이네. 두근거린다.'

'B 사진을 골랐다. 헤어컬러도 마음에 드는군.' - 'A 사진을 골랐다. 잠재의식의 이유.'

'목마른 것 같은데 콜라 마실까?' - '콜라 이미지를 보았다. 콜라 생각이 나네.'

지금 의식할 수 있는 현재의 의식이 있고, 그 밑에 잠재의식이 있습니다. 그런데 흥미로운 것은 그 잠재의식에 말을 걸 수 있으면, 사람들은 그것을 수용하게 될 가능성이 커집니다. 왜냐하면 비판적 사고는 현재의식에 자리잡고 있기 때문이죠. 잠재의식에 어떤 메시지를 들려주고 주입하면, 현재의식은 알아서 그에 맞는 이유를 만듭니다. 비판적 사고를 우회하고 현재의식이 스스로 선택한 것 같은 착각을 불러일으키는 것입니다. 비유하자면, 비판적 사고가 성벽이고 잠재의식은 성안의 사람들입니다. 성 밖에서 아무리 공격해봤자 성벽이 가로막혀 있으면 무용지물이지만, 성안의 사람들에게 메시지를 전하고 움직일 수 있다면 성벽은 무용지물입니다.

잠재의식은 분명히 콜라 사진을 봤죠. 하지만 현재의식이 그것을 인정하지 못해요. 못 봤으니까요. 현재의식은 다른 이유를 만들어냅니다. 목이 마르다고요.

잠재의식과 현재의식이 힘을 합쳐 갈색머리 이성의 사진을 골랐다가 마술사의 바꿔치기로 두 의식이 충돌하니 어떻게 되었나요? 현재의식이 이유를 만들어내요.

최면도 이와 같은 원리입니다. 잠재의식에 메시지를 넣고 현재의식이 그것을 따라오게 만드는 거죠. 그래서 최면을 걸 때 트랜스 상태로 보내는 겁니다. 수면 상태도 아니고 깨어 있는 것도 아닌 상태로 만들어 최대한 현재의식을 날려버리는 거죠. 그래야 잠재의식에 더 가깝게 다가갈 수 있기 때문입니다.

앞서 손을 탁탁 건드리면서 손이 오므라든다고 말했던 최면 방식은 어땠나요? 손을 계속 쫙 펴고 있으면 자연스럽게 조금씩 오므리고 싶어집니다. 거기에 탁탁 건드려지기까지 하면 더 심하겠죠. 그때 명령을 주입하면 명령에 따라 손이 움직인다는 판단이 생겨납니다.

그런데 이 원리는 최면에만 해당되는 것은 아닙니다. 많은 상황에서 상대를 움직일 때 사용됩니다. 앞의 상담을 다시 떠올려 보세요. 상대가 의지를 가지고 변화하도록 만들기 위해 상대의 반발심을 피하고 그가 스스로 결정했다고 믿도록 유도하는 기술을 사용했었습니다. 상담가의 머릿속에 있던 솔루션이 내담자의 입으로 나오면서 스스로 확고한 결심을 하고 지속적으로 노력할 수 있는 원동력을 얻게 되는 것이었죠. 최면의 원리에는 이처럼 강력하게 타인을 움직이는 방법이 담겨 있습니다.

마크 트웨인(Mark Twain)의 소설 '톰 소여의 모험(The Adventures of Tom Sawyer)'에 이런 장면이 나옵니다.

더운 여름날 톰은 울타리에 페인트를 칠해야 하는 벌을 받습니다. 톰의 친구들은 힘들게 벌을 받고 있을 거라 생각하고 톰을 놀리려고 찾아왔는데, 톰은 너무 즐겁게 일을 하고 있는 겁니다. 그런 톰의 모습에 친구들도 페인트칠을 해보고 싶어 했지만 톰은 아무나 시켜주지 않았습니다. 결국 톰은 페인트칠을 해보는 조건으로 친구들에게 돈을 받았고 하루 종일 놀았습니다. 그리고 그렇게 금세 울타리는 다 칠해졌죠.

이 장면에서 톰이 친구들에게 최면을 걸었나요? 아닙니다. 그런데 친구들은 기꺼이 원해서 페인트칠을 했습니다. 톰은 어떻게 그들을 움직였을까요? 비판적 사고를 우회해서 메시지를 전달했기 때문입니다. 친구들이 톰을 만나러 올 때의 기대는 이랬겠죠. '울타리를 칠하는 것은 힘든 일이니 톰은 울상을 짓고 있을 거야.' 그런데 톰은 너무나 즐겁게 페인트칠을 하고 있었습니다. 직접 행동으로 페인트칠은 즐거운 것이라는 암시를 줬죠. 사람은 누구나 즐거운 일을 경험하고 싶고 거기에 호기심이 생깁니다. 톰은 그 호기심을 이용하고 거기에 희소성 있는 가치를 부여해 더 원하게 만들었습니다.

만약 톰이 친구들에게 힘든 모습을 보이고 페인트칠을 도와달라고 했다면 어땠을까요? 톰이 돈을 지불해도 될까 말까였을 겁니다. 친구들 생각에 비판적 사고라는 성벽이 막아서기 때문이죠. '왜 자기 힘든 것을 우릴 시켜?'라거나 '노동이라니 하기 싫은데…….' 같은.

그런데 톰은 즐거워 보이는 모습으로 친구들의 기대를 깨고 암시를 주는 것으로 그 비판적 사고를 우회하고 원하는 대로 친구들을 움직였습니다.

어떤 메시지를 전할 때 '메타 메시지(Meta Message)'라는 것이 있습니다. 겉으로 보여지는 것 말고 그 속내에 혹은 이면에 전달하려는 본질적인 메시지가 메타 메시지예요. 예를 들어, 그냥 메시지가 "오늘 좀 춥다."였다면, 메타 메시지는 "창문 좀 닫아줘."일 수도 있겠죠. 이 메타 메시지를 전달하는 방법이 곧 처면의 기술이자 대화의 기술입니다.

"내 말을 들어줘."라는 메타 메시지를 전달하고자 할 때 어떻게 말할 수 있을까요? "왜 내 말을 안 들어. 짜증 나 죽겠네." 이렇게 전달하는 사람도 있겠죠. 하지만 상대가 느끼기에 이건 감정의 표출일 뿐입니다. 이런 말에는 그냥 도망가 버리려는 사람이 많겠죠. 일단 회피하거나 비위를 맞춰줄 겁니다. 비슷하게 톰 소여가 "힘들어 죽겠네. 짜증 나니까 저리 가."라고 말했다면 친구들은 더 힘내서 놀려댔겠죠.

"난 대단한 사람이야. 내 말을 안 들으면 혼나."라고 할 수도 있겠죠. 유용할 수도 있는 방법입니다. 손실을 내세운 협박은 순간적으로는 유효하죠. 하지만 상대의 마음이 움직이기는 어렵습니다. 일단 눈앞에서 잘보이려고 할 뿐 상대의 잠재의식을 움직일 수는 없습니다.

톰이 이렇게 말했다면 어떨까요? "야, 얼른 페인트칠 도와줘.

안 도와주면 너네들 다 혼내줄 거야." 몇 명은 남았을지도 모릅니다. 톰에게 힘이 있다면 감시하에 페인트칠 하는 친구들이 있었겠죠. 하지만 기꺼이 하려는 친구들은 하나도 없었을 겁니다.

만약 "내 말을 들으면 재밌는 일이 있을지도 모르는데?" 이렇게 말했다면 어떨까요? 물론 모든 사람을 움직일 수는 없을지 몰라도, 호기심에 무언가 얻고 싶은 마음에 제 발로 움직이는 이들이 생겨날 겁니다. 톰의 방식과 유사하죠.

메타 메시지를 전달하기 위해 감정을 내세우거나 메타 메시지 자체를 내세우며 상대를 압박하는 방식은 상대의 잠재의식에 닿을 수 없습니다. 메타 메시지와 거의 동일한 메시지인데 역효과가 나는 거죠. 원하는 것을 얻으려면 효과적으로 메시지를 전달해야 합니다. 내가 하려는 말을 뒤로 숨겨야 하는 경우도 많죠.

밥을 먹지 않는 아이들에게 밥을 먹일 때에도 메타 메시지 그대로 밥 먹으라고 말하는 것보다 맛있는 거 먹는다고 자랑하듯 말하는 것이 더 효과적인 법이죠. 아이들은 호기심에 제 발로 식탁 앞에 앉아 음식을 먹어봅니다. 제 발로 왔으니 음식이 좀 더 맛있게 느껴지죠.

이건 일상의 대화에서도 아주 유용한 기법입니다. 꼭 기억해 두시기 바랍니다.

최면은 상대의 비판적 사고를 우회하여 잠재의식에 말을 걸 수 있으면 됩니다. 그런 면에서 콜드리딩의 기술과도 겹치는 부분이 많죠. 상대를 반드시 트랜스 상태로 보내야 하는 것은 아닙니다. 상대를 몰입시키는 것으로 충분할 수도 있습니다. 일상의 대화에서 이런 일은 자주 일어납니다. 누군가와 몰입해서 대화를 나누다 보면 시간 가는 줄도 모르고, 상대의 말에 옳고 그름은 신경 쓰지 못할 정도가 되고는 하죠.

최면은 상대의 잠재의식에 말을 걸고 거기에 메타 메시지가 전달되도록 하는 것, 그리고 그것을 상대가 스스로 자유의지라고 믿고 선택하게 만드는 것입니다.

5-2
단계별 최면 익히기

그럼, 본격적으로 단계별로 많이 쓰이는 기술들에 대해 알아보겠습니다.

■— 1단계. 라포 형성 단계

앞서 소개한 직업의 기술들 모두 첫 단계에서 가장 중요한 것은 라포 형성이었습니다. 최면가에게도 마찬가지입니다. 상대가 나를 신뢰하도록 만들어야 합니다. 신뢰를 만들어내는 방식은 여러 가지가 있습니다.

 예를 들어, 무대최면 같은 경우 이미 무대가 존재하고 관중이 있고 최면술사라는 역할로 인해 무대에 최면술사가 등장하자마자 이미 신뢰를 얻게 됩니다. 거기에 참여자 입장에서는 최면에 빠질 사람으로 거의 자발적으로 선택되었기 때문에, 최면가에게 어떻게든 협조해서 관객들을 실망시키고 싶지 않다고 생각하게 됩니다. 그리고 무대에 올라가면서 받게 되는 부담 때문에 실패하기 싫어지고, 들인 노력이 수포로 돌아가게 하고 싶지 않을 겁니다. 그렇게 자기도 모르게 더욱 최면에 빠지려고 노력하게 되는 것이죠.

처음 라포를 형성할 때 라포가 단지 친밀해지는 것이라고만 생각해 뭐든 맞춰주고 동질감을 주고 과하게 상대에게 맞춰 배려하는 경우가 있습니다. 하지만 그것은 실수입니다. 최면가의 방식에 따르면 상대에게 지시하고 스스로 움직이게 하는 것으로 라포 형성에 힘을 얻을 수 있습니다. 나의 말에 따라 상대를 움직이도록 할 수 있으면 점점 더 어려운 지시를 내려도 따르게 됩니다. 상대를 통제하에 두기 시작하는 것이죠.

무대최면에서도 무대로 일단 불려 나와 하나씩 말을 듣다 보면 어느새 최면가의 말에 심리적으로 복종하게 됩니다. 협상에서는 이를 '문간에 발 들여놓기 기법'으로 부르기도 합니다. 일단 작은 부탁을 하나 들어준 사람은 좀 더 큰 부탁을 들어줄 확률도 높아지는 것이죠. 상대의 반발심을 일으키지 않으면서 작은 지시라도 상대가 따르게 만드는 것이 요령입니다. 그래서 상담할 때 상담실에 들어오는 내담자에게 문을 닫으라고 지시하는 것으로 시작하는 상담가도 있습니다.

2004년 미국에서 경찰을 사칭하고 맥도날드에 장난전화를 건 사건이 있었습니다. 단순히 장난전화로 끝났다면 좋았겠지만, 끔찍한 범죄로 이어졌습니다. 그의 지시에 따라 매니저와 매니저의 약혼자까지 직원을 압박하고 성추행 이상의 행동까지 해버린 것입니다. 처음에는 경찰이라는 권위를 신뢰하고 사소한 지시에 따라 직원을 부르고 물어보는 정도로 시작했지만, 점점 과격한 지시에도 의심 없이 따르는 지경에 이른 것이죠. 이 사건은 '컴플라이언스(Compliance)'라는 영화로도 만들어졌습니다. 물론 모든 사람이 그렇게 되는 것은 아니겠죠. 하지만 인간의 심리는 그렇게 흘러갈 수 있는 약점을 가지고 있습니다.

무대최면이 아닌 경우에는 어떨까요? 최면은 환경적으로 조용하고 편안해서 최면가에게 집중할 준비가 되어 있는 곳에서 상호 협의를 한 후 이뤄집니다. (뒤이어 소개할 최면의 기술들은 개별적으로 일상에서 쓰일 수도 있습니다.) 이런 사전작업들로 라포가 강하게 형성됩니다. 더욱이 현대의 최면은 보통 내담자에게 스스로 원해야 최면을 통해 원하는 것을 얻을 수 있다고 얘기해줍니다. 당신이 바라야 하고 상상해야 이뤄질 수 있다고 알려주죠.

그리고 최면가는 그것을 향해 가는 것에 가이드일 뿐이니 함께 해야 한다고 말이죠. 그것을 통해 내담자가 적극적으로 최면가의 말에 따라 최면에 빠져들 노력을 하게 됩니다.

이것은 상대에게 책임을 부여하는 효과가 있습니다. 역할을 주는 것은 상대가 적극적으로 참여하도록 만듭니다. 따를 수밖에 없는 지시를 하고 상대가 원하거나 원한다고 착각할 책임을 부여하는 것으로 최면가의 라포는 강력해지는 것입니다.

상담이나 일반적인 인간관계에서도 이것을 잘 기억해 둬야 합니다. 무조건 상대에게 맞춰주고 잘해준다고 마음을 얻을 수 있는 것이 아닙니다. 부탁을 잘하는 것도 빠르게 가까워지는 좋은 방법 중 하나입니다. 적절한 부탁을 통해 상대가 나를 위해 움직이고 나도 그렇게 해줄 수 있는 존재가 된다면, 아주 결속력이 있는 관계로 발전할 수 있습니다. 만약 직장인이라면 회사에 그런 사람이 많아지는 것을 정치력이라고 볼 수도 있겠죠.

이제 라포 형성 단계에서 쓸 수 있는 기술들에 대해 좀 더 자세히 알아보겠습니다. 이후로 상대를 이완시키고 트랜스로 유도하기 위해서는 잠재의식의 신뢰도 함께 얻을 수 있어야 합니다. 이를 위해 상대와 매칭시키는 작업이 필요합니다.

최면의 궁극적인 목적은 상대 잠재의식에 메시지를 전달하는 것이죠. 그렇게 내면에 메시지를 전달하기 위해서는 심리적 방어벽을 낮춰야 합니다. 그것을 위해 외적으로 매칭을 하는 겁니다. 상대와 비슷한 동작과 언어로 상대에게 익숙함을 주고 편안하게 느끼도록 유도하면서 그 방어벽을 허무는 거죠. 말은 친절하든 권위적이든 상관없습니다. 최면의 목적과 자신의 스타일에 맞게 하면 됩니다. 하지만 겉으로는 상대에게 "나는 당신과 똑같은 생각이에요."라고 말하며 암시적으로 전달해야 합니다. 상대 잠재의식에다 그 메시지를 남기고 오는 거죠.

외적으로 매칭시키는 것은 아주 특별한 것은 아닙니다. 상대의 잠재의식에 우리는 같다는 메시지를 전하고 익숙함을 느끼게 해주는 거죠. 이를 위해서 다른 직업에서 보았던 라포 형성에서 상대와 맞추는 요소들을 떠올려보면 됩니다. 자세랑 동작, 표정, 말의 속도나 높낮이, 크기 등이 있었죠. 이중에서 맞출 수 있는 것만 맞추면 됩니다.

자세나 동작은 상대가 취하는 자세와 비슷한 방향성을 보이도록 살짝 움직여주는 것으로 충분합니다. 상황에 맞게 해야겠죠. 상대가 따라 한다고 느낄 정도로 대놓고 하면 위화감을 느끼며 오히려 불편하게 여길 수도 있으니 주의해야 합니다. 자연스러움이 중요합니다. 중요한 것은 이런 매칭보다 권위와 신뢰를 주는 말입니다. 자연스럽지 못하면 이런 것들을 다 놓치게 됩니다.

단, 최면에서는 좀 더 효과적인 매칭을 위한 요소가 하나 더 있습니다. 바로 호흡입니다. 제가 유튜브로 원격 최면 콘텐츠를 제작할 때 가장 신경을 많이 쓰는 요소가 이 호흡입니다. 시청자들이 자연스럽게 호흡을 따라오면서 집중이 깨지지 않도록 배려해줄 수 있습니다. 대면한 상대라면 호흡을 맞추는 것으로 더 깊은 몰입을 유도할 수 있습니다.

호흡까지 매칭이 되면 상대 동작도 유도할 수 있습니다. 유도하는 요령은 다음과 같습니다. 처음에는 상대의 자세나 언어에 맞추면서 시작하되, 서로 매칭이 된 후에는 내가 리드하는 것으로 상대의 태도를 변화시키는 것도 가능해집니다. 예를 들어, 마주 보고 앉아 대화하는 상황이라고 해보죠. 상대를 편안하게 해주고 상대가 몰입할 만한 내용으로 말을 이어 가고 있고요. 이때 상대가 팔짱을 끼고 뒤로 기대 앉아 있다면 말을 하다가 자연스럽게 상대와 비슷한 상태를 취하는 겁니다. 너무 과하지 않게 말이죠. 그렇게 잠시 비슷한 태도로 대화가 이어지다가 내가 자세를 바꾸면 상대가 자신도 모르게 나와 같은 자세로 바꾸는 것을 확인할 수 있습니다.

말도 마찬가지 방식으로 가능합니다. 처음에는 상대와 비슷하게 일상적이고 약간 밝은 톤으로 매칭시킨 후, 차분한 톤으로 천천히 말 속도를 늦추면 상대도 거기에 따라옵니다. 다만 이것은 상대가 나에게 어느 정도 몰입을 한 상태여야 가능하고, 타이밍과 자연스러움이 중요하기 때문에 연습과 경험이 필요합니다.

외적으로 매칭을 시켜야 하는 것 중에는 언어적인 부분도 있습니다. 이때는 동시에 말할 수는 없으니, 상대의 말을 돌려주는 식으로 매칭시킬 수 있습니다. 상대의 말을 반복 사용하는 것으로 리액션을 해주면 됩니다. 크게 다음의 세 가지를 돌려준다고 생각하면 됩니다.

첫째, 상대가 말한 사실을 돌려줍니다. 말한 내용을 돌려주는 것이죠. 이때 상대가 사용한 단어들을 사용하는 것이 좋습니다. 이는 앞의 상담 등에서도 똑같이 활용되던 기술입니다.

둘째, 상대가 말한 감정을 돌려주는 겁니다. 이건 표정이나 추임새로도 가능합니다.

셋째, 상대가 한 말의 내용을 요약해서 돌려주는 겁니다. 상담에서 결론을 내릴 때 썼던 기술을 쓸 수도 있습니다. 상대가 했던 말을 요약할 때 살짝 관점이나 맥락을 바꿔 돌려주면서 상대의 생각을 제어할 수도 있습니다. 이렇게 상대에게 익숙하게 돌려주면 상대는 자기 말을 들어준다고 느끼며 더 대화에 몰입하게 됩니다. 단순히 같이 있는 것이나 각자 할 말에 빠져 있는 것과는 대조적이죠.

이렇게 상대의 잠재의식에 한 걸음씩 다가갈 수 있습니다.

■— 2단계. 이완 단계

이완은 긴장을 풀고 편안해지는 것을 뜻하죠. 정신이나 몸이 풀어지고 느슨해지는 것입니다. 최면에서는 이완 단계를 꼭 거쳐야 하는 것은 아닙니다. 하지만 많은 최면가들이 내담자를 이완시키는 단계를 거칩니다. 왜 그럴까요? 힘들게 최면하러 찾아온 내담자를 잠깐이라도 쉬게 해주고 싶어서? 절대 아니죠. 최면에 더 확실하고 더 깊게 빠지도록 하기 위함입니다.

그럼, 좀 더 구체적으로 상대를 이완시키면 얻을 수 있는 세 가지 이점에 대해 살펴보겠습니다.

① 첫째, 상대의 비판적 사고를 낮출 수 있습니다.

이완이 되면 자연스럽게 긴장이 풀어지게 되죠. 현대인들은 문명 이전 사람들보다 야생동물이나 자연이 주는 공포심은 덜하지만, 그보다 은밀하면서도 훨씬 다양하고 많은 긴장에 시달립니다. 무리에서 밀려날지 모른다는 뒤처짐에 대한 공포, 주변과 비교하며 상대적 박탈감에 시달리게 되는 시기와 질투, 기회를 잃을지 모른다는 생각에 쫓기듯이 살게 되는 불안, 아침에 일어나 의상을 고르는 것부터 시작해 수많은 선택을 해야 하는 피로 등으로 인해 그런 긴장은 한시도 떼어놓을 수가 없습니다. 긴장은 곧 많은 생각입니다. 그렇게 생각이 많으면 한 가지에 몰입하는 것이 어렵습니다. 그리고 주변 상황을 공격적으로 인식하기 쉽죠. 공격과 수비는 동전의 양면과 같으니, 자연스럽게 방어적인 사고도 함께 하게 됩니다.

그래서 그 긴장을 잠시라도 낮출 수 있다면 잡념을 줄이고 타인에 대해 공격이라는 인식을 덜게 됩니다. 상대의 말에 집중하고 그냥 수용할 가능성이 더 높아지는 것이죠. 상대의 반발심을 낮추고 비판적 사고를 우회하는 것과 일치하는 이유입니다. 자기 최면이나 명상도 마찬가지입니다. 잡념을 지우고 자기 내면에 집중하기 위해 수용할 수 있는 태도를 이끌어내는 것이죠.

② 둘째, 최면가에게만 몰입하도록 유도할 수 있습니다.

이완이 그냥 단순히 편해지는 것만을 의미하는 것은 아닙니다. 예를 들어, 어떤 사람과 함께 있을 때 서로 말이 별로 없어도 편안한 사람이 있죠. 그런데 불편한 사람과 있을 때는 어떤가요? 상대가 나처럼 불편해하는지 걱정되고 무슨 말을 해야 할지 모르겠고 그렇잖아요? 생각이 더 많아지죠. 그러다 오히려 상대가 하는 말을 제대로 못 듣는 경우까지 생깁니다.

불편하다는 것은 결국 상대에게 몰입할 수 없다는 말입니다. 혼자 명상하도록 유도하는 것이 아니라 최면가의 말에 집중하게 만드는 겁니다. 물론 그 말을 통해 내담자 자신에게 집중할 수도 있고 다른 것을 떠올릴 수도 있죠. 하지만 최면의 메시지를 비판 없이 강하게 받아들이는 것은 같습니다. 편안함이 곧 몰입은 아니지만 몰입을 위해서는 편안함이 필요합니다. 이완은 가장 좋은 수단이 될 수 있죠.

③ 셋째, 이후 뇌에 과부하를 걸면서 비판적 사고를 못 하게 만들기 위한 사전작업입니다.

트랜스 상태에 빠진다는 것은 비판적 사고가 불가능한 상태로 들어간다는 것을 의미하죠. 이를 위해 뇌에 과부하를 걸어버리는 방법도 존재합니다. (다음 단계에서 자세히 살펴볼 예정입니다.) 상대를 트랜스 상태라는 깊은 수면 아래로 빠뜨리기 전에 가볍고 편안한 상태로 만들어 두면 더 효과적이겠죠. 높은 데서 떨어뜨리는 것이니까요. 빠뜨릴 때 패턴을 흔들든 강한 암시를 걸든, 상대 뇌에 과부하를 걸고 사고력을 순간적으로 마비시켜버리는 것입니다. 긴장하고 있다는 것은 대비하고 있다는 뜻입니다. 이완이 되면 무방비 상태가 되겠죠. 그때 강력한 암시를 통해 트랜스 상태로 보낼 수 있습니다.

물론 최면은 상호작용이 중요해서 상황과 개개인의 특성에 따라 차이가 있습니다. 그래서 이런 것들이 항상 이뤄진다고 볼 수는 없죠. 하지만 꼭 최면이 아니어도 권위를 유지하고 신뢰를 주면서 편안함까지도 느끼게 할 수 있다면, 어떤 상대든 원하는 방향으로 움직일 수 있습니다.

■― 3단계. 최면 유도 단계

이제 상대를 트랜스 상태로 빠뜨릴 때가 되었군요. 맞을 때도 언제 맞을지 알면 그 부분에 힘을 줘서 덜 아프게 맞을 수 있습니다. 마음도 같죠. 근육과 같은 심리적 방어벽이 곧 비판적 사고입니다. 앞서 이완 단계를 통해 상대는 무방비 상태가 되었습니다. 비판적 사고를 떠올리지 못할 때 한 방을 날리는 겁니다.

① 우회적인 질문으로 유도 메시지 전달하기

상대에게 지시해야 할 때 직접적인 지시를 하는 문장보다 질문으로 하면 상대의 반발심을 줄일 수 있습니다. 그리고 스스로 선택했다는 착각을 만들어내는 데 유용하죠. 이것이 도움되는 이유는, 상대가 스스로 생각할 여지를 주고 선택지와 역할을 주기 때문입니다. 역할은 대답해야 하는 입장, 나아가서는 무언가를 해줘야 하는 입장이 되기도 하는 것입니다. 이는 작은 것으로 시작한 지시를 통해 서서히 상대를 통제시키는 방법에서도 말씀드린 내용이죠. 질문 방식은 크게 두 가지가 있습니다.

먼저 청유형으로 질문하는 것입니다. 명령형이 '~해라.'라고 말하는 것이라면, 청유형으로 질문하는 것은 '~할래?'라고 말하는 것입니다. 예전 차력단에서 쓰던 무대최면과는 좀 다른 스타일이죠. 예시 문장을 보겠습니다.

"그럼, 한번 눈을 감아볼까요?"

간단하지만 대화하듯이 집중시키면서 지시할 때는 그냥 "눈을 감아요."보다 더 자연스럽게 진행할 수 있습니다.

"깊게 호흡을 해보면서 편안함과 어떤 기분이 퍼져나가는지 느껴볼 수 있나요?"

최면 유도에서 많이 쓰는 말입니다. "심호흡 해!"와 같은 말이지만, 명령을 우회적으로 표현하는 것이죠. 일상에서는 이렇게 쓸 수도 있습니다.

"잘 몰라서 그러는데, 도와줄 수 있나요?"

"나 모르니까 도와줘."라는 메타 메시지를 질문으로 전달하여 상대에게 선택지를 주었습니다.

또 다른 하나는, 부가의문문을 활용해 질문으로 마무리하는 방법이 있습니다. 지시한 뒤 질문을 통해 스스로 생각하도록 유도하는 효과가 있습니다. 예시를 보죠.

"깊게 호흡하면서 편안함이 온몸에 퍼지도록 해봐요. 해볼 수 있겠나요?"

"원하는 것을 다 얻게 될 겁니다. 어떨까요?"

"할 수 있다 생각하든 다르게 생각하든 모두 옳습니다. 그렇지 않나요?"

어쨌건 생각하라는 메시지죠. 이런 식으로 원래 전하려고 했던 메시지를 질문으로 포장해서 상대가 거기에 집중하게 만드는 방법입니다. 이것도 대화나 상담에서 유용한 기법입니다.

② 패턴을 깨서 당황시키기

모든 동물은 예상치 못했던 두려운 상황에 닥치면 3가지 행동 중 하나를 합니다. 도망가거나 맞서 싸우거나, 아니면 그 자리에 얼어버립니다. 생각하면 고통스럽기 때문에 뇌를 멈춰버리는 거죠. 현재 상황을 해석할 뇌의 에너지가 없는 상황에서도 같은 현상이 일어나죠. 갑자기 너무 새로운 정보들이 들어오면 뇌에 과부하가 걸리면서 당황하고 얼어붙어버립니다. 사람은 원래 뇌의 피로도가 커지면 스스로 생각하고 선택하는 것을 잘하지 못하게 됩니다. 다른 사람이 선택해주기를 바라고 타인의 선택에 의존해버립니다. 인간의 뇌는 익숙한 것을 편하게 생각합니다. 그만큼 뇌를 덜 쓰기 때문이죠.

예를 들어, 어떤 곳을 볼 때 뇌는 이미 알고 있거나 본 것에 대해서는 새롭게 정보를 처리하지 않습니다. 그래서 시선을 빠르게 돌려도 그다지 어지럽지 않습니다. 그런데 빠른 속도로 흔들리는 영상을 보면 어지럽죠. 너무 많은 정보가 빠르게 들어오기 때문입니다. 갑자기 모든 것이 상상하기 힘든 새로운 장소에 가면 아마 순간적으로 뇌 정지가 올 것입니다. 받아들이는 데 시간이 필요하죠. 그만큼 뇌는 패턴에 익숙한 것을 좋아합니다.

이런 원리를 이용해 피로도를 순간적으로 높여서 뇌에 과부하를 걸고 상대가 의존하도록 만드는 기술이 바로 '패턴 인터럽트(Pattern Interrupt)'입니다. 간단히 말하면 상대의 예상을 깨버리는 것입니다. 상대가 예상하지 못한 방식으로 패턴을 깨버려 상대 생각의 주도권을 가져오는 것이죠. 라포 단계에서 신뢰를 충분히 얻고 이완 단계에서 편안함을 느꼈을수록 더 강력한 위력이 생깁니다.

상대의 내적 패턴이 붕괴되면서 순간적이지만 현재의식이 멈춥니다. 뇌가 이해하지 못하고 뭔가 합리화를 해서 답을 찾으려고 애쓸 때 답을 주는 것으로 의존도를 높일 수 있습니다. 이것을 통해 바로 트랜스 상태로 빠지게 유도할 수도 있습니다. 의존도가 높으니 당연히 암시도 잘 먹힙니다.

'패턴 인터럽트'는 실제로 잘 쓰기만 하면 굉장히 효과적인 기술입니다. 하지만 위험하기도 하죠. 왜냐하면 패턴 인터럽트가 효과적인 이유는 상대 뇌에 과부하를 걸기 때문입니다. 대화에서 예측이 안 되고 피곤하게 하는 사람은, 한두 번은 재밌어도 만나면 힘들죠. 패턴 인터럽트를 대화 중에 자주 쓴다면 종잡을 수 없는 사람, 대화하기 피곤한 사람으로 여겨질 수 있습니다. 어쨌건 뇌가 힘든 상황이기 때문입니다.

꼭 '패턴 인터럽트'를 써야 하는 것은 아닙니다. 자연스럽게 대화하듯 몰입하는 것도 가능합니다. 하지만 익숙한 대화 패턴이라면 지루합니다. 지루하다는 것은 다른 생각이 많이 든다는 것이죠. 상대의 상황과 대화 목적에 맞게 사용해야 합니다.

사례를 보면서 알아볼까요?

사례①

최면가 : "내 말에 따라 호흡에 집중해요. 천천히 숨을 들이쉬고 깊게 내쉬어요. 내 말에 따라 깊게 내쉴 때마다 불필요한 것들이 다 빠져나갈 거예요. 들이쉴 때 맑은 공기가 채워지는 것을 느껴봐요. 내 말에 따라 숨을 들이쉬고 내쉴 때마다 몸이 점점 더 이완되도록 하면 몸과 마음 전체에 퍼지는 편안함이 느껴질 겁니다. 아주 편안해지지 않나요?"

내담자 : "네, 정말 아주 편안해지네요."

최면가 : "내 말에 따라 호흡하면 그 편안함이 온몸에 퍼질 거예요. 당신을 더 편안하게 만들어주려고 이끌고 있는데 갑자기 정말 맛있게 즐겼던 커피가 떠오르네요. 커피 좋아하시나요?"

　　(커피를 좋아한다는 사전정보가 있는 경우입니다.)

내담자 : "아, 네, 네."

최면가 : "제일 좋아하는 게 뭔가요?"

내담자 : "음……, 카페라테?"

최면가 : "아, 라테! 맛있죠. 집에서 만들어본 적 있나요?"

내담자 : "네."

최면가 : "집에서 라테를 만들면 '포근한 커피 향기가 온몸을 감싼다.' 그런 느낌이 집안을 가득 채웠겠네요."

　　(내담자를 커피 대화에 참여시켜 산만함을 유도하고 다시 편

안함으로 집중시키는 방법을 쓰고 있습니다.)

사례 ②

최면가 : "당신이 거미를 볼 때, 두려움이 내면에서 솟아오르고 심장이 점점 더 빨리 뛰는 것을 알아차리기 시작할 것입니다."

(내담자가 이미지를 떠올리며 긴장하기 시작할 때 내담자가 알 법한 성대모사 등 우스꽝스러운 목소리와 톤으로 빠르게 이야기하면서 패턴을 깰 수 있습니다.)

최면자 : "거미다! 모두 도망쳐!"

내담자 : (웃음) "……"

(충분한 라포가 형성되었을 경우 이런 가벼운 목소리와 톤은 실소를 유발하고 내담자의 두려움 패턴을 깰 수 있습니다.)

사례 ③

(발표 불안을 느끼는 내담자에게)

최면가 : "무대 위 조명과 기대에 찬 사람들. 무대로 한 걸음 한 걸음 나갈 때 심장이 뛰고 손바닥에 땀이 나는 것을 느낄 수 있습니다."

(이때 내담자가 잔뜩 긴장하게 되면 내담자의 어깨를 가볍게 두드리며 패턴을 깨는 말을 하는 겁니다.)

최면가 : "그런데 혹시 새 소리도 들었나요? 차분하게 당신에게 노래를 불러주는 것 같은데."

사례 ④

(금연을 위해 찾아온 내담자에게)

최면가 : "연기를 내뿜는 자신을 상상해보세요. 따뜻한 연기가 폐를 채우고 몸 전체에 퍼지는 친숙한 느낌을 느끼면서……."

(이렇게 이미지를 그리도록 하면 내담자는 갈망을 느끼기 시작합니다. 그때 매우 빠르게 패턴을 깨버리는 말을 합니다.)

최면가 : "갑자기 모든 것이 터져버립니다!"

이렇게 상대가 예상하지 못한 방법으로 대화하면 상대를 흔드는 효과가 있습니다. 하지만 대화를 주도한 입장이거나 상대가 몰입한 상황이 아니라면, 오히려 멀어지게 될 수도 있습니다. 패턴을 깨는 것은 강력한 기술이지만 양날의 검입니다. 과하면 최면 효과는커녕 상대의 몰입을 깨고 관계를 망칠 수도 있기 때문이죠. 상대의 사고에 과부하를 거는 것이 목적이기 때문에 자주 활용하면 상대하기 피곤한 사람이 되거나 그냥 이상한 사람으로 보일 수도 있습니다. 따라서 활용에 신중해야 합니다. 평소 라포를 잘 쌓은 상태에서 확실한 순간에 활용하는 것이 중요합니다.

일상에서의 '패턴 인터럽트' 요령은 예상치 못한 것이되, 바로 대답하기는 어려우면서 대답하려고 애쓸 정도는 되는 주제로 균형을 잘 잡아야 합니다. 그리고 패턴을 깨고 끝내지 말고, 순간 당황한 상대를 안심시켜주면서 좋은 방향을 제시하는 쪽으로 말을 해야 합니다. 상대가 스스로 생각을 멈추고 여러분의 말에 따르도록 말이죠.

그럼, 일상 대화에서 맥락에 맞는 질문을 '패턴 인터럽트'를 활용해서 좀 더 강력하게 만드는 사례를 보여드리겠습니다.

사례①

[패턴 인터럽트를 쓰지 않은 경우]

A : "그냥 시도해 봐. 뭐 어렵다고 그래."

B : "또 그 얘기야? 네가 몰라서 그래. 내가 알아서 한다고."

[패턴 인터럽트를 적용하는 경우]

A : "그러고 보니 머리했네?" ← 패턴 인터럽트

B : "아, 응. 그렇지."

A : "새로운 시도에 걸맞는 변화겠구나."

평소에 시도해보라는 이야기를 자주 했었다면 상대는 이미 그 이야기의 패턴을 익힌 것과 다름없습니다. 이럴 때는 상대가 예상하지 못한 말로 상대의 무장을 해제시키고, 하고자 하는 말로 연결시켜 그것을 받아들이게 할 수 있습니다.

사례 ②

[패턴 인터럽트를 쓰지 않은 경우]

A : "어제 무슨 일 있었어? 나한테 할 얘기 없어?"

B : "무슨 일이 있겠어? 아무 일 없었는데?"

[패턴 인터럽트를 적용하는 경우]

A : "아메리카노가 왜 아메리카노인 줄 알아?" ← 패턴 인터럽트

B : "응? 미국인들이 마셔서?"

A : "그렇기도 하지. 에스프레소를 마시던 이탈리아 사람들이 보기에는 묽어서 살짝 놀리는 의미도 있었대."

B : "아……."

A : "평소처럼 아메리카노 마실 거야?"

B : "아, 그래."

A : "그런데, 어젠 평소랑 좀 달랐던 것 같던데?" ← 패턴 인터럽트

상대가 만약 어제 일에 대해 찔리는 것이 있다면 질문을 예측하고 대응을 준비하고 있었을 것입니다. 그 예상을 깨고 아메리카노를 질문하여 무방비로 만들었습니다. 이후 그것을 질문과 연결시켜 상대가 준비한 것으로 바로 대응할 수 없도록 만들어 보다 진실에 가까운 내용을 들을 가능성이 커집니다.

사례③ _____

[패턴 인터럽트를 쓰지 않은 경우]
A : "내가 뭐 좀 도와줄까?"

[패턴 인터럽트를 적용하는 경우 ①]
A : "먹을래?" (그냥 초콜릿을 내민다. 상대가 먹고 있을 때)
"다른 건 도와줄 거 없어?" ← 패턴 인터럽트

[패턴 인터럽트를 적용하는 경우 ②]
A : "우리 사이를 뭐라고 부를 수 있지?" ← 패턴 인터럽트
B : "친구?"
A : "그럼, 지금 내가 친구로서 도울 수 있는 것이 있을까?"

①의 경우처럼, 패턴 인터럽트는 제스처로도 가능합니다.

■— 4단계. 암시 단계

이제 최면의 마지막 단계입니다. 상대가 완전히 몰입했든 과부하가 걸렸든 트랜스 상태에 빠졌다면, 상대의 무의식을 성공적으로 설득할 수 있습니다. 그런데 트랜스 상태가 아니어도 가능하죠. 역으로 무의식 설득 방법으로 상대를 트랜스 상태에 빠지게 하는 것도 가능하죠. 심지어 일상대화에서도 많이 쓰입니다.

무의식을 설득하는 기술은 다양한데, 그중에 대표적이고 일상에서도 활용 가능한 것 위주로 세 가지를 소개해드리겠습니다.

① 전제

첫 번째 전제입니다. 이미 결정된 것을 기반으로 질문을 하기 때문에 다음과 같은 효과가 있습니다. 전제는 어떤 것이 이미 결정된 것처럼 상대가 받아들이도록 만들 수 있습니다. 그리고 두 가지 사실을 하나로 묶는 효과도 있습니다. 지시를 마치 전제에 따라 스스로 선택한 것이라는 착각을 줄 수도 있습니다.

"편안하게 호흡하면 더 깊은 트랜스 상태로 빠져듭니다."

호흡과 트랜스로 빠지는 것을 하나로 묶어 두었습니다. 이 문장을 반복해서 들려주면 상대는 스스로 점점 더 트랜스로 향해 가게 됩니다.

"원하는 것이 있다면 내 말을 들어봐요. 내 말을 들으면 자연스럽게 원하는 것이 그려집니다."

이 문장에는 몇 가지 기법이 포함되어 있습니다. 특히 상대가 원하는 것을 전제로 하여 말을 듣도록 유도하고 있습니다. 그리고 실제로는 말을 들으라는 지시 문장임에도 상대에게 선택지를 준 것 같죠.

그럼, 일상에서 쓸 수 있는 문장을 만들어볼까요?

"자네가 팀장이 되면 우리 팀이 훨씬 활기차지겠지. 어떻게 생각하나?"

"이제 우리가 좀 더 친밀한 관계가 되어 잘 지내려면 서로 더 솔직하게 이야기하면 좋을 것 같다는 생각이 들어."

만약 "화술을 배워라." 이것이 메타 메시지라면 어떻게 전제를 써서 말할 수 있을까요? "화술을 배우면 원하는 리더가 될 수 있습니다." 이런 식으로 전제와 상대가 얻을 수 있는 이점을 설명해줄 수도 있겠죠.

이 문장을 최면어처럼 한다면 이렇게 되겠죠.

"화술의 고수가 되면 어떤 삶이 펼쳐질지 궁금하지 않으세요?"

전제를 통해 어떤 것을 당연하게 여기게 해서 상대가 더 많은 것을 받아들이게 만들 수 있습니다.

② **이중 구속(더블 바인드)**

앞에서 배운 기억이 나시나요? 두 가지 선택지를 주지만 어떤 선택이든 다 출제자에게 유리하도록 구성된 것이죠. 반대로 무엇을 선택해도 나쁜 경우도 있습니다.

"그럴 거면 헤어져." / "그럴 거면 나가."

애인과 부모가 하는 말입니다. 그런다는 게 무언인지 정확히는 안 나왔지만 익숙한 말이죠? '그럴 거면'에서 그러는 것을 멈추기는 힘들겠죠. 그렇다고 헤어지거나 나갈 수도 없습니다. 결국 뭘 선택해도 원치 않는 결과죠. 실은 인간관계에서는 굉장히 안 좋은 말입니다. 왜냐하면 선택지를 준 것 같지만 아무런 선택지를 주지 않은 것이기 때문입니다. 무엇을 선택해도 바뀌지 않는 현실에 좌절을 느끼고 무기력해지기 쉽습니다.

예시를 하나 볼까요?

"그냥 차분히 좋은 기분만 남도록 마음을 비우는 것이 도움이 될 수도 있고, 편안하고 자유롭게 흐름에 맡기는 것도 도움될 수 있습니다."

선택지인 것 같지만 자기 의지를 내려놓으라는 지시입니다. 내면으로 파고들게 만드는 거죠. 그래서 어떤 것을 선택하든 결과는 하나인 것입니다.

더블 바인드를 더 강력하게 만들 수 있는 방법 중에 애매모호함을 이용하는 것이 있습니다. 애매함은 여러 가지 의미를 가진 다의성으로 인한 혼란이고, 모호함은 기준이 없는 것으로 인한 혼란이죠. 이런 혼란을 통해 상대가 주관적으로 해석하게 유도해 그 문장이 그에게 특별한 것이라고 여기게 만들 수 있습니다. 그리고 뇌에 과부하를 거는 데 도움이 되죠. 더블 바인드와 함께 사용한 사례를 보겠습니다.

"지금 함께 해보시려는 것이 '더 나은 방법을 찾아내는 것'과 '과거에 잘 헤쳐나갔던 경험에서 필요한 방법을 찾아내는 것', '편안히 자연스러운 흐름에 맡겨보는 것' 중 어느 것인지는 잘 모르겠습니다."

위 문장에서는 세 개의 선택지를 제시했습니다. 더 나은 방법을 찾는 것, 과거의 경험에서 답을 찾는 것, 편안한 자연스러운 흐름에 맡겨보는 것.

세 가지 다 더 나은 방법을 찾도록 애쓰는 것을 계속하라는 암시가 담겨 있습니다. 근데 이런 식으로 선택지를 뿌려버립니다. 실제로 선택지들이 배타적이지도 않고 유사한 면이 많습니다.

상대가 나에게 무언가 이런 선택지를 주는 것 같을 때가 있죠. 조직에서도 그런 경우가 있잖아요. "당신은 이걸 해도 좋고 저걸 해도 좋지만, 단지 이것만은 하지 마세요."라고 그렇게 말하는 경우. 그런데 잘 들어보면, 이건 선택지가 아니죠. 그냥 '저거 하지 말라는 거야.' 그런 경우가 많아요.

선택지를 주고 다른 선택지를 확인할 만한 여지를 주지 않는 것이 관건입니다. 애매모호함으로 뇌가 지친 상태에서 마치 내가 선택했다는 착각을 하도록 만들 수 있습니다.

③ 삽입 명령

이제 세 번째 삽입 명령인데, 전달하는 말 속에 메타 메시지를 넣고 강조해 말하는 기법입니다. 삽입 명령 형식으로 읽으려면 자연스럽게 그 부분을 강조할 수 있어야 합니다.

"지금 '이 자리에 앉아 눈을 감아' 보면 어떨까요?"

'눈을 감아' 부분이 강조되어야 하니 그 말을 하고 잠깐 멈춘 후에, "보면 어떨까요?"라고 말하는 겁니다. 다른 예시들도 보죠.

"사람들을 만나면 즐겁긴 한데 막상 만나러 가면 피곤하다 그런 느낌이 들 때도 있고 그렇죠. 어떤 날은 다른 사람들을 만나면 더 외롭다고 느껴질 때도 있고, 그들은 과연 나와 함께 있으면 즐겁다는 생각을 할까요?"

여기서 삽입 명령으로 들어간 문장들은 강조해서 읽어야 합니다. 강조점은 뭐가 있냐면, '다른 사람들을 만나도 더 외롭다. 나와 함께 있으면 즐겁다,' 이거예요. 내가 전하려는 메시지에 앞뒤로 포인트를 줘서 그 메시지를 상대의 무의식으로 강하게 박아놓는 기술입니다. 이것만 가지고 상대의 마음을 얻을 수는 없지만 +1점 정도는 되죠. 앞서 보여드린 예시 문장인 "내 말에 따라 호흡하세요."도 실은 이런 기법이 숨어 있습니다. 내 말에 따르라는 의미를 전달하고 있고, 그것을 반복해서 전달합니다.

쓰기에 따라서는 상당히 유용하고 강력한 기술이 될 수 있어요. 그리고 의외로 많은 사람들이 무의식적으로 이미 쓰고 있는 기술입니다. 정치가의 연설이나 유튜버의 말, 그런 것들을 잘 들어보면 자주 접할 수 있습니다. 역시 알면 들리게 되는 거죠.

여기까지 최면 중에 일상대화에서 상대의 마음을 끌어내는 데 도움되는 이론과 기술을 알아봤습니다. 최면 기술을 마치며 영화 '인셉션(Inception)'의 한 대사를 소개해볼까 합니다.

'인셉션'의 주인공인 코브(Cobb)는 다른 사람의 꿈에 들어가 정보를 얻기도 하고 심기도 하는 일종의 도둑입니다. 그는 이런 말을 합니다.

"꿈을 꾸는 사람은 꿈에서 깼을 때 꿈을 잊지만, 꿈속에 있는 동안에는 그것을 사실로 믿어. 그리고 그들이 무슨 생각을 하는지 알아내는 것이 내 일이지."

이것은 꿈에 대한 이야기이지만 최면의 은유이기도 합니다. 비판적 사고는 인간이 현실적인 생각을 하도록 만듭니다. 만약 비판적 사고를 우회해 도착한 곳이 있다면? 그곳은 꿈속과 비슷할 겁니다. 그리고 꿈속에서 그 상대의 생각을 볼 수 있다면 원초적인 욕망과 두려움을 엿보는 것이 되겠죠. 현실을 살기 위해 입었던 갑옷을 다 벗어버린 상태일 테니까요. 그리고 그곳에 암시를 두고 오면 상대는 자신의 생각이라고 믿게 될 겁니다. 이것은 마치 성공적인 상담의 결과와도 유사합니다. 최면의 언어를 쓰면 최면이고, 일상적인 대화를 주고받으면 일반적인 상담처럼 보일 수 있을 겁니다.

최면은 시계추를 들고 상대의 의식을 날려버리는 것이 아닙니다. 그렇기 때문에 다른 기술들과 마찬가지로 일상에서도 유용하게 쓰일 수 있습니다.

| Summary |

● **1단계. 라포 형성 단계**
최면의 궁극적인 목적 : 상대 잠재의식에 메시지를 전달해 두는 것
→ 일단 외적 매칭이 중요.
외적 매칭 대상
    ① 자세, 동작 : 상대가 취하는 자세와 비슷한 방향성을 보이도록 살짝 움직여주는 것
    ② 호흡 : 상대와 호흡을 맞추는 것
    ③ 언어적 부분 : 상대의 말을 돌려주는 방식(3가지)으로 매칭
        (1) 상대가 말한 사실을 돌려줌
        (2) 상대가 말한 감정을 돌려줌
        (3) 상대가 한 말의 내용을 요약해서 돌려줌

● **2단계. 이완 단계**
이완의 3가지 이점
    (1) 상대의 비판적 사고를 낮출 수 있음
    (2) 최면가에게만 몰입하도록 유도할 수 있음
    (3) 뇌에 과부하를 걸면서 비판적 사고를 못 하게 만들기 위한 사전작업

● **3단계. 최면 유도 단계**
    ① 우회적인 질문으로 유도 메시지 전달하기
        - '~할래?' 청유형으로 질문하기
        - 부가의문문을 활용해 질문하기
    ② 패턴을 깨서 당황시키기 : '패턴 인터럽트(Pattern Interrupt)'

| Summary |

❶ 4단계. 암시 단계
　무의식을 설득하는 기술
　　① 전제
　　② 이중 구속(더블 바인드)
　　③ 삽입 명령

5-3
최면 기술이 적용된 사례

2022년 10월 24일 필리핀 세부에서 대한항공 여객기가 활주로를 이탈했던 사고가 있었습니다. 다행히 인명 피해는 없었지만 의외의 논란이 있었죠.

승무원들이 갑자기 "Head down! Stay low!(머리 숙여! 자세 낮춰!)"라고 반복적으로 외치며 지시한 데에 일부 승객들이 불만을 표한 것입니다. 미리 착륙한다고 말해줬으면 대비가 되었을 텐데 소리 지르면서 반복적으로 지시하고 심지어 반말이었다는 것이죠. 모든 승무원이 갑자기 반복적으로 같은 외침만 하는 상황이 매우 충격적이었을 것 같긴 하네요.

그런데 승무원들이 직업의식이 없어서 친절하지 못한 행동을 했던 것일까요? 아닙니다. 이것은 전 세계 승무원들이 지키고 있는 일종의 규칙입니다. 국제민간항공기구(ICAO)는 비상탈출 시 승무원은 명령형으로 크고 단정적으로 말해야 하고, 그것을 계속 반복하라는 표준을 정해 두었습니다. 친절의 대명사인 승무원에게 왜 이런 규정이 존재할까요? 궁극적인 이유는 안전을 위해서입니다. 비상착륙과 같은 상황에서는 모든 승객이 일사불란하게 움직여야 더 큰 사고를 막을 수 있겠죠. 그래서 모든 승객이 각자 생각하는 것을 멈추고 승무원의 지시에 따라야 합니다.

상대가 생각하는 것을 멈추게 하고 지시에 따르게 하려면 어떻게 하는 것이 좋을까요? 최면을 걸면 됩니다. 그래서 위의 규정에는 최면 원리가 담겨 있습니다. 최면은 상대 뇌에 과부하를 걸어 생각할 에너지를 줄이고 상대의 무의식에 침투해 지시어를 남겨둡니다. "머리 숙여!"라는 지시는 패턴 인터럽트에서 삽입 명령으로 이어지는 기술입니다. 친절했던 승무원 모두가 외치는 강력한 구호는 모든 승객이 긴장을 넘어서 생각에 과부하가 걸리도록 유도합니다.

그리고 두 단어로 이루어진 단순한 구조의 문장을 반복적으로 외쳐 무의식에까지 침투되도록 합니다. 앞서 배운 삽입 명령의 명령어는 문장에 숨기되 강조해서 상대의 무의식에 남기는 방식을 썼었죠. 이것은 상대의 심리 방어벽을 다시 높이지 않고 트랜스 상태를 유지하기 위해서입니다. 그리고 상대가 최면이나 대화 상황에서 벗어나도 명령어를 무의식에 남겨 두기 위해서입니다. 상대의 의식이 그것을 인지하지 못한 채 영향을 받도록 유도하기 위한 것이죠. 하지만 비상착륙처럼 위험한 상황은 그것이 끝난 후 상대를 굳이 트랜스 상태로 남겨 둘 필요도 없고 그 명령어를 계속 지키도록 만들 필요가 없죠. 시간이 지난 후에는 상대가 그런 명령어가 입력되었다는 것을 깨닫고 빠져나와도 상관없습니다. 그래서 단순한 명령어를 강하고 반복적으로 사용하는 것으로 무의식에 강제로 주입시키는 것입니다.

먼저 패턴이 붕괴되면 명령 문장을 비판적으로 생각하고 판단하는 것이 힘들어집니다. 그리고 반복적인 명령어가 주입되면 그것을 무지성으로 따르게 될 확률이 높죠. 이를 위해서는 승무원 모두의 단호하고 일관된 태도가 중요합니다. 이 사례에서 승무원들은 무지성으로 반말을 반복한 것이 아니라, 승객들이 모두 지시에 따라 안전하게 대처하도록 유도한 것입니다.

이처럼 최면 기술은 의도에 따라 많은 사람의 안전을 보장할 수 있습니다. 이 책에서 배운 기술들은 올바른 목적을 가지고 활용될 때 긍정적인 변화를 이끌어냅니다. 최면이 단순한 심리 도구를 넘어 실제 상황에서 생명을 보호하는 데 중요한 역할을 할 수 있음을 알게 됩니다.

따라서 최면 기술은 다양한 상황에서 유용하게 적용될 수 있으며, 올바르게 활용한다면 개인의 안전과 정신 건강을 지키는 데 도움될 수 있습니다. 앞으로는 최면을 좀더 윤리적이고 긍정적으로 활용함으로써 더 많은 사람들에게 이로운 혜택을 제공할 수 있기를 기대해 봅니다.

CHAPTER 6

4개의 기술, 어떻게 써야 할까?

▐━ 4개의 기술을 배움으로써 얻게 되는 것들

지금까지 4개 직업의 강력한 기술들을 알아보았습니다. 그 기술들을 익히면서 각각의 기술들이 연결되어 있음을 확인하셨을 것입니다. 각각 배웠던 것과 응용할 수 있는 방법들을 다시 정리해볼까요?

첫 번째, 상담에서는 상대의 입에서 스스로 원한 것처럼 솔루션을 말하고 의지를 갖게 만드는 방법을 배웠습니다. 그리고 전략적으로 사고하고 타인을 움직이는 원리를 알게 되었죠.

상담은 다른 모든 기술을 응용해서 적용할 수 있는 분야이면서, 일상생활에 바로 적용 가능한 대화 방식을 담고 있습니다. 좋은 상담자는 언제나 사람들이 찾기 마련이죠. 자연스럽게 사람들의 더 많은 생각을 들을 기회가 주어지게 됩니다.

두 번째, 심리 프로파일링 기법에서는 과학적 방법론을 익힐 수 있었습니다. 정보의 중요성과 단서를 모으는 방법, 편견을 지우고 가설로 상대의 상황을 이해하는 법을 배울 수 있었죠. 그리고 이 기술과 방법들은 악의적으로 콜드리딩이나 최면 기술을 쓰려는 시도에 방어하는 요령을 알려주기도 합니다. 또 모든 기술에 기본적으로 객관적인 단서로 결론을 찾아가는 과학적 사고를 적용하면, 더 합리적으로 상대의 생각을 읽는 데 큰 힘이 될 수 있습니다.

세 번째, 콜드리딩은 어떤 근거가 없어도 상대의 신뢰를 더 강화시킬 방법을 알 수 있었습니다. 그리고 자신감의 중요성과 스스로 신뢰를 키워 가는 인간의 심리를 배웠죠. 이는 다른 모든 작업에서 상대의 신뢰를 얻는 데 사용 가능한 기술입니다.

예를 들어, 프로파일링을 하면서 콜드리딩을 쓸 수도 있죠. 이미 다 알고 있는 것 같은 인상을 주면 상대는 이미 다 알 거라는 생각에 더 많은 정보를 내놓을 테니까요.

마지막으로, 최면에서는 반발심을 우회하여 잠재의식을 설득하는 방법을 배웠습니다. 기존에 없던 패턴으로 상대가 의지하도록 유도하는 원리도 알게 되었습니다. 이는 우리가 이성의 힘을 유지하기 위해 뇌의 에너지를 남겨놓는 것이 얼마나 중요한지 말해주는 것이었죠. 실제로 최면을 구사하는 방법에 대해서는 제외했습니다. 상담 등 다른 기법들에서 쓸 수 있도록 문구 위주로 알려드렸죠. 그것을 통해 다른 기술을 구사할 때나 일상의 대화에서 사용할 수 있으리라 봅니다. 특히 상담 등 상대가 어떤 생각을 하도록 유도할 때 아주 유용하면서 특별한 기술들이 많았죠.

위의 모든 기술은 라포를 형성하고 상대의 생각에 대해 가설을 세우고, 인내심을 갖고 적극적으로 경청하는 것이 필요했습니다. 그리고 전략적인 마인드로 원하는 것을 얻는 과정이었죠. 그래서 이 4개의 기술을 연습하게 되면 생각의 패러다임이 바뀔 것입니다. 순간의 감정에 매몰되어 상처뿐인 승리에 후회할 일은 없앨 수 있죠. 나에게 좋은 것을 얻고 그것을 위해 작은 전투는 질 수도 있지만, 그것이 장기적으로는 이기는 일이 될 수도 있다는 것을 깨달을 수 있었습니다. 예전에는 병사의 관점이었다면, 이젠 전략가의 관점이 되는 것이죠.

이 4개의 기술은 모두 섞어서 활용할수록 더 효과적으로 사용할 수 있습니다. 상대의 더 깊은 생각을 읽고 상대의 마음을 움직일 수 있습니다. 그리고 이런 기술들을 익힘으로써 이를 악의적으로 사용하려는 이들의 의도를 초기에 알아챌 수도 있습니다. 그럴 때는, 알고 있으니 그만하라고 경고할 수도 있고 관계를 끊을 수도 있겠죠. 아니면 상대가 정확히 어떤 목적으로 어디까지 시도하는지 확인해볼 수도 있습니다. 어떤 선택을 하든 선택지가 늘어나게 됩니다. 선택지가 있다는 것은 곧 끌려가지 않는다는 말입니다.

■— 타인의 생각을 읽는 다른 기법들

기존에도 타인의 생각을 읽는 방법들은 많이 있었습니다. 예를 들어, 가장 기본적인 대화부터 설문이나 인터뷰 등이 있었죠.
 4개의 기술은 그런 방법들을 대체할 완벽하고 절대적인 것은 아닙니다. 오히려 기존의 방법들을 보완하고 고도화시킬 수 있는 기술입니다. 대화에서 활용할 수 있는 방법은 앞의 사례에서도 많이 보여드렸죠. 그외 설문 같은 경우에는 질문에 따라 결과가 크게 변할 수 있습니다. 4가지 기술을 익혀 두면 이런 오차를 예방할 수 있습니다. 중립적인 질문을 만들어내거나 어떤 목적에 맞는 설문을 만들어내는 것이 가능해집니다.

그리고 인터뷰의 경우 특정 주제에 대해 세밀한 정보를 얻을 수 있다는 장점이 있지만 아무래도 질적인 연구이다 보니 질문자의 자질과 정보 수준에 따라 큰 차이가 나는 결과를 얻게 되기도 합니다. 4가지 기술을 익힌 사람이라면 그 기술을 이용해 미리 인터뷰를 기획할 때 우려되는 점을 제거하고 인터뷰하는 사람들을 교육하는 것이 가능해집니다.

직업적으로도 사람의 마음을 꿰뚫어 보고 변화시킬 수 있는 힘은 다양한 업무에서 활용될 수 있을 것입니다. 마케터, 선생님, 컨설턴트 등 거의 모든 직업에서 필요한 힘이겠죠. 면접을 보거나 협상을 진행하는 특정한 상황에서도 쓰일 수 있고, 부모나 연인 관계에게도 유용할 것입니다.

다만 항상 이것을 활용하는 데에는 선의가 뒷받침되어야 합니다. 악의가 있다면 언젠가 상대가 알게 될 것이기 때문이죠. 이는 결국 자신을 해치는 일입니다.

이 책에서 알려드린 4개의 기술은 많은 예시를 통해 각 직업에서만 쓰는 것이 아님을 알려드렸습니다. 이후로는 여러분이 적극적으로 일상에서 활용할 수 있도록 다양한 문장을 만들어 보고 실제로도 활용해보시기를 바랍니다. 그것을 통해 기술들에 익숙해지면 어느 순간 자신도 모르게 상대를 꿰뚫어 보는 눈을 갖게 되었음을 느낄 수 있을 겁니다. 그리고 악의적인 기술자들에게도 더 이상 상처받지 않을 수 있으리라 생각합니다.

■── 에필로그

마지막으로 좀 개인적인 이야기로 책을 마무리지어 볼게요.

저는 공학박사이고 한때는 공공기관을 컨설팅하던 사업가였습니다. 그런데 지금은 이 책으로 당신과 만나고 있군요. 많이 다른 분야를 넘어 여기까지 온 그 출발은 2009년이 시작되던 겨울이었습니다. 한창 사업을 하던 시절이었죠.

쌀쌀했던 어느 날 밤, 대학로 카페에서 화가인 친구와 얘기를 나누고 있었습니다. 한여름에도 무조건 따뜻한 아메리카노를 마시는 저는 그날도 같은 선택을 했고, 그 친구는 집에서부터 싸온 음료를 꺼냈습니다. 음료를 하나만 시키는 것은 좀 실례인 것 같아 치즈가 들어간 조각 케이크도 한 개 같이 주문했습니다. 케이크는 모두 제 몫이었습니다. 그 친구가 병원에 다니고 있어서 마실 수 있거나 먹을 수 있는 것이 한정적이었거든요. 그래도 밝고 즐거운 대화만 오고 갔습니다. 아픈 것을 티 내지 않았던 그 친구 덕이었겠죠. 그땐 제가 말을 잘해서 그런 줄 알았지만요.

매일 야근에 주말도 쉬지 않고 일하던 젊은 사업가에게 정말 오랜만에 주어진 한가함이었습니다. 간만에 얻은 휴식 시간이 케이크보다 더 달콤했습니다. 간간이 일이 힘들다고 얘기하는 것 자체도 즐거웠습니다. 워낙 다른 분야의 일을 하고 있는 사이다 보니 우리는 서로의 이야기를 항상 흥미로워했습니다. 자연스럽게 대화의 주제는 폭이 아주 넓어지곤 했죠. 그러다 그 즈음에 유행하던 종말론을 주제로 얘기를 나누었죠. 휴거나 Y2K 등 양치기 소년이 몇 번 다녀간 후라 이 종말론은 좀 가십처럼 가볍게 다뤄졌습니다. 그래도 고대문명의 달력이나 컴퓨터로 해석한 주역 등을 근거로 했던 터라 이야깃거리가 많아서 은근 널리 퍼져 있었죠. (당시에도 이런 것에 잘 속는 사람과 눈치 없이 선동에 동참하는 사람들이 이런 것에 관심이 많았습니다.)

제가 농담처럼 말을 건넸습니다.

"근데 몇 년 후에 진짜 지구가 멸망해버린다고 생각하면 사업을 접고 글을 좀 쓰고 싶어. 가진 이야기들이 세상에 못 나가본다는 게 아쉽기도 하고."

저는 사업을 하면서도 창작에 대한 욕구가 있었습니다. 그 덕에 지금 책으로 여러분과 만날 수 있는 것이겠죠. 예술가였던 그 친구는 그걸 잘 알고 있었습니다.

"공돌이의 낭만인가. 근데 어차피 멸망할 거면 사업이면 어떻고 작가면 어때? 난 이런 물 때려치우고 술부터 꺼낼 것 같은데."

둘 다 멸망할 거라 믿진 않았습니다. 어쩌면 저는 멸망을 핑계로 삶에 새로운 선택지가 더 주어지길 바라고 있었는지도 모르겠습니다. 사업을 하면서 삶에 균형을 잃었던 시점이었던 것 같습니다. 그런 이야기들 끝에 그 친구가 웃으며 했던 말이 여전히 기억에 남아 있습니다.

"그럼 하루에 두 시간만 지구가 멸망한다는 걸 믿고 살아 봐."

그 친구도 큰 의미를 두고 한 말은 아니었죠. 그냥 어쩌다 보니 나온 말이고 그때는 가볍게 흘려들으며 지나갔습니다.

그리고 몇 달 후인 4월 13일, 그 친구는 결국 병을 이기지 못하고 세상을 떠났습니다. 거짓말처럼 생일을 하루 앞둔 날이었죠. 그날 처음 운구를 해봤습니다. 떠나보내던 그 친구가 너무 가벼웠다고 기억에는 남아 있습니다.

그날 친구를 보내고 일상으로 돌아왔습니다. 좀 늦게 출근한 사무실에 직원들은 모두 들떠 있었습니다. 사업이 잘 되어서 새 사무실을 사고 모두가 이사한 첫날이기도 했거든요. 직원들과 함께 그 즐거움을 나눴습니다.

슬픔 속에 두 시간의 기쁨이 끼워졌던 것일까요? 그 친구의 농담 같은 하루를 선물 받았던 것 같습니다. 저에겐 여전히 생생한 하루의 기억입니다.

그 두 시간들이 모여 이 책이 되었습니다.
그리고 당신을 만났군요.
그 두 시간들이 당신께도 좋은 선물이 되었기를 바랍니다.
당신의 수많은 두 시간들에 조금이나마 힘이 되길 바랍니다.

참고문헌

《거짓말을 간파하는 기술 - FBI. CIA. ATF 요원들의 혁신적 교육 프로그램》, 재닌 드라이버, 마리스카 반 알스트 지음, 이지연 옮김, 21세기 북스, 2013. 05

《긍정적인 거짓말 콜드리딩》, 이시이 히로유키 지음, 홍성민 옮김, 시공사, 2006. 08.

《멘탈리스트 마음을 해킹하다》, 김덕성 지음, 조이럭클럽, 2010. 03

《상담연습 교본》 - 제4판, 이장호, 금명자 지음, 법문사, 2014. 06

《콜드리딩 전세계 1%만이 사용해온 설득의 기술》, 이시이 히로유키 지음, 김윤희 옮김, 엘도라도, 2012. 12.

〈스켑틱(Skeptic) 코리아〉 계간지 5호 "당신도 하루만에 영매가 될 수 있다", Michael Shermer, 2016.10

〈Psychology Today〉 "The Phone Scam That Targets Psychologist", Stacey Wood, PhD., 2021.10